KB130559

심리부검 및 범죄 프로파일링의 행동분석

사망수사 심리학

THE PSYCHOLOGY OF
DEATH INVESTIGATIONS
BEHAVIORAL ANALYSIS FOR
PSYCHOLOGICAL AUTOPSY AND CRIMINAL PROFILING

Katherine Ramsland 저 | 이미정 역

학지사

이 저서는 2017년 대한민국 교육부와 한국연구재단의 지원을 받아 수행된 연구임
(NRF—2017S1A5A2A01026750)

역자 서문

최근 '범죄수사학'의 경향이 그렇듯이, 경찰활동 및 수사의 영역이 법률적 · 행정적 측면에서 심리적 · 사실적 측면으로 확장됨으로써 이와 관련된 이론적 발전과 실무적 역량의 개발이 촉진되고 있다. 국내 범죄수사 분야에서 특히 사인이 불분명한 사망사건에 대한 수사는 이러한 변화와 발전이 더욱 요구되고 있는 부문이다. 그동안 여러 가지 의문사사건을 통해 검시제도에 대한 개선작업이 이루어졌고, 2019년 경찰의 「변사 사건 처리 규칙」이 제정되는 등 변사처리의 전문성을 강화하고자 한 수사기관의 노력이 있었지만, 사망사건 수사에 대한 의구심과 미흡함을 지적하는 여론은 여전하다. 그리하여 역자는 그 이유와 방법을 제시하고자 하는 연구의 일환으로 이 책을 번역하게 되었다.

이 책은 사망사건 수사를 위한 주요 행동분석 방법으로서 '심리부검'과 '범죄 프로파일링'에 대해 다양한 실제 사건을 적용하여 체계적이고 깊이 있게 전달하고 있다. 일반적으로 심리부검은 '자살'에 대한 심리학적 조사기법으로, 범죄 프로파일링은 '살인'에 대한 범죄심리학적 수사기법으로 활용되어 왔기 때문에, 이 두 가지 방법이 어떠한 연관성을 갖는지 떠올리기 쉽지 않다. 저자 캐서린 램슬랜드Katherine Ramsland 교수는 심리부검과 범죄 프로파일링이 변사사건에서 피해자 분석과 현장 증거를 바탕으로 한 확률분석에 근거하고 있다는 공통점을 조명함으로써, 사망의 종류와 실체를 보다 명확하게 파악하기 위한 방법으로 이를 제시하고 있다. 그녀는 자신의 오랜 사망조사 실무 및 연구 경험을 통해, 이러한 방법이 사인이 불분명한 사망사건을 수사하는 데 있어서 사망의 발생 맥락과 사건현장의 행동 증거들을 면밀히 관찰·분석하여, 범죄 혐의를 발견하고 사건의 실체적 진실을 밝히기 위한 근본적인 접근법이 될 수 있다고 보았다.

이 가운데 심리부검은 사망자의 사망 전 행적을 추적하고 심리상태를 파악하기 위한 심리조사 이상의 의미를 담고 있다. LA 검시관실과 자살예방센터의 헌신적인 노력으로 심리부검이 개발되었을 당시의 취지대로, 심리부검은 사망에 이르게 된 심리학적·의학적 진단뿐만 아니라 사망 종류에 대한 법적 판단을 보다 명확하게 내리기 위한 과정이기 때문이다. 저자는 이러한 속성을 가진 심리부검이 변사를 비롯한 사망사건 수사에 유용하게 활용될 수 있음을 시사하고 있다. 한편, 범죄 혐의가 있는 사망사건뿐만 아니라 실종 및 미제사건에서 용의선상을 좁히고 신원미상의 범인을 특정하기 위한 범죄 프로파일링 방법에 대해, 저자는 그 실행과정에서 행동 증거의 해석적 오류에 빠지지 않고 보다 완전한 사건의 재구성을 하기 위해서는 잠재적 범죄자뿐만 아니라 피해자의 행동을 세심하게 조사·분석해야 한다는 점을 강조한다.

실제로 그동안 국내 사망사건 수사에서 부실한 초동수사와 더불어 충분한 증거수집과 분석이 이루어지기 전에 성급하게 결론을 내리는 것에 대한 비판을 자주 들어 왔다. 여기에는 피해자에 대한 면밀한 심리조사를 통해 사망경위를 명확하게 파악하기보다 뚜렷한 타살 혐의점이 발견되지 않거나 유서가 발견되면 수사가 더 진척되지 않는 문제가 존재하는데, 이는 수사관들이 허위 유서나 자살 징후를 탐지하고 사망현장에서 나타난 행동 증거를 바탕으로 수사가설을 검증하는 훈련을 제대로 받지 못하는 점과 관련이 있다는 것이다. 오늘날 의문스러운 사망사건의 진상에 대한 보다 철저한 수사를 바라는 사회적 요구와 '안전과 생명' 그리고 '인간의 존엄성'을 국가로부터 보장받고자 하는 사회적 가치가 갈수록 커지고 있는 만큼, 수사기관은 범죄 혐의 파악이나 공소제기 여부만이 아닌 실체적 진실 발견을 위한 수사 목적에 부합할 수 있도록 명확한 사인규명을 위한 이와 같은 다각적이고 적극적인 수사방안을 강구할 필요가 있다.

아울러 저자는 이 책에 몇 가지 실습 요소를 더함으로써 독자들의 흥미와 심층적 이해를 유도하고 있다. 실제 사건에 NASH 차트를 적용한 사망 종류 판정, 위장사망사건에서 자살유서 진위 평가, 범죄 프로파일링 예제를 통한 실습문제 등이 그러하다. 그렇다고 이 책이 범죄 전공자나 수사관들만을 대상으로 하지는 않는다. 오히려 자살에서부터 사고사, 살인에 이르기까지 여러 가지 형태의 사망사건을 다루는 각 분야의 연구자 및 다양한 기관의 실무자에게 유용한 참고자료가 될 수 있기를 바란다. 더 나아가 사망사건 수사에 관심을 가지고 있는 일반대중에게도 보다 새롭고 현실적인 지식을 얻는 데 도움이 되었으면 한다.

이 책을 번역하기로 마음먹은 지난 3년여의 시간 동안, 강의를 통해 오히려 역자에게 많은 영감과 힘을 불어넣어 준 경찰 및 군 실무자를 비롯한 학생 여러분에게 감사드린다. 또한 번역 작업이 예상보다 더디게 진행되어 출판이 다소 늦어졌지만, 이 책에 대해 직접 관심을 표해 주셨던 학지사 사장님 이하 출판·교정 담당자분들의 기다림과 노고에도 감사드리고 싶다. 끝으로, 인생의 새로운 국면으로 함께 나아가고 있는 우리 가족에게 무한한 사랑과 감사를 전한다.

2022년 3월
역자 이미정

저자 서문

피해자 분석과 행동 증거

2014년 9월 중순, 이른 아침 개를 산책시키던 한 여성이 공동묘지에서 21세 다니엘 위트워스Daniel Whitworth의 시신을 발견했다. 그의 손에는 유서로 추정되는 쪽지가 쥐어져 있었다. 3주 전 같은 장소에서 22세 가브리엘 코바리Gabriel Kovari가 사망한 채 발견된 적이 있기 때문에, 그의 죽음으로 실의에 빠진 위트워스가 자살한 것으로 보였다. 두 청년은 데이트 강간용으로 사용되는 중추신경 억제제 GHBGamma–Hydroxybutyrate를 과다투여하여 사망한 것으로 확인되었다. 위트워스는 유서에서 코바리와 성관계 도중, 성적 흥분을 높이기 위해 그에게 GHB를 투여했다고 밝혔다. 또한 그는 코바리의 죽음은 사고였지만 자신의 죄책감이 너무 커서 결국 자살을 선택할 수밖에 없었다고 했다. 그런데 그의 유서 말미에 이상한 내용이 적혀 있었다. "부디 어젯밤에 저와 함께 있었던 남자를 탓하지 말아 주세요. 그와 성관계를 하고 나서 저는 곧바로 떠났기 때문에, 그 후 제가 무슨 일을 했는지 그는 아무것도 모릅니다."

경찰은 이 내용을 있는 그대로 받아들여, 위트워스가 코바리를 살해한 것으로 판단하고 사건을 종결했다. 위트워스의 사망 전 행적이나 우울증 여부,

그가 다른 사람과 동행했을 가능성, 추신에서 언급된 '남자'의 정체, 심지어 그와 코바리가 실제로 아는 사이였는지에 대한 추가수사는 진행되지 않았다. 경찰에게 이 사건은 그럴 필요성을 느끼지 못할 만큼 간단해 보였던 것이다.

그러나 실제 이러한 사건들은 경찰의 생각만큼 그리 단순하지 않다. 무엇보다 경찰은 범행을 자살로 위장하기 위해 사용되는 허위 유서의 징후에 대한 교육훈련을 받지 않고 있으며, 이와 관련된 연구도 흔치 않다. 한 연구에서는 경찰이 이러한 사건의 약 50%를 잘못 판단했다는 결과를 나타내면서, 이는 부분적으로 많은 경찰관이 자살평가에 대한 훈련을 받지 않아 문화적 신화를 사실처럼 받아들이기 때문이라고 지적했다. 유서를 발견하는 대다수의 수사관 역시 이러한 사망사건은 자살일 것이라고 추정한다. 이 책에서는 수사관들이 사망사건(또는 변사사건)에 대한 기본 가정을 검토하고, 피해자 분석의 이론적 틀과 위장사망을 이해하며, 자살유서의 진위를 가리는 데 필요한 접근방법을 제공하고자 한다.

행동 증거에서 중요하게 고려해야 할 점은 그것이 가지는 모호성, 즉 한 가지 이상의 방식으로 해석될 가능성이 있다는 것이다. 시체 옆에서 쪽지 하나가 발견되었을 때 그것은 유서로 간주될 수도 있고, 살인사건의 증거로도 간주될 수 있으며, 시체와 아무런 관련이 없는 것으로 해석될 수도 있다. 이것이 행동 증거를 해석하는 데 있어서 어려운 점 가운데 하나이다. 행동 증거는 사건현장에서 발견된 DNA나 지문, 혈흔 증거만큼 정확하지 않다. 행동에 대한 해석은 사망사건의 맥락, 피해자와 관련된 사실, 그리고 그 사건이 자살일 가능성이 어느 정도인지 등에 대한 확률분석에 근거해야 한다. **확률분석** probability analysis은 사건현장에 나타난 대표적 행동이나 확인된 정보들을 바탕으로 불확실성을 산출하는 것이다. 특히 사망사건 수사에서 불확실성을 산출할 때는 오차 범위가 얼마나 큰지, 정확성을 높이려면 어떻게 해야 하는지, 어떤 요인들이 행동 증거에 대한 해석을 바꿀 수 있는지, 그러한 요인들이 다른 요인들에 비해 얼마나 중요한지 등을 고려해야 한다. 예컨대, 최근 어떤 사람이 애인과 결별하여 심각한 우울 증세를 보였다면 자살 가능성이 높을 수 있지만, 3년 전 애인과 결별한 경우에는 그보다 자살 가능성이 낮다고 해석할 수 있다. 이러한 확률분석에는 보통 여러 가지 요인이 포함되므로, 이를 산출하는 것이 쉽지만은 않다.

범죄행동을 해석할 때는 임상적 또는 경험적 연구에 의존하게 되는데, 이는 행동 증거를 다루는 수사관들이 최근의 연구 결과들을 알고 있어야 한다는 것을 의미한다. 그러나 수사관들이 사건을 빨리 종결해야 한다는 압박감을 느낄 경우, 사건 서류를 면밀히 검토하거나 전문가들에게 자문을 받기보다는 좀 더 손쉬운 방법으로 사건에 대한 가설을 설정할 수 있는데, 이때 오류가 발생할 가능성이 높다.

이 책에서는 사망사건 수사와 관련된 방대하고 널리 알려진 행동연구들을 망라했다. 그리고 행동 증거에 기반하는 가장 대표적인 두 가지 사망수사 접근방법으로서 심리부검과 범죄 프로파일링에 대해 설명하고, 각각의 발단배경, 방법, 현황, 그리고 사건 재구성을 위한 역할에 대해 논의했다. 또한 서두에서 제시한 것과 같이, 여러 가지 사건을 통해 행동 증거 분석방법과 발생 가능한 실수에 대해 설명함으로써 사망사건 수사를 위한 조언을 제공하고자 했다.

앞의 사건에서 위트워스는 코바리를 과실 또는 다른 어떤 식으로도 살해하지 않은 것으로 밝혀졌다. 또한 위트워스는 자살하지도 않았다. 스티븐 포트 Stephen Port라는 남성이 2명의 피해자, 즉 위트워스와 코바리를 만났고, 그들에게 GHB를 투여하여 살해한 후 비슷한 방식으로 공동묘지에 유기했으며, 유서로 위장한 쪽지를 남긴 것이었다. 그는 또 다른 남성을 같은 방법으로 살해하고 유기했는데, 유기 장면이 찍힌 CCTV 영상에 의해 범행이 발각되어 체포되었다. 공동묘지 근처에 살고 있던 포트를 소환하여 조사한 경찰은 그와 다른 여러 명의 피해자 간의 명확한 연관성을 발견했다. 그는 2014년에도 한 남성을 살해하여 아파트 출입구에 유기했던 것으로 드러났다. 결국 2016년 포트는 4명의 남성을 살해하고, 7명의 남성을 성폭행한 혐의로 기소되었다 (*Guardian staff*, 2016).

이 사건에서 경찰이 좀 더 면밀한 수사를 했다면, 몇 가지 수상한 점을 발견할 수 있었을 것이다. 유서는 위트워스의 필체가 아니었고, 그는 실의에 빠져 있지도 않았으며, 일면식도 없는 코바리의 시신과 같은 장소에서 비슷한 자세를 취한 시신으로 발견되었다. 또한 한 연구는 살인사건을 자살로 위장하기 위한 유서에는 범인을 호의적으로 언급하는 경우가 많다는 결과를 보여주고 있다. 따라서 사망사건 수사에서는 최소한 피해자의 행동 및 정신질환에 대해 파악해야 한다.

모든 사망수사에는 세부적 전문영역, 예컨대 유해, 혈흔 형태, 탄환 궤적, 정신질환 등의 전문가들과의 팀워크가 어느 정도 필요하다. 모범 실무사례는 수사관들이 이러한 전문가 자문단의 명단을 작성하고, 그들로부터 전문적 지식이 요구되는 부분에 대해 배우는 과정을 포함하고 있다. 자문단에는 행동전문가들이 포함될 수 있으며, 그들 역시 반대로 과학수사forensic investigation가 무엇인지에 대해 반드시 배워야 한다.

필자는 그동안 여러 사망조사팀에서 활동했고 팀 내 업무를 좀 더 효율적으로 조정하기 위해 팀원들의 각 전문분야에 대해 상당히 많은 부분을 배워야 했다. 예를 들어, 필자가 속한 팀이 20년 전 삼촌에 의해 살해되어 목화밭에 암매장된 것으로 추정된 한 소녀의 실종사건에 투입되었을 때, 수색탐지견 훈련사, 지질학자, 인류학자, 생물학자, 범죄분석가, 경찰관 등과 협력하여 수사를 진행했다. 무엇보다 우리 팀은 암매장 장소를 지목한 실종소녀 삼촌의 자백이 허위일 가능성과 그 당시 소녀가 실종된 정황(당시 소녀의 심리상태 등)을 평가했는데, 이 두 가지는 심리학적 지식을 필요로 하는 것이었다. 당시 관할구역 경찰은 우리 팀의 참여에 대해 거부감을 갖고 있었기 때문에, 우리는 우리의 주장과 접근방법을 뒷받침하기 위해 심리학적 연구지식을 적극적으로 활용했다. 이러한 지식은 실종소녀의 친인척들을 면담하는 데 유용했으며, 때로 경찰과 효과적으로 협력할 수 있도록 중재하는 데에도 활용되었다. 자문단 명단은 계속 갱신되었는데, 사망수사 업무를 지원하기 위해 행동 프로파일링 이상의 전문영역이 필요한 경우가 있기 때문이다. 그러한 다양한 전문영역은 효과적인 행동분석을 위해 중요하다.

사망사건의 수사

사망현장death scene은 사망사건이 발생한 장소이다. 사망현장에 의심스러운 부분이 있으면, 잠재적 살인사건으로 간주할 수 있다. 표면적으로 사망현장에 수상한 점이 없어 보여도, 초동수사는 신중하게 진행되어야 한다. 어떤 경우에는 사망현장이 조작되었거나, 보기보다 많은 것이 감추어져 있을 수 있다. 예컨대, 어떤 사람이 병원에서 사망한 사건이 나중에 살인사건으로 밝혀지는 경우가 간혹 있다(Ramsland, 2007).

현장출동 경찰관은 사망현장에서 사망자의 위치나 자세를 기록하고, 육안상의 상처나 손상에 대한 세부묘사를 녹음해야 한다(Adcock & Chancellor, 2013). 사망자의 상태는 사진을 찍거나 녹화해야 하며, 사건현장에서 감지되는 뚜렷한 냄새나 조명상태, 기온, 또는 현장에서 금방 사라질 수 있는 기타 잠재적 관련 요소들에 대해서도 기록해야 한다. 수사관들은 수사능력을 향상시키는 것 외에도, 수사 자원을 조정하고 과학 전문가들과 협력하며, 필요시 법정에서 증거능력을 인정받을 수 있도록 관리체계를 갖추고 증거를 보존해야 한다. 명확한 사건 재구성을 위해 수사가 진행될수록 증거의 총체성totality이 갖추어져야 한다.

경찰은 범죄자가 남긴 증거를 찾는 동시에, 범죄자에 의해 오염되었을 가능성이 있는 증거도 발견해야 한다(로카르의 교환법칙Locard's exchange principle).

그러므로 경찰은 사건현장을 보존하기 위해 주요 관계자들 이외에는 출입을 제한하고, 수사관계자들은 신발 커버 및 장갑을 비롯한 특별 보호장구를 착용해야 한다(Gilbet, 2010).

용의자가 특정되고 그의 범죄사실이 확인되면 체포하여 구금할 수 있다. 담당형사의 지휘하에 현장출동 경찰관은 탐문조사를 통해 목격자를 파악할 수 있다. 해당 사망사건 책임자와 법의관 또는 검시관은 시체의 사망 종류를 판정해야 한다.

야외 사망현장에서는 화석생성론적 관찰, 즉 낙엽조각처럼 시체에 붙어 있는 이물질들을 조사하는 작업이 필요하다. 화석생성론taphonomy은 유해의 사후 부패과정과 관련된 복합적 요인들을 명료화하는 것이다. 이를 위해서는 사망 경위, 부패 정도, 날씨요인, 시체의 환경적 노출, 잠재적 증거 등이 고려되어야 한다. 시체의 모든 개별적 특징은 사망자의 체중, 혈액형, 착용하고 있는 옷의 양, 영양상태, 질병 유무, 약물의 사용, 뼈의 성질 등을 파악하는 데 도움이 된다(Bass & Jefferson, 2003; Bass & Meadows, 1990; Ferllini, 2002/2012; Uberlaker, 1997).

사망사건과 관련된 전문가들로는 뼈를 탐색하는 인류학자 및 치의학자, 총상에 사용된 총기의 종류를 식별하는 탄도학자, 토양 표본을 분석하는 지질학자, 초목물질을 분석하는 식물학자, 그 밖에 곤충학자, 혈청학자, 독물학자, 생물학자, 화학자 등이 포함될 수 있다.

심리전문가들은 심리부검이나 범죄 프로파일링에 관한 자문회의에 종종 참여하게 된다(Ramsland, 2010). 심리부검은 사망 종류가 자살로 의심되나 불확실할 때, 그 자살 소견을 지지하거나 부정하기 위해 사망자의 사망 전 심리상태에 주목하는 방법이고, 범죄 프로파일링은 단독살인사건이나 연쇄살인사건에서 용의선상을 좁히고, 범인의 향후 범행을 예측하는 방법이다(프로파일링은 방화, 주거침입절도, 강간 등의 연쇄범죄에도 활용되고 있지만, 이 책에서는 사망사건에 초점을 맞추었다). 이 두 가지 접근방법은 수사상의 의사결정 및 포착된 단서들과 관련된 질문들에 대한 해답을 찾기 위해 피해자의 심리상태와 사망 전 행적을 보다 심도 있게 이해하고자 하는 것이다. 두 접근방법 모두 다양한 출처로부터 피해자에 대한 세부정보를 수집하며, 일반적으로 심리부검이 좀 더 통찰적 진단에 의거한다. 심리부검과 프로파일링은 특히 피해자학적으로나 방법론적으로 유사한 면이 있지만, 각각 독자적인 조사도구로 활용되고 있다.

피해자의 정확한 사망 경위를 파악하기 위해서는 사망 전 심리상태와 자살 또는 타살 관련 위험요소를 분석하는 등, 당시 피해자의 상황에 대한 더 많은 정보를 조사해야 한다. 면담 프로토콜을 통해 사망시점까지 알려진 피해자의 동선을 시간 순서대로 배열하는 데 필요한 행동 증거를 수집할 수 있다. 피해자의 사망과 관련된 모든 주변 인물에 대한 전략적이고 구조화된 면담은 세밀한 증거 분석과 더불어 시간과 자원 배분의 극대화를 위해 매우 중요하다.

모든 사망사건의 수사관은 그들이 몸담고 있는 팀의 목적에 관계없이 프로토콜을 충실히 따르는 한편, 충분한 증거수집과 분석이 이루어지기 전까지 성급한 판단을 내려서는 안 된다. 또한 사망현장에서 장갑 없이 어떤 것도 만지거나 이동시켜서는 안 되며, 증거채취 장비를 현장의 아무 곳에나 두어서도 안 된다. 무엇보다, 사망현장에서 조사한 모든 것을 기관의 프로토콜에 따라 문서화해야 한다. 사망사건 책임자는 어떤 잠재적 증거물을 수집할 것인지, 그리고 그것을 어떻게 수집하고 관리할 것인지 등을 결정해야 한다(예컨대, 젖은 증거물은 비닐봉지에 담지 않도록 해야 한다. 현장에서 발견된 물에 젖은 담배꽁초를 비닐봉지에 넣을 경우, 곰팡이 때문에 DNA 분석에 실패할 수 있기 때문이다). 과학수사 요원이나 촬영담당자는 수백 장의 사진을 찍거나, 360도 스캐너를 이용해 넓은 사건현장을 광시야각으로 연결해 촬영할 수 있다(Adcock & Chancellor, 2013; Gilbet, 2010). 증거들을 조직화하여 단서를 도출하기 위해 사용되는 유도 가설guiding hypothesis은 모든 증거에 대해 설명해야 할 뿐만 아니라, 새로운 증거나 관점을 수용할 수 있을 만큼 충분히 유연해야 한다. 앞서 설명했듯이, 사건의 맥락은 해석에 영향을 미친다. 어떤 증거물이 하나의 해석을 뒷받침할 수 있지만, 그것이 새로운 사실의 발견으로 인해 또 다른 해석을 가능하게 할 수도 있다(Gilbet, 2010).

행동 증거의 해석은 명확한 사건 재구성을 위해 중요한 일이지만, 그만큼 잘못 해석되기도 쉽다. 더욱이 인간의 동기는 자주 예측되는 반면 설명하기 상당히 어려운 부분이 있어서, 다음과 같은 사건처럼 미궁에 빠질 수 있다.

2008년 할로윈데이에 버지니아주 알렉산드리아에 사는 16세 소녀 애니 맥캔Annie McCann이 실종된 사건이 발생했다. 부모가 아들 집에 잠시 간 사이, 애니는 집에서 1,000달러와 좋아하는 옷 몇 벌, 그리고 시리얼 한 상자를 가지고 부모의 흰색 볼보 차량을 몰고 나갔다. 그녀는 자신이 평소 우울했고, 집을 떠나 새롭게 다시 출발하고 싶다는 쪽지를 남겼다. 자살을 생각했지만 그 대신 가출하기로 결정했다는 것이다. "오늘 아침 저는 죽으려고 했어요. 그런데 죽는 대신 다시 시작할 수 있다는 걸 깨달았어요. 저는 도움을 원치 않아요. 더 이상 두렵지도 않아요. 가족들이 저를 정말 사랑한다면 그냥 내버려두세요. 제발 저를 찾지 말아 주세요"(Hermann, 2012).

그로부터 이틀 뒤 애니의 시신이 메릴랜드주 볼티모어의 한 길거리 쓰레기통 뒤에서 발견되었다. 그러나 그녀에게는 뚜렷한 외상의 흔적이 없었다. 부검 결과, 그녀는 술과 함께 치사량의 리도카인lidocaine[1]을 복용한 것으로 나타났다. 시신 옆의 쓰레기더미에서는 그녀가 최근 귀를 뚫고 집에서 사용한 140g짜리 소독약이 발견되었다. 소독약 통에서 그녀의 DNA가 검출되었지만, 지문은 남아 있지 않았다. 또한 그녀가 자신의 자살생각과 우울증, 거식증에 대해 적은 2개의 쪽지가 더 발견되었다.

---

1) 역자 주: 국소마취제이자 부정맥 치료제이다. 주사제는 국소마취 또는 부정맥 치료 목적으로 사용되고, 액제, 분무제, 크림, 연고, 거즈 등은 제형과 함량에 따라 국소마취나 통증 완화 등의 목적으로 사용된다(약학용어사전).

경찰 수사에서 2명의 청소년이 차 안에서 사망한 소녀를 발견한 후 시신을 쓰레기통 뒤에 옮겨 놓고 차량을 훔쳐 달아났다는 사실이 새롭게 밝혀졌다. 소년들은 폭주 운전을 하기 위해 차량을 훔쳤다고 진술했다. 수사 초기에는 이들이 소녀의 사망과 관련된 것으로 보였으나, 수사결과 해당 진술이 사실로 확인되었다. 볼티모어 경찰은 발견된 증거들을 통해 소녀가 자동차 뒷좌석에서 음독하여 자살한 것으로 판단하고 사건을 종결했다.

애니의 부모는 이러한 경찰의 수사결과를 받아들이지 못했다. 그들은 경찰의 수사가 피상적이라고 주장하고, 전 뉴욕시 법의관 마이클 베이든Michael Baden을 포함한 민간조사팀을 고용했다. 조사팀은 경찰이 인지했으나 묵살해버린 특정 사실들에 대해 경찰에게 해명을 요구했다. 예를 들어, 한 수사보고서에는 소녀가 사망 직전 흑발의 여성과 어떤 카페에 들어가는 것이 목격되었다는 기록이 있었지만, 경찰은 그 여성의 신원파악을 하지 않았다. 그 여성이 소녀를 손쉬운 표적으로 삼고 함정에 빠뜨렸을 가능성이 있는데도 말이다. 그뿐만 아니라 청소년들이 차를 훔치기 전, 턱수염이 있는 한 백인 남성이 그 차를 버리고 떠나는 것이 목격되었다는 보고내용도 있었다.

행동상으로 볼 때에도 소녀는 자살을 생각했고 횡설수설하는 내용의 쪽지들을 남기기는 했지만, 마지막 쪽지에서는 심적 변화를 보였다. "제발 저를 자유롭게 내버려 두세요. 그래요, 저는 세상물정 모르는 열일곱 살짜리예요. 그렇지만 저도 저만의 경험을 해 볼 기회를 주세요. 엄마 아빠, 사랑해요. 조심할게요." 이것이 그녀의 결론이었다. 소녀는 꽤 많은 돈과 자신이 좋아하는 옷가지를 가지고 나갔다. 그녀는 가족들과도 화목했고, 좋은 학생이었다. 이 사건을 의뢰받은 법의학자들 중 누구도 리도카인으로 자살한 사례를 본 적이 없었기 때문에, 이 희귀한 사건의 사망 종류를 어떻게 판정해야 할지 고민했다.

용의자로 지목된 두 청소년 중 1명인 다니엘 킨러Daniel Kinlaw는 3년 전 여자친구를 살해하고 차를 훔친 혐의로 기소된 전력이 있었다. 그와 그의 친구가 우연히 소녀의 차량을 발견하고 태연하게 그녀의 시체를 내다 버렸다고 믿기에는 이러한 상황들이 지나친 우연의 일치로 보였다. 애니의 부모는 구치소에 수감된 킨러와 면담을 하면서 새로운 정보를 얻지는 못했지만, 자신의 딸이 살해되었음을 직감할 수 있었다. 반면, 사건을 담당한 형사들은 모든 각도에서 수사한 결과 그녀가 자살한 것으로 판단된다고 확신하면서, 차량 절도는 사건이 묘하게 꼬여서 생긴 일이라고 일축했다.

이 사건은 소녀의 내면생활에 대해 거의 조사된 바가 없다. 경찰관들은 일반적으로 자살분석의 기초에 대해서만 교육받고, 나머지는 현장을 통해 터득해야 한다. 소녀가 자살을 언급한 몇 개의 쪽지를 검토하는 것만으로 그녀의 죽음을 자살로 단정하기에는 근거가 충분치 않으며, 미심쩍은 부분들이 너무나 많다는 것을 알 수 있다. 하지만 가족들이 자살이라는 결론을 부정하고 거부하는 데에도 여러 가지 문제가 있을 수 있다는 점 또한 사실이다. 소녀의 가족은 가톨릭을 믿었기 때문에 종교적 금기가 자살을 거부하는 강력한 요인으로 작용했을 가능성이 크다. 게다가 아이의 자살은 종종 부모로 하여금 자녀가 가장 필요로 할 때 곁에 있어 주지 못한 것 같은 죄책감을 갖게 한다. 즉, 부모로서 아이가 보낸 어떤 신호를 알아차리지 못했고, 도움을 주지도 못했다고 자책하게 만드는 것이다. 이러한 자각이 타살에 심리적 무게를 두고 그것에 더욱 집착하게 만들 수 있다.

애니 맥캔 사건은 더 이상의 증거가 발견되지 않을지라도 세심한 심리조사가 실시되었다면, 사인을 조금이라도 더 명확하게 규명할 수 있었을 것이라는 시사점을 제시하고 있다. 이를 통해 유가족들에게 사건이 적어도 모든 측면에서 수사되었다는 안도감과 위안을 줄 수 있을 것이다.

이 책은 사망사건 수사를 위한 두 가지 형태의 행동분석에 대해 설명하고 있다. 첫째, 심리부검에 대한 역사와 방법, 주요 개발자들, 실무상의 표준화 시도 등을 다룬다. 심리부검의 원리는 심리학자인 에드윈 슈나이드먼Edwin Shneidman과 노먼 패버로Norman Faberow가 1960년대에 수행한 기초연구에서 형성되었다. 이들은 유서를 통한 사망 종류 판정에서부터 자살학에 이르기까지 오늘날 사망수사를 위한 견고한 도구들을 제공하는 중요한 업적을 남겼다. 심리부검의 주요 목적은 사망자의 생애사 정보수집과 분석을 통해 사망 전 심리상태에 대해 최대한 깊이 있게 이해하고, 이를 바탕으로 판정된 사망 종류의 타당성을 뒷받침하기 위한 연구를 수행하는 것이다(Shneidman, 1981).

둘째, 범죄 프로파일링은 심리부검에 비해 훨씬 더 잘 알려져 있고, 그 방법이나 관련 실무자들이 훨씬 더 다양하다. FBI 행동과학부(현재의 행동분석팀)의 범죄 프로파일링 방법은 최초의 프로파일러가 출간한 책과 이를 바탕으로 제작된 1991년 영화 〈양들의 침묵The Silence of the Lambs〉으로 인해 유명해졌다(Ramsland, 2010). 프로파일링은 그동안 여러 나라에서 심리학자 및 정신의학자, 그리고 공식 훈련을 받지 않은 형사들에 이르기까지 다양한 전문가에 의해 실시되어 왔다. 프로파일링은 심리부검보다 재판에서 상대적으로 좀 더 쉽게 허용되기도 했으나, 심리부검이 법정에서 증거력이 인정되지 않은 것과 비슷한 이유로 프로파일링 역시 여러 사건에서 항소와 기각이 되풀이되었다.

앞에서 언급한 바와 같이, 이 두 가지 형태의 접근법은 피해자에 초점을 둔 행동의 해석과 확률분석에 근거한다. 현재까지도 분석 결과에 대한 오차 범위를 줄이고, 절차를 보다 타당하고 신뢰성 있게 하기 위해 방법론을 개선하는 연구들이 계속 진행되고 있다.

이 책은 독자들에게 다소 힘든 도전이 될 수 있다. 그러나 수많은 사건자료를 활용하여 사망수사의 방법과 이슈를 상세히 설명했으니, 이 책을 통해 사망사건에서 행동분석의 중요성과 최선의 접근방법에 대해 이해할 수 있을 것이다.

참고문헌

Adcock, J. M., & Chancellor, A. S. (2013). *Death investigations*. Burlington, MA: Jones & Bartlett.

Bass, B., & Jefferson, J. (2003). *Death's acre: Inside the legendary forensic lab the Body Farm, where the dead do tell tales*. New York: Putnam.

Bass, B., & Meadows, L. (1990). Time since death and decomposition of the human body: Variables and observations in case and experimental studies. *Journal of Forensic Sciences, 35*, 103-111.

Ferllini, R. (2002/2012). *Silent witness: How forensic anthropology is used to solve the world's toughest crimes*. 2nd edition. Buffalo, NY: Firefly.

Gilbet, J. N. (2010). *Criminal investigation*. 8th edition. Upper Saddle River, NJ: Prentice Hall.

Guardian Staff. (2016, October 6). Stephen Port trial: Police took fake suicide note at face value. *The Guardian*. Retrieved from https://www.theguardian.com/uk-news/2016/oct/06/stephen-port-trial-policetook-fake-suicide-note-daniel-whitworth-face-value-court-told

Hermann, P. (2009, March 2). Too many unanswered questions remain for dead Va. girl's parents. *The Baltimore Sun*. Retrieved from http://www.baltimoresun.com/news/maryland/baltimore-city/balmccann0302-story.html

Ramsland, K. (2007). *Inside the minds of healthcare serial killers: Why they kill*. Westport, CT: Praeger.

Ramsland, K. (2010). *The forensic psychology of criminal minds*. New York: Berkley.

Shneidman, E. S. (1981). The psychological autopsy. *Suicide and Life Threatening Behavior, 11*(4), 325-340.

Ubelaker, D. H. (1997). Taphonomic applications in forensic anthropology. In W. D. Haglund & M. H. Sorg (Eds.), *Forensic taphonomy: The postmortem fate of human remains* (pp. 77-90). Boca Raton, FL: CRC Press.

차례

2부 ——— 범죄 프로파일링

1부

심리부검

1장
역사 및
개념

    심리부검psychological autopsy은 사망자에 대한 심리학적 자료들을 가장 집중적으로 수집·분석하는 사망조사 접근법으로, 캘리포니아주 로스앤젤레스의 자살상담 전문가들에 의해 공식적으로 개발되었다. 사후에 시신을 부검하는 것처럼, 심리부검은 특정 사망 종류를 뒷받침하는 증거가 될 수 있는 사망자의 삶과 사고과정을 조사하기 위해 그를 '개방하는' 작업이다. 항상 그런 것은 아니지만 심리부검은 대개 자살 여부를 판단하기 위한 지원활동으로써 실시된다.

    대부분의 경찰 수사관은 임상적 훈련을 받지 않지만, 임상 경험은 사망사건 수사에서 중요한 부분을 보완할 수 있다. 심리학적 통찰력은 사망자의 지인들과 면담할 때 적절한 질문을 하거나 사망 동기에 대한 심층 분석을 실시하는 데 도움이 된다. 또한 임상적 인식clinical awareness은 수사관이 사망현장을 위장하거나 조작했을 가능성이 있는 사람들의 행동 징후를 주의 깊게 관찰하도록 한다. 따라서 사망수사에 정신건강 전문가를 포함시키면 도움이 될 수 있다. 살인을 자살로 결론짓거나 그 반대의 경우처럼, 사망수사에서 사망자의 심리상태와 사망 동기를 잘못 판단하면 유가족과 사법제도에 심각한 영향을 미치게 된다.

1. 자살의도

사망사건을 재구성하는 동안 수사는 사망 원인과 사망 종류에 초점을 맞춘다. 사망 원인cause of death은 질병이나 부상과 같이 사망을 야기하게 된 조건을 말한다. 사망 종류manner of death는 검시관이나 법의관에 의해 판정된 사망분류 형태이다. NASH 분류체계에 따르면, 사망 종류는 자연사Natural, 사고사Accident, 자살Suicide, 타살Homicide의 네 가지 형태로 구분된다(Biffl, 1996). 예를 들어, 한 교통사고에서 발생한 사망자는 심장마비로 사망했거나(자연사), 차가 미끄러져 충돌에 의해 사망했거나(사고사), 사망자가 고의로 교통사고를 내서 사망했거나(자살), 살해당한 후 범인에 의해 앞의 세 가지 중 하나의 사망처럼 위장되었을 수 있다(타살). 사망 종류를 판단하기 어려운 경우에는 사인 미상 또는 판단보류로 분류하고, 즉각적인 추가 조사를 통해 좀 더 명확한 결론을 내릴 수 있도록 한다.

사망 종류가 확실하지 않은 사건은 일반적으로 사망자에 대한 세부정보를 포함하여 더 많은 자료를 수집해야 한다. 사망자의 심리상태가 문제시되는 사건에서는 특히 자살 가능성에 대한 심리정보가 필요하다(Curphey, 1961; Shneidman & Faberow, 1993). 다음은 최초 판정된 사망 종류가 사망자에 대한 상세한 정보수집을 통해 다른 사망 종류로 변경된 사례이다.

2005년 그렉 머렉Greg Maurek은 경찰에게 동생이 자살했다고 신고했다. 그는 동생 피터Peter Maurek가 술에 취해 기분이 매우 언짢은 상태로 집에 돌아와서 스스로 머리에 총을 쏘았다고 진술했다. 경찰이 현장에 출동했을 때, 그는 집밖에 나와 앉아 있었으며 태연해 보였다. 또한 그는 동생의 죽음을 목격하고도 무덤덤한 태도를 보였고, 피가 묻은 티셔츠를 벗어 버렸다고 진술하여 경찰의 의심을 샀다. 게다가 집 안의 시신 주변에서 그의 진술과 상반되는 증거들이 몇 가지 더 발견되었다.

피터는 머리에 총상을 입고 사망했다. 그의 뒤쪽 벽에서 혈흔과 뇌조직이 발견되었고, 피는 천장과 의자까지 튀어 있었다. 그의 머리 뒤쪽에서 발사된 50구경 반자동 권총은 시신에서 2m가량 떨어진 책상 위에 놓여 있었다. 경찰이 총의 안전장치가 걸려 있는 점을 지적하자, 그렉은 자신은 총을 만지지 않았고 평소 총을 좋아하지도 않는다고 하면서, 그 총은 피터가 가져왔다고 대답했다. 그러나 목숨을 끊으려고 자신에게 총을 쏜 사람이 곧바로 총기의 안전장치를 다시 걸었을 리는 없는데다, 자신의 머리 뒤통수에 대고 총을 쏘는 경우도 매우 드물었다.

그렉은 피터가 평소 자살하겠다는 말을 자주 했기 때문에 사건 발생 당일에도 그런 말을 듣고 놀라지 않았다고 진술했다. 동생이 총을 쏘았을 때 그는 3m쯤 떨어진 의자에 앉아 있었고 피가 자신에게까지 튀었다고 하면서, 경찰에게 자신의 티셔츠를 보여 주었다. 그가 동생의 사망 당시 아무것도 하지 않았고 아무것도 만지지 않았다고 주장했음에도 불구하고, 경찰은 그를 체포했다.

재판에서 양측의 전문가들은 혈흔 비산 패턴blood spatter pattern을 통해 사건을 재구성했지만, 해석은 극명하게 엇갈렸다. 검찰 측 전문가들은 그렉의 티셔츠에 묻은 혈흔으로 볼 때 총격 당시 그가 동생과 가까운 곳에 있었음을 알 수 있다고 주장했다. 또한 그들은 스스로 뒤통수에 총을 쏘는 것이 얼마나 어려운 일인지를 시연해 보였고, 피터의 손에 혈흔이 별로 없는 점은 그가 총을 잡지 않았음을 강력하게 시사한다고 주장했다. 검찰 측의 사건 재구성은 완벽한 것처럼 보였다.

그러나 거기에는 큰 허점이 있었는데, 검찰 측에서 피터의 심리적 배경에 대해서는 조사하지 않았다는 것이다. 이와 대조적으로, 그렉의 변호팀에는 심리학자가 포함되어 피터의 친구와 친인척들을 대상으로 심리부검을 실시하여 그의 최근 심리상태에 대해 조사했다. 그 결과, 그의 자살 가능성이 매우 높은 것으로 나타났다. 즉, 주기적으로 폭음을 하고 한동안 우울증에 시달리는 등 그에게서 **자살** 징후로 여겨지는 여러 가지 행동이 나타났던 것이다. 결정적으로, 예전에 그렉과 피터의 형이 자신의 뒤통수에 총을 쏴서 자살했는데, 당시 피터가 그의 용기에 감탄을 했다는 진술이 확보되었다. 그는 심지어 그것이 자살하는 데 가장 좋은 방법이라고 여기기까지 했다고 한다. 또한 그에게 지대한 영향을 미친 전 여자친구가 사망한 후, 최근 부모마저도 사망한 일이 있었다. 이러한 사실들에 비해 그렉이 피터를 살해할 만한 동기는 발견되지 않았다.

변호 측의 혈흔 분석가는 방 안의 혈흔 패턴이 그렉의 진술과 어떻게 일치하는지를 시연해 보였다. 의자의 '그림자' 패턴은 방 안에서 피가 튀었을 때 누군가 그 의자에 앉아 있었음을 보여 주었다. 집에는 그렉만 있었기 때문에 그 '누군가'는 바로 그렉일 수밖에 없었다. 검찰 측 전문가가 시연한 것과는 달리, 피터가 총을 쥐고 발사했을 때 그의 몸에 난 총탄자국과 유사한 상처가 날 수 있음이 증명되었고, 상처 분석wound analysis을 통해 그렉이 3m쯤 떨어진 곳에서 동생을 쐈을 가능성이 배제되었다. 총기의 안전장치와 관련해서는 총이 발사되면서 반동 중에 책상에 튕겨져 어떤 물체와 부딪혔을 때 안전장치가 다시 걸릴 수 있지만, 이를 그대로 재현하기는 어려웠다. 심리학적 증거는 배심원단이 합리적 의심을 갖도록 만들었고, 결국 그렉에게 무죄가 선고되었다("Maurek found not guilty", 2008).

이 사건에서 수사관들은 서둘러 가설을 세웠고, 대안적 시나리오도 고려하지 않았다. 피터의 위태로운 심리상태를 뒷받침하는 몇 가지 요소가 있었음에도 이를 전혀 검토하지 않은 것이다. 이와 관련된 정보를 제공하는 심리부검은 종종 수사 방향을 바꾸어 놓기도 한다.

2. 심리부검의 발단

심리부검은 1950년대 후반 캘리포니아주 로스앤젤레스에서 공식적으로 실시되었다. 당시 LA 카운티 검시관실LA County Coroner's Office의 수석 법의관 시어도어 커피Theodore Curphey는 약물에 의한 사망사건이 많이 발생하는 반면, 그것이 자살인지, 약물 과다복용으로 인한 사망인지, 아니면 타살인지를 명확하게 판단하기 어려운 경우가 자주 발생하여 곤란한 상황이었다 (Curphey, 1961). 그는 미국 최초로 설립된 LA 자살예방센터LA Suicide Prevention Center의 임원들과 친분이 있었다. 이 센터는 자살시도자들에게 개선된 치료 및 예방책을 제공함으로써 그들에 대한 사회적 인식을 향상시키기 위한 임무를 가지고, 1958년 LA 카운티 종합병원 부지에 문을 열었다(Shneidman, Faberow, & Litman, 1961b).

커피는 그 센터의 임원 중 1명이자 자살상담가인 에드윈 슈나이드먼에게 2명의 자살 유가족에게 보낼 위로편지를 써 달라고 부탁한 적이 있다. 슈나이드먼은 자살자들을 좀 더 깊이 이해하기 위해 그들의 기록을 검토하면서, 700건 이상의 자살유서와 관련 기록물을 수집하게 되었다. 그는 이들의 자살유서와 기록이 서로 일치한다면 자살의도 연구를 위한 유용한 데이터가 될 것이라고 믿고, 그 자료들의 사용허가를 받았다. 그리고 자살예방센터의 동료인 노먼 패버로, 로버트 리트먼Robert Litman과 함께 연구비를 보조받아 몇 가지 프로젝트를 시작했다(Shneidman & Faberow, 1957b).

LA 자살예방센터에는 프로젝트 책임자 2명과 정신의학 책임자 1명, 임상심리학자 2명, 정신보건 사회복지사 2명, 생체통계학자biometrician 1명, 심리상담가 1명이 있었다. 자살전문가인 그들은 1930년대에 6년에 걸쳐 뉴욕시의 경찰 자살자 93명을 분석한 연구에 대해서는 잘 알고 있었으나, 자살자와 비자살자 간의 차이에 대해서는 거의 아는 바가 없었다. 또한 자살의도를 가지고 목숨을 끊은 사람과 자살을 시도했지만 사망하지 않은 사람들을 어떻게 구분해야 할지 잘 몰랐다.

당시에는 자살을 비난하는 사회적 분위기가 지배적이었다. 자살은 사회와 신을 경멸하는 무례하고 비겁한 행위로 여겨졌다. 이러한 사회적 분위기는 학계에도 스며들어 자살을 주제로 한 연구를 꺼리게 만들었다. 슈나이드먼과 동료들은 그들이 하는 자살예방이 향상되기 위해서는 연구가 이루어져야 한다는 것을 알고 있었다. 그들은 자살예방센터의 내담자들을 타기관이나 병원에 연계할 때마다 다양한 치료방법의 효과를 평가하기 위해 추적관찰을 했고, 그에 대한 긍정적 결과와 함께 이 주제를 연구하며 배워 나가는 것의 중요성을 입증하고자 했다.

슈나이드먼과 패버로(1957a)는 한 프로젝트에서 과거 10년간 LA에서 자살한 성인 남성들의 명단을 확보할 수 있었다. 비록 그 연구에서는 특정 지역과 성인 남성으로 제한된 결과를 얻었지만, 이후에는 훨씬 더 폭넓은 조사집단을 대상으로 연구를 실시했다. 그들은 20세에서 69세 사이의 성인 남성을 각각 32명씩 자살사망자, 자살시도자, 자살협박자, 비자살자 집단으로 구성하고, 집단별 사례 기록을 수집했다. 그것을 통해 조사대상자들의 가정환경 및 심리적 요인에서부터 사회적 요인에 이르기까지 100가지 이상의 항목을 조사하는 한편, 몇 가지 표준화된 검사 및 성격검사 점수와 더불어 정신질환 병력에 대한 정보를 수집했다. 자살사망자 집단을 제외하고, 생존해 있는 3개 집단의 조사대상자들에게는 자신에 대한 이야기, 특히 자살과 관련된 자신의 경험을 적도록 했다.

또한 연구자들은 33개의 자살유서를 선별하고, 이를 작성한 자살자들에 대해 가능한 한 많은 정보를 수집했다. 실제 자살유서와 위장자살처럼 조작된 허위 자살유서fake note를 비교하기 위해 선별한 유서 작성자와 유사한 특성을 가진 자발적 연구참여자를 모집하고, 그들에게 자살에 대해 생각하며 가상의 또는 가장한 유서를 작성하도록 했다. 연구자들은 실제 자살유서와 이와 같은 모의 자살유서simulated note에는 특정 유형의 사고 패턴에서 많은 차이점이 있음을 발견했고, 이는 향후 연구를 위한 중요한 토대를 마련했다(3장에서 상세히 설명).

1957년 슈나이드먼과 패버로는 자살유서에 대한 그들의 연구를 엮어 편저서 『자살의 단서Clues to Suicide』를 발간하여, 자살연구의 새로운 지평을 열었다. 이 책에는 자살의 논리, 자살과 종교, 자살과 법, 자살의 치료, 아동의 자살행동, 노인의 자살에 대한 내용이 수록되어 있다. 마지막 개정판에는 자살예방을 위한 제안도 포함되었다.

LA 자살예방센터에서 활동한 임상전문가들의 주된 목표는 생명을 구하는 것이었다(Shneidman & Faberow, 1961). 그들은 타 공공서비스 기관들과 연계하여, 치료 및 연구 목적을 위해 자살에 대한 가설을 수립하고 이를 검증하는 한편, 자살예방을 위한 단기적 목표와 자살예방에 대한 이해력 증진을 위한 장기적 목표를 달성하고자 했다. 그들은 대다수의 자살자가 "인식 가능한 자살 전 단계recognizable presuicidal phase"를 거치는데(p. 7), 이는 자살시도자 집단과 자살사망자 집단 간에 차이가 있다고 보았다. 또한 도움을 요청하는 집단, 만성 우울증을 앓고 있고 있는 집단, 자살협박을 하는 집단, 심각한 자살시도를 하는 집단, 그리고 온갖 약물을 남용하는 집단의 비율이 어느 정도인지를 파악하고자 했다. 그 밖에 이러한 사람들 중 얼마나 많은 이가 직장을 가지고 있거나 군 복무를 했는지, 어떤 연령대가 자살로 가장 많이 사망했는지, 가장 흔한 자살방법은 무엇인지, 연령대나 인종, 성별에 따라 자살방법이 어떻게 다른지도 조사했다.

이와 관련된 정확한 데이터를 얻는 것은 어려운 일이었지만, 자살예방센터의 연구진은 많은 지역의 의사들을 대상으로 설문조사를 실시하고, 자살로 인한 내원환자의 병원 차트를 수집했으며, 검시관들에게 그들이 담당했던 자살사건에 대해 질의를 했다. 그들은 또한 가능하면 사망자의 친척 및 동료들과 연락하여 상세한 데이터를 수집했다(Shneidman & Faberow, 1961). 이렇게 앞서 구분한 4개 집단(자살사망자, 자살시도자, 자살협박자, 비자살자)에 포함되는 조사대상자의 수가 점점 더 늘어남에 따라, 연구진은 더 많은 프로젝트를 수행할 수 있었다.

한편 연구진은 응급사건에 신속하게 대응하기 위한 프로토콜을 개발하는 동시에, 편집성 정신분열증paranoid schizophrenia이나 만성 반응성 우울증chronic reactive depression처럼 특정 '위험신호'를 나타내는 정신질환이 없는 한, 다른 정보들만 가지고 자살 가능성이 높은 사람을 구별해 내는 것이 사실상 매우 어렵다는 점을 확인했다. 그리고 자살한 남성 4명 중 약 3명이 과거에 자살을 시도했거나 자살협박을 한 적이 있다는 점을 발견했다. 자살문제로 인한 입원환자 중 절반은 진단결과가 좋아 퇴원했지만, 그로부터 3개월 이내에 사망했다. 연구진은 이러한 직관에 어긋나는 사실에 주목했다. 심리평가에서는 자살협박은 했지만 자살시도를 하지 않은 사람이 자살시도를 한 사람보다 더 큰 죄책감과 불안을 보이는 반면, 더 높은 수준의 공격성을 보이는 것으로 나타났다(Shneidman et al., 1961a).

자살예방센터의 연구진은 이러한 프로젝트에 전념하면서 커피의 지원요청에 기꺼이 도움을 주었다. 그들은 검시관실에서 의뢰한 사건을 평가하기 위해 패널을 구성했고, 슈나이드먼은 이들이 고안한 조사방법을 '심리부검'이라고 명명했다(Shneidman & Faberow, 1961). 이러한 방법이 공식적으로 사용되면서 자살조사팀의 회의를 '모드 회의mode conferences'라고 불렀는데, 당시에는 사망 종류를 '모드'라고 일컬었기 때문이다. 각 회의에는 검시관, 심리학자, 사회복지사, 수사관, 법의병리학자forensic pathologist, 의사, 그리고 사망사건의 정확한 평가를 위해 필요한 다른 분야의 전문가들까지 참석했다. 팀원들은 당면한 사건에 집중하는 한편, 그들이 하는 조사의 잠재적 가치도 고려했다.

커피(1961)는 이 '자살조사팀'의 협업을 반기면서, 앞으로 LA 카운티 검시관실에서 더 많은 과학적 방법을 의무적으로 활용하도록 하는 방침을 내렸다. 그는 독물학자toxicologist가 어떤 문제에 대해 전문가와 상의해야 할 때도 있는 것처럼, 법의학 팀도 사망 동기와 의도를 평가하기 위해 행동분석가의 도움이 필요하다는 점을 깨달았다. "의도intention와 동기motivation는 화학적 문제도 생물학적 문제도 아니다. 그것은 본질적으로 심리적 문제이다. 이 점이 사회과학자들이 검시관실을 지원해 줄 수 있는 부분이다"(p. 112). 자살조사팀이 수집한 정보들은 주로 정신의학적이고 심리학적인 것이었는데, 여기에는 사망자의 의사소통 및 자아태도, 그리고 수집한 정보를 검토하는 중에 발견한 '탐지정보'가 포함되었다. 그들은 사망사건에서 어떤 정보를 찾아야 하는지 가장 잘 알고 있었기 때문에 사망자의 특정 행위에 대해서 수사관들보다 더 많은 의미를 발견할 수 있었다. 이처럼 타 전문분야에 대한 교육훈련은 다른 관점을 제시해 줄 수 있다.

일례로 한 여성의 사망사건을 살펴보자. 여성의 시신을 부검한 결과, 그녀가 처방약을 치사량에 이를 정도로 과다복용했음이 밝혀졌지만, 유가족과 친구들은 그녀가 자살하지 않았다고 주장했다. 유가족은 공식 부검 결과에 이의를 제기하기 위해 변호사를 고용했다. 자살조사팀은 그녀가 중증 우울증과 만성 알코올중독 문제로 정신과 치료와 여러 가지 약물 처방을 받았다는 사실을 확인하고, 그녀의 자살 가능성을 뒷받침했다. 그녀가 사망하기 이틀 전에는 정신과 담당의가 그녀의 상태를 걱정하며 입원을 권유하기도 했다. 가족은 이 모든 자살 징후를 알고 있었지만 그 의미를 인정하지 않았다. 그들은 종교적으로 금기시되는 자살로 인해 그녀의 영혼이 안식을 찾지 못할 것을 염려했던 것이다.

커피는 사망 종류를 명확하게 판정하는 것이 왜 중요한지에 대해서도 설명했다. 이는 유가족과 지인들에게 중요한 것은 물론 한 사회의 종교적·경제적 측면에 큰 영향을 미칠 수 있기 때문이다. 또한 올바른 절차는 통계를 보다 정확하게 만들고, 사건에 대한 모든 세부정보를 파악하고 정확하게 해석했다는 수사관들의 착각에 의해 발생할 수 있는 '가상의 정확성fictitious accuracy'을 바로잡는 데 도움이 된다. 그는 대부분의 검시관실에서 과학적 방법을 활용하려는 시도를 하지 않기 때문에 사망조사가 피상적으로 진행되는 경우가 많다고 보았다. 그러면서 그는 사망조사에 심리전문가를 참여시킴으로써 유가족들에게 필요한 심리상담을 제공할 수 있는 또 다른 이점을 얻을 수 있다고 언급했다.

자살조사팀의 주요 임무는 사인이 불분명한 **변사사건**equivocal death에서 자살 가능성을 파악하는 것이었다. 그 과정에서 임상전문가들은 자살행위를 둘러싼 오해가 얼마나 많은지를 알게 되었고, 사망사건 수사관들과 지역사회에 자살에 대한 사실을 알리기 위한 방법을 개발했다. 당시 그들이 확인한 가장 흔한 자살 신화suicide myth는 〈표 1-1〉과 같다(Curphey, 1961: 13-14).

표 1-1 **자살 신화**
• 자살에 대해 이야기하는 사람은 자살하지 않는다. • 자살은 예고 없이 발생한다. • 자살생각을 하는 사람의 기분이 향상되면 위기는 끝난 것이다. • 자살은 하나의 질병이다. • 자살자들은 정신병자이다.

슈나이드먼은 이와 같은 잘못된 신념은 정신질환보다 자살에서 더 많이 나타난다고 보았다. "어떤 의미에서 자기파괴 행위는 개인과 그를 둘러싼 공동체 및 문명 간의 관계를 반영한다"(p. 16). 그는 자살의 더 폭넓은 사회학적 함의에 큰 관심을 가졌다.

사망사건 신고가 경찰에 접수되면, 자살예방센터는 팀의 조사원 중 1명을 현장으로 보내 해당 사망사건을 경찰과 다른 관점에서 조사했다. 경찰과 자살예방센터의 보고서가 모두 부검이 필요하다는 데 동의한 경우에만 법의관이 부검을 실시하여, 사망자에 대한 좀 더 상세한 정보를 부검 보고서에 기록했다. 자살유서가 발견되면 필적감정 전문가에게 의뢰하여 사망자가 작성한 유서인지도 확인했다. 사인이 명확하지 않은 경우, 자살예방센터는 전체 모드 회의를 소집하여 사건에 대한 브레인스토밍을 하고, 서로의 해석을 점검했다. 그리고 알려진 자살 징후 또는 위험요인을 특히 고려하여, 사망자의 유가족 및 지인에게 사용할 구조화된 면담도구를 구성했다. 그리고 면담을 통해 수집한 정보를 가지고 사건을 재구성했다. 수집한 정보는 네 가지 범주, 즉 심리학적 정보, 주변인들과의 의사소통 정보, 생애사life history 정보, 비정신의학적 정보로 분류했다.

또 다른 연구 프로젝트에서 슈나이드먼과 패버로(1961)는 자살시도를 했지만 살아남은 자살생존자suicide survivors 집단과 면담을 실시하여, 자살시도자들은 타인의 관심을 받고 싶어 하는 사람부터 진심으로 죽고 싶어 하는 사람까지 다양할 수 있다는 점을 확인했다. 자살의도에 대한 단서가 전혀 없는 사건은 드물었으므로, 자살예방센터는 네 가지 범주 내에서 심리부검을 위해

표 1-2 LA 자살예방센터의 15가지 심리부검 요인

1. 기본 정보(이름, 나이, 주소, 직업, 결혼 여부, 종교)
2. 사망 정보(사망 원인 및 종류)
3. 가족력
4. 질병 및 자살을 포함한 가족 사망력
5. 성격 및 생활양식
6. 스트레스에 대한 반응 패턴 및 스트레스 지속 기간
7. 최근의 중압감 및 긴장 또는 예견된 문제
8. 사망에 영향을 미친 약물의 사용
9. 최근 대인관계
10. 죽음이나 자살과 관련된 환상, 예감, 꿈 또는 두려움
11. 식습관, 수면, 일상 및 성생활 패턴 등의 최근 변화
12. 성공 및 긍정적인 부분에 대한 정보
13. 자살의도 평가
14. 치명도
15. 정보제공자들의 반응

출처: Los Angeles Suicide Prevention Center.

필요한 15가지 요인을 선정했다. 이 15가지 요인 중 어디에도 해당되지 않는 '특징'이 나타났을 때에는 16번째 요인에 포함시켰다(Leenaars, 2010). 해당 요인들은 〈표 1-2〉에 제시된 바와 같다.

슈나이드먼 등(1961)은 자살을 의도적(계획적), 반의도적subintentional, 비의도적 행위로 분류했다. 즉, 일부 자살자는 스스로 목숨을 끊으려면 어떻게 해야 할지를 생각하고 실행에 옮기지만(의도적), 어떤 사람들은 죽고 싶은 마음을 억누르다가 무의식적으로 목숨이 위태로운 행동을 한다(반의도적). 또 어떤 사람들은 무모하게 위험한 행동을 하지만 반드시 목숨을 끊고 싶어 하지는 않는다(비의도적). 자살예방센터 연구진은 자살의 강도 또는 가능성을 네 가지 수준으로 평가하기 위해 '치명성 척도scale of lethality'를 개발했다. 그들은 사용된 자살방법에 대한 사망자의 지식 수준을 조사하고, 자살계획 및 실행의 정도에 따라 자살의도의 수준을 측정했다. 집과 멀리 떨어진 장소에서 자살하거나, 자살유서를 남기거나, 사망자 소유의 총기를 사용한 경우는 생명에 지장이 없을 만큼의 약물을 복용하거나 친구에게 전화로 도움을 요청한 경우보다 치명성 점수가 더 높았다. 이 연구에서는 자살자의 62%가 적어도 1명 이상의 주위사람에게 자살의도를 나타냈으며, 심지어 자살을 시도하지 않은 경우에도 자살의도를 표현했다는 결과가 발견되었다.

연구진은 러시안 룰렛을 자주 하다가 사망한 한 남성의 사건을 조사한 적이 있다. 그의 아내에 따르면, 그는 절대 안전한 방법이 있다고 믿었다 한다. 즉, 그는 약실에 넣은 총알이 작동되는 방식을 알고 있기 때문에 실제로 총을 맞아 죽을 가능성이 없다고 본 것이다. 결국 러시안 룰렛으로 사망하고 나서, 그가 익숙하지 않은 총기를 사용한 사실이 밝혀졌다. 그는 그 총이 이전에 여러 번 다루어 본 총과 분명 똑같이 작동할 것이라고 생각했지만, 그렇지 않았던 것이다. 사망한 남성이 과거에 자살생각이나 우울증 또는 자살협박을 한 적이 없었기 때문에 이 사건은 사고사로 처리되었는데, 이는 비의도적 자살의 한 예이다.

슈나이드먼은 정신건강 전문가들이 자살충동을 가진 사람들의 자살동기 및 방법, 죽음에 대한 갈망의 정도를 충분히 조사해야 한다고 조언했다. 예를 들어, 상담이나 치료 중인 내담자가 사망했다면, 그가 특별한 기념일이나 그 즈음에 사망했는지, 지병으로 인해 사망했는지, 또는 그가 감당하기 어려운 심적 고통, 즉 '심리적 극통psychache'을 호소한 적이 있었는지, 있다면 이를 입증할 만한 어떤 증상이 있었는지를 주목해야 한다는 것이다(Shneidman & Faberow, 1961).

LA 자살예방센터는 자살연구에 과학적 표준을 적용하고, 그들의 연구를 공식적이고 다면적인 학문을 위한 기초자료로 제공했다. 1961년, 그들은 미국자살예방재단American Suicide Foundation에 국가 자문단을 설치했는데, 이는 세간의 주목과 존경을 받았다. 곧이어 자살과학연구센터Center for the Scientific Study of Suicide의 직원들도 임명했다. LA 자살예방센터에서 발간한 또 다른 편저서 『구조 요청The Cry for Help』(Shneidman & Faberow, 1961)은 첫 번째 책보다 분량이 두 배나 더 많았다. 에드바르 뭉크Edvard Munch의 〈절규The Scream〉를 책표지로 사용하여 자살예방센터에 대한 기사, 자살사망자와 자살시도자와의 통계적 비교, 자살 응급평가 방법, 정신질환 인구 문제, 사례분석, 자살에 대한 저명한 정신역학 이론가들의 다양한 견해를 수록했다. 이로써 자살과 관련된 보다 상세한 내용을 전달할 수 있는 훌륭한 교재가 탄생한 셈이었다.

LA 자살예방센터의 연구진은 유가족들과 면담을 할 때 아무리 '부드러운' 접근방식을 취하더라도 사망자에 대한 정보를 쉽게 제공받기 어렵다는 점을 알게 됐다. 유가족들은 대개 연구진을 믿지 않거나 해당 사망사건에 대해 이야기하고 싶어 하지 않았으며, 어떤 유가족들에게는 자살 가능성과 관련된 사실을 말하지 않는 이유가 있었다. 예를 들어, 사망보험금이 걸려 있는 경우, 지급불가 사유에 해당되는 사망자의 행동에 대해서는 알려 주지 않았다. 이는 자살에 대한 종교적 금기를 우려하는 경우에도 마찬가지였다.

자살예방센터 조사팀은 일부 사망사건에서 수사관들이 성급한 판단을 내리고, 너무 빨리 관심을 잃는다는 점을 발견했다. 그중 하나는 호텔 욕조에서 한 남성이 옷을 다 입은 상태로 익사한 사건이었다. 그는 심각한 경제적 어려움을 겪고 있었고, 수많은 사기 혐의를 받고 있었으며, 주위에 원한관계가 있었다. 사망자는 아내에게 그 호텔 객실에서 만날 사람이 있다고 했다. 경찰은 그가 죄책감을 느끼고 비난을 받는 게 두려워서 자살을 한 것으로 결론 내렸다. 자살조사팀은 대부분의 사람이 옷을 완전히 입고 욕조에 들어가지는 않는다는 점을 들어, 이 사건을 타살로 조사할 필요가 있다고 제안했다.

리트먼(1957)은 자신의 임상사례에서 일시적 상태인 '자살 위기suicidal crisis'에 주목했다. 그는 중증 자살 우울증으로 여러 가지 심리치료를 받은 환자들이 도움을 받으면 자살을 피할 수 있고, 결국에는 삶을 다시 시작할 수 있음을 발견했다. 이들 중 상당수는 이 일시적 단계를 경험하는데, 그들에게는 그 시간이 영원한 것처럼 느껴지는 것이다. 리트먼의 성공적인 임상사례는 다른 정신건강 전문가들에게 희망을 주었다.

자살조사팀이 진가를 발휘하자, LA 검시관실은 '주간 사례회의'를 개최했다. 그리고 심리부검 실행을 위해 경찰과 협력하는 방법을 다른 임상전문가들에게 알리고자 몇 가지 사례분석을 발표했다(불행히도 당시 LA 검시관실의 사례를 따른 경찰기관은 거의 없었다).

자살조사팀은 심리부검을 통해 특히 자살과 연관된 개인의 성격 및 상황에

표 1-3	여섯 가지 유형의 자살평가

- 자살 판정이 권고되는 사망
- 자살처럼 보이나, 사고사 판정이 권고되는 사망
- 자살 가능성이 있는 사망
- 자살 또는 사고사일 가능성이 있어, 판단이 보류되는 사망
- 살인 수사가 필요한 사망
- 자연사 판정이 권고되는 사망
- 유가족을 위한 심리상담이 필요한 명백한 자살

초점을 맞추었다. 이러한 요소들을 파악하여 개인의 생애사를 재구성하기 위해, 최근 사망자에게 나타났던 사건이나 표현, 질병 및 습관, 변화 등을 조사했다. 사실들이 명확하게 확인되면, 해당 사망사건을 〈표 1-3〉에 제시된 여섯 가지 유형(자연사, 명백한 자살, 자살 의심, 사고사, 타살, 판단보류) 중 하나로 분류했다(p. 120).

주간 사례회의는 1962년 8월 5일, 커피가 자살조사팀의 업무를 세간에 알린 한 사건이 발생하기 전까지 계속 진행되었다. 그것은 바로 세계적인 여배우 마릴린 먼로Marilyn Monroe의 사망사건이었다. 그녀는 자살한 것처럼 보였으나 미심쩍은 부분이 많았기 때문에, 자살조사팀이 맡기에 가장 적합한 사건이었다.

3. 시범사례

먼로가 영화배우로서 가장 화려한 경력을 쌓았을 무렵, 그녀의 나이는 불과 36세였다. 반면, 엄청난 중압감과 기분 변화, 사치, 결핍, 불신은 그녀가 성공가도를 달리는 데 장애물이 되었다. 사망현장에 최초 출동한 경찰은 처방약이 들어 있던 빈 병을 발견했는데, 그것은 이 사건에 독성분석과 더불어 부검이 필요하다는 것을 나타냈다. 경찰은 또한 먼로의 간호사이자 가사도우미인 머레이Murray 부인이 주치의보다 정신과 담당의였던 랠프 그린슨Ralph Greenson 박사에게 먼저 연락을 했고, 그가 현장에 가장 먼저 도착했다는 사실을 확인했다. 경찰에게는 그로부터 30분이 더 지난 후에 신고했다. 먼로의 나체는 약물 과다복용에서 전형적으로 나타나는 경련자세가 아닌 반듯이 누워 있는 자세를 취하고 있었다. 당시 출동 경찰관은 머레이 부인이 빨래를 하고 있는 점이 수상했다. 표면상 이러한 점들은 사망현장이 조작되었음을 의심하게 했고, 완벽하게 위장되지는 않았더라도 잠재적 은폐가 시도된 것으로 보였다. 먼로는 이내 살인피해자, 특히 정치적으로 얽힌 살인사건의 피해자로 알려졌고, 이는 전 세계적으로 큰 파장을 일으켰다.

커피는 이 사건의 부검을 최신 과학적 방법에 대한 연구 경험이 있는 부법의관 토머스 노구치Thomas Noguchi에게 맡겼다. 노구치는 이 사건이 전 세계의 주목을 받고 있다는 점을 잘 알고 있었다(Noguchi & DiMona, 1983). 그는 자신이 부검과정의 모든 부분을 통제할 수는 없어도 절대 오류가 발생하는 일은 없도록 하기 위해, 현장에서 수집된 약병의 목록을 만들어 먼로의 체내에서 검출된 약물과 비교 분석했다. 그 결과, 먼로는 급성 바르비투르 중독acute barbiturate poisoning, 즉 진정수면제로 사용되는 넴부탈Nembutal과 포수클로랄chloral hydrate을 과다복용하여 사망한 것으로 추정되었다. 노구치는 정밀한 약독물 분석을 위해 그녀의 위와 장의 조직 샘플을 독극물 연구소로 보냈지만, 나중에 알려진 바에 따르면 당시 연구원들은 이 사건이 자살로 이미 종결되었다는 신문기사를 보고 기본적인 혈액 및 간 검사만 하고 나머지 조직 샘플을 파기했다고 한다.

이러한 잘못된 검사결과와 먼로의 자살 가능성을 인정하지 않는 지인들로 인해, 존 F. 케네디John F. Kennedy 대통령과 그의 동생이 그녀의 죽음과 관련이 있다는 소문이 퍼졌다. 특히 먼로의 일기장이 사라졌다는 정보를 접한 사람들은 거기에 케네디 형제와 그녀와의 관계에 대한 비밀과 어떤 기밀정보가 적혀 있었을 것이라고 추측했다.

법의관으로서 헐리우드의 여러 사망사건을 다루어 본 커피는 유명 연예인의 죽음과 언론 보도에 익숙했지만, 이 사건은 그 자체로 하나의 장르처럼 느껴졌다. 젊고 아름다운 세계적 스타인 먼로는 많은 비밀을 가지고 있는 것처럼 보였다. 커피는 이 사건을 제대로 규명해야 한다는 강한 압박감을 느끼고 자살예방센터의 조사팀을 소집했다. 그들은 비밀리에 조사를 진행하려고 했지만 먼로의 동료 중 일부가 그들을 신뢰하지 않아 연락하는 것을 원치 않았고, 언론에 정보가 유출되는 등 조사 과정이 순조롭지 못했다. 그러나 조사팀은 면담대상자들에게 비밀유지를 보장하고, 먼로의 에이전트, 사업 동료, 친구, 정신과 담당의, 전남편, 가사도우미와 면담을 진행할 수 있었다. 또한 경찰의 수사보고서를 검토하고 현장에 최초 출동한 경찰관과 담당형사도 면담했다. 조사팀은 먼로의 재정적 어려움, 최근의 성공과 실패, 사망 전날 지인들과의 접촉, 성취하고자 했던 점들에 대한 세부정보를 수집함으로써 확증편향에 사로잡히지 않기 위해 노력했다.

그녀의 자살을 뒷받침하는 증거들도 나왔지만, 먼로는 살아야 할 이유가 있었다. 사망 몇 시간 전에 그녀와 만났거나 이야기를 나눈 몇몇 동료는 그녀가 낙관적이었다고 했고, 친한 친구들은 그녀가 어떤 약을 먹었는지 자주 잊어버리곤 했다고 진술했다. 그녀는 주변의 관심을 끌기 위해 약물을 과다복용한 적이 종종 있었으므로, 지인들은 그녀의 약물 과다복용이 우발적이라고 믿었다. 사건 당일 몇 시간 동안 먼로의 집에 머물렀던 그린슨 박사조차 그녀의 죽음은 사고라고 확신했다(Welkos, 2005).

그러나 먼로가 우울증에 시달린 것은 사실이었다. 그 무렵 작품계약상의 문제와 경제적 어려움으로 인해 그녀는 궁지에 몰린 듯한 느낌을 받았을 수 있다. 그녀는 결혼에도 실패했고, 유산을 한 후에는 매우 괴로워했다. 자살조사팀은 그녀가 자살 우울증suicidal depression에서 나타나는 '심리적 극통'에 부합하는 특징을 가지고 있다고 결론지었다.

노구치는 후에 자신의 저서에서 부검 당시 먼로의 위 속에 넴부탈 캡슐이 남아 있지 않아서 어리둥절했다는 사실을 밝혔다. 그녀의 장이 손상되어 있었기 때문에, 그는 캡슐이 장으로 넘어갔는지 확인하지 못했다고 한다. 또한 먼로가 왜 반듯하게 누운 상태로 발견되었는지 설명할 수는 없었지만, 그는 그것이 살인을 자살로 위장한 행동이라기보다 측근이 언론의 관심 때문에 취한 조치로 보였다고 회상했다.

그로부터 수십 년 후에, 당시 조사팀이 알지 못했던 사실들이 드러났다. 2005년, 전직 검사 존 마이너John Miner는 그린슨 박사가 먼로의 심리치료 녹음내용을 들려주었다고 폭로했다. 그러나 그는 녹음내용에서 먼로의 자살에 대한 암시를 전혀 발견할 수 없었기 때문에 재부검을 요청했는데, 변호 측이 인과관계를 인정하기 어렵다며 이를 거부했다고 주장했다. 이후 LA 검시관실은 먼로의 약물 과다복용이 우발적일 수 있다는 점을 인정했다(Welkos, 2005). 먼로 사망사건에 대한 재조사를 위해서는 더 많은 심리적 요인이 추가되어야 할 것이다.

4. 질적 분석

앞서 언급한 것처럼, 슈나이드먼과 패버로(1957a)는 LA 검시관실을 통해 자살유서를 수집했다. 슈나이드먼에게 이 귀중한 자료를 보는 것은 새로운 깨우침을 얻는 순간이었다(Leenaars, 2010). 유서의 작성자는 13세에서 96세까지 다양했다. 연구진은 질적 내용분석을 통해 유서에 나타난 '불편한 생각을 나타내는 표현'과 '완화된 생각을 나타내는 표현'의 빈도를 비교하기 위해 '불편-완화 지수Discomfort-Relief Quotient'라는 도구를 사용했다. 다시 말해, 그들은 선별한 유서들에서 완전하거나 다소 완전하지 못한 형태로 두 가지 상반된 생각을 표현한 부분들을 찾아냈다. 그런 다음 각각의 표현들을 일반적인 주제로 바꾸어서 유서들의 내용을 비교할 수 있도록 했다. 예컨대, '버티기가 너무 고통스럽다'는 표현은 '극심한 심리적 고통을 호소한다'로 바꿀 수 있다. 이것은 그 자체로는 과학적인 방법이 아니기 때문에, 신뢰성reliability을 담보하기 위해 내용분석에 참여한 전문가들의 평가자 간 일치도를 측정했다. 이러한 질적 분석을 통해 유서들 간의 유사점과 차이점을 보다 쉽게 파악할 수 있었다. 예를 들어, '이 주제는 그가 상실한 누군가에게 몰두하고 있다는 것을 나타낸다'고 하면, 해당 주제와 관련하여 유서마다 다르게 나타난 다양한 표현을 전부 포함시킬 수 있다. 대다수의 유서는 중립적인 감정을 담고 있었는데, 무언가를 지시하거나, 가족이나 친구들을 거론하거나, 중요한 서류를 어디에 두었는지 설명하거나, 자신의 물건을 누구에게 줄지 지정하거나, 해야 할 집안일의 목록을 적어 놓거나 하는 식이었다.

슈나이드먼과 패버로는 자살자들이 자신의 마지막 의사전달을 최대한 활용하고 싶어 하기라도 한 것처럼, 실제 자살유서에는 '자신의 생각을 나타내는 표현'을 더 많이 사용했다는 점을 발견했다. 이와 더불어 심리적 불편감psychological discomfort과 분노, 자책도 더 많이 표현되었다. 시간을 들여 유서를 작성한 자살자들은 자신의 마지막 권한을 행사하거나 누군가에게 벌을 주려는 것처럼 보였다. 반면 모의 자살유서를 작성한 사람들은 좀 더 추상적인 생각을 표현한 듯했고, 개인적인 상황에 대해서는 많이 언급하지 않았다. 비록 이 연구에서는 소수의 연구대상자를 선별하다 보니 모두 남성자살자만 포함되었지만, 이를 통해 향후 훨씬 더 포괄적이고 다양한 자살유서 연구를 촉진할 수 있었다.

슈나이드먼(1993)은 수십 년에 걸쳐 더 많은 자살표현 방식을 연구했다. 그는 실제 자살유서임을 나타내는 강력한 요인 중 하나가 심리적 극통의 표현이라는 것을 발견했다. 그리고 그는 이러한 자살표현들을 다섯 가지 유형의 개인적 욕구로 분류했다. 즉, ① 사랑이나 포용의 좌절, ② 통제력의 상실, ③ 손상된 자아상, ④ 단절된 대인관계, ⑤ 과도한 분노이다. 이러한 유형화는 자살 예측도구로서 '심리적 고통 평가 척도Psychological Pain Assessment Scale' (1999)를 개발하는 데 기초가 되었다.

자살예방센터의 활동은 슈나이드먼이 창안한 또 다른 용어인 **자살학**suicidology이라는 새로운 학문 분야의 토대를 마련했다. 모든 자살학자가 심리부검에 참여하지는 않았지만, 자살연구에 타 전문가들이 참여할 때 좀 더 다른 차원의 자살 데이터베이스를 생성할 수 있고, 이러한 연구방법에 대한 엄격성도 더욱 높아질 수 있다. 이를 통해 자살예방센터는 자살에 대한 그릇된 사회적 태도를 바로잡기 위한 그들의 목표를 조금씩 실현해 나가고자 했다.

5. 수사관의 인지 오류

때로 사망사건 수사관들 간의 의견 불일치로 인해 사망사건의 수사가 어떻게 진행되는지 알기 어려운 경우가 있다. 54세의 TM이라는 남성이 자택 지하실에서 총을 맞고 사망한 채 발견된 사건이 있었다. 그는 창고로 사용되는 공간의 계단 오른쪽에 누워 있었다. 그의 동거녀가 911에 사건을 신고하여 조사가 시작됐는데, 경찰은 몇 가지 이상한 정황이 있음에도 불구하고 이 사건을 자살로 판단했다. 사망자는 12게이지 레밍턴 산탄총으로 자신의 사타구니 부근을 쏜 것으로 보였고, 총기는 시신과 약 1.8m 떨어져 놓여 있었으며 총구는 시신 쪽을 향해 있었다. 위층에 있는 총기 보관함에는 4개의 산탄총과 탄약이 들어 있었다.

수사관들은 사망자가 사냥을 한 경험을 통해 동맥에 총을 맞으면 치명적이라는 사실을 알고 있었을 것으로 보았다. 그러나 이 사건에는 더 심층적인 조사가 필요한 또 다른 이유가 있었다.

지인들은 TM이 911에 신고를 한 여성과 같이 살고는 있었지만 그녀가 떠나 주기를 바랐다고 했으며, 그의 아들은 아버지가 고혈압을 앓고 있었지만 비관하지 않았고, 약물을 남용하지도 않았다고 진술했다. TM은 자살을 생각하거나 시도한 이력도 없었다. 그는 사망 전날 컨디션이 좋았고 아들과 여러 가지 계획을 세웠다고 했다. 또한 아들은 아버지의 동거녀가 소득도 없고 정신적으로 불안정하며 가족행사에서도 환영받지 못했다고 하면서, 그녀가 이사를 가겠다고 했을 때 아버지가 기뻐하는 것 같았다고 진술했다.

동거녀는 이러한 진술내용을 모두 부인했다. 그녀는 이사를 가기로 결정하고 준비 중이었다고 했다. 사망사건이 발생한 날 아침 잠깐 눈을 붙이고 있는데 TM에게 전화가 왔고, 그가 지금 머리에 총을 겨누고 있으며 곧 자살할 거라고 말했다는 것이다. 그녀는 그를 만류하다가 911에 신고를 했고, 그 와 중에 아래층에서 총소리가 났지만 막상 내려가 보지는 않았다고 진술했다. 현장에 도착한 경찰은 그녀가 가기로 했다는 보호소로 데려다주겠다고 제안했지만, 그녀는 집에 남아 있겠다고 했다. 경찰 조사에서 그녀는 TM이 자신을 성적·언어적으로 학대했다고 주장했고, 총소리를 들은 시점에 대해서도 말을 바꾸었다. 게다가 그녀의 911 신고내용이 연습한 것 같은 티가 나는 등 그녀를 의심할 만한 정황들이 나타났다.

이웃주민들도 TM의 집에 긴장감이 돌았으며, 그가 동거녀와 같이 살기를 원치 않았다고 일관되게 진술했다. 또한 사망 당일 아침 그와 이야기를 나눈 주민들은 그에게서 어떠한 절망적인 심리상태나 태도를 느끼지 못했다고 했다.

총구에서는 혈흔이나 신체 조직이 전혀 발견되지 않았고, 총열에는 먼지가 덮여 있었다. TM의 엄지와 검지에는 마른 피가 묻어 있었지만 비산된 흔적은 없었다. 발사된 총알은 그의 하부 복벽을 통해 등 뒤로 관통되었다. 경찰은 그가 개머리판을 벽에 기대 놓고 총을 쏜 것으로 판단했다. 또한 생명보험 서류와 2개의 차량보험 서류가 그의 차 앞좌석에서 발견되자, 그가 신변정리를 한 것으로 추정했다.

일부 수사관은 이 사건을 종결하기를 원했지만, 다른 수사관들은 이에 반대했다. 사건을 종결하려는 수사관들은 이미 결정을 내렸기 때문에 새로운 정보를 간과했다. 이것은 사망사건 수사에서 일반적으로 나타나는 문제이다. 모든 관련 사실이 수집되기 전에 내려진 역치 진단threshold diagnosis은 터널 시야tunnel vision 및 확증 편향confirmation bias으로 알려진 **인지 오류**를 야기할 수 있다(Rossmo, 2008). 이는 수사관이 사건의 발생 사실에 있어서 자신의 생각과 일치하지 않는 요소들은 보지 못하거나 축소할 수 있음을 의미한다. 수사관들의 잘못된 판단은 유가족에게 심적 고통을 안길 뿐 아니라 무고한 사람들이 체포되거나 유죄판결을 받도록 하는 반면, 진범은 풀려나게 하는 결과를 초래할 수 있다. 수사관들이 성급하게 판단하거나 사건현장을 단순하게 생각할 때 인지 오류가 발생할 수 있다. 사망수사를 위해서는 지름길로 가고 싶은 충동을 억눌러야 할 필요가 있다.

이 사건은 초동수사부터 난관에 봉착했기 때문에 사망 종류가 명확하게 가려지지 못했다. 수사가 이루어지지 않고 시간만 지체될수록 사건이 해결될 가능성은 낮아진다. 인간의 행동은 여러 가지 다른 해석이 가능하기 때문에 우리는 앞으로도 계속 이와 유사한 사건들을 목도하게 될 것이다. 최소한의 정보만 수집하면 피상적인 결론에 도달하기 쉽다. 그러나 이 장에서 살펴본 몇 가지 사례들은 수사관이 인내심을 가지고 겉으로 드러나지 않은 이면에 대해 조사할 때, 사망자의 심리상태에 대한 중요한 사실을 발견할 수 있다는 점을 보여 주고 있다.

다음 장에서는 LA 자살예방센터의 초기 활동 이후 진행된 연구들과 더불어, 심리부검을 수행하는 방법에 대해 상세히 설명하도록 한다. 슈나이드먼은 자살행동에 대한 견해를 여러 번 바꾸었고, 수많은 연구를 통해 많은 데이터를 축적했다. 심리부검은 상대적으로 잘 알려지지 않은 방법이지만, 오늘날 점점 더 많은 수사관이 사망 종류를 명확하게 판정하기 위한 심리부검의 가치를 인식하고 있다.

6. 참고문헌

Biffl, E. (1996, Fall). Psychological autopsies: Do they belong in the courtroom? *American Journal of Criminal Law, 24*, 123-146.

Curphey, T. J. (1961). The role of the social scientist in medicolegal certification of death from suicide. In N. L. Faberow & E. S. Shneidman (Eds.), *The cry for help* (pp. 110-117). New York: McGraw Hill.

Leenaars, A. A. (2010). Edwin S. Shneidman on suicide. Suicidology Online, 1, 5-18.

Litman, R. E. (1957). Some aspects of the treatment of the potentially suicidal patient. In E. S. Shneidman & N. L. Faberow (Eds.), *Clues to suicide* (pp. 111–118). New York: McGraw Hill.

Maurek found not guilty. (January 22, 2008). *ABC News*. Retrieved from http://www.kswo.com/story/7758647/maurek-found-not-guilty-inmurder-trial

Noguchi, T. T., & DiMona, J. (1983). *Coroner*. New York: Pocket.

Rossmo, D. K. (2008). Cognitive biases: Perception, intuition, and tunnel vision. In K. D. Rossmo (Ed.), *Criminal investigative failures* (pp. 9–21). Boca Raton, FL: CRC Press.

Shneidman, E. S. (1993). *Suicide as psychache: A clinical approach to self-destructive behavior*. Lanham, MD: Jason Aronson.

Shneidman, E. S. (1999). The Psychological Pain Assessment Scale. *Suicide and Life-Threatening Behavior, 29*, 287–294.

Shneidman, E. S., & Faberow, N. L. (1957a). Some comparisons between genuine and simulated suicide notes in terms of Mowrer's concepts of discomfort and relief. *Journal of General Psychology, 56*, 251–256.

Shneidman, E. S. & Faberow, N. L. (Eds.). (1957b). *Clues to suicide*. New York: McGraw-Hill.

Shneidman, E. S., & Faberow, N. L. (1961). Sample investigations of equivocal suicidal deaths. In N. L. Faberow & E. S. Shneidman (Eds.), *The cry for help* (pp. 118–128). New York: McGraw Hill.

Shneidman, E. S., Faberow, N. L., & Litman, R. E. (1961a). A taxonomy of death-a psychological point of view. In N. L. Faberow & E. S. Shneidman (Eds.), *The cry for help* (pp. 129–135). New York: McGraw Hill.

Shneidman, E. S., Faberow, N. L., & Litman, R. E. (1961b). The suicide prevention center. In N. L. Faberow & E. S. Shneidman (Eds.), *The cry for help* (pp. 6–18). New York: McGraw Hill.

Welkos, R. (2005, August 5). New chapter in the mystery of Marilyn Monroe: In her own words? *Los Angeles Times*. Retrieved from http://articles.latimes.com/2005/aug/05/entertainment/et-marilyn5

2장
자살학과
심리부검

2006년 5월 15일, 911에 56세 남성 밥 맥클랜시Bob McClancy가 자택의 안락의자에서 숨진 채 발견됐다는 신고가 접수되었다. 신고자는 그의 한 손에는 권총이, 다른 한 손에는 처방받은 약병이 들려 있었고, 몸 위에 알약들이 쏟아져 있었다고 했다. 911에 신고한 사람은 밥과 그의 아내 마사Martha Ann McClancy의 친구인 척 카츠마르치크Chuck Kaczmarczyk였다. 그는 퇴역군인 외상후 스트레스 장애PTSD 치료 프로그램을 통해 밥을 만났고, 서로 가까운 지역에 살고 있었기 때문에 밥의 심리적 문제를 도와주다가 친해지게 되었다고 했다. 군인 출신이자 전직 경찰관이었던 밥은 우울증과 불면증으로 정신과 약을 복용하고 있었다. 그는 동물 구조활동과 가족에서 위안을 찾았지만, 여전히 과거의 트라우마를 재경험하는 플래시백flashback 증상을 가지고 있었다.

사건을 접수한 911 요원은 전화로 척에게 심폐소생술을 시도해 보라고 했다. 그러나 그는 하는 방법을 알고는 있지만 식탁에서 "나를 살리지 말아 줘."라는 글을 발견했다고 하면서, 친구의 바람을 거스르고 싶지 않다고 대답했다. 경찰이 현장에 도착했을 때, 총은 발사되지 않았지만 밥은 이미 사망한 상태였다. 그의 입가에는 하얀 거품이 있었고, 시신의 자세는 비교적 반듯했다. 직장에서 돌아온 그의 아내는 비통함에 실신할 지경이었다. 유서는 없었지만 그의 우울증을 입증할 수 있는 진료기록들이 있었다.

형사는 척이 가장 친한 친구를 잃었음에도 이상하리만큼 차분해 보이자, 그를 경찰서로 데려가 조사했다. 조사받는 동안 그는 직설적이고 침착한 태도를 유지했는데, 이는 그가 전직 군인이었기 때문에 몸에 밴 성향으로 여겨졌다. 그는 친구의 시신을 촬영한 사실을 인정했지만, 거기에 어떠한 불법적 행위는 발견되지 않았다. 밥이 이전에도 약물 과다복용으로 치료를 받은 적이 있다는 사실이 확인되자, 사건은 자살로 종결되었다. 형사는 사건을 더 조사해야 한다고 생각했지만 단서가 없었다.

밥의 장례가 치러졌고 유가족들은 애도했다. 그러나 그의 죽음은 자살이 아니었다. 척이 밥의 아내 마사와 바람을 피우고 함께 음모를 꾸민 것이었다. 놀랍게도 그들은 자신들이 찍은 밥의 시신 사진을 보관하고 있었는데, 6년 후 그들의 입양 아들이 그 사진들을 발견했다.

그 당시 마사는 이미 다른 범죄로 기소된 상태였다. 그녀와 척은 밥의 죽음을 함께 슬퍼하다가 가까워진 것처럼 꾸몄고 결국 결혼했다. 그런 다음 그들은 대규모 사기를 저지르고, 밥의 군인 퇴직연금과 재향군인 장애 기금에서 약 50만 달러를 수령했다.

경찰이 밥의 살인 혐의로 그들을 수사하자, 그들은 죄를 서로에게 떠넘겼다. 척이 911에 신고를 하고 시신과 단둘이 있었기 때문에 마사는 살인 사실에 대해 모른다고 쉽게 부인할 수 있었다. 그녀와 이미 이혼한 척은 그녀가 살인에 대해 알고 있었을 뿐만 아니라 처방약도 제공했다고 진술했다. 2016년 마사는 살인공모 등의 혐의로 50년형을 선고받았다(Harper, 2016).

1. 과학적 자살연구

자살은 인간이 의도적으로 삶을 끝내는 행위이자(Shneidman, 1981b), '심리적 변화가 심한 인간의 불안감malaise'을 표출하는 행위이다(Leenaars 1992: 347). 1장에서 언급한 바와 같이 슈나이드먼과 패버로는 자살의 위험성과 예방에 대한 과학적 연구인 자살학 분야를 개척했다(Reiter & Parker, 2002; Shneidman, 1967). 이 장과 다음 장에서는 심리부검 절차를 적용한 연구들에 대해 설명할 것이다. 자살에 대한 일부 사실은 어떤 사람들이 목숨을 끊기 위해 아주 무모한 방법을 선택하는 것만큼이나 상식을 벗어난다. 이 장에서는 자살 신화, 최근의 자살연구들, 자살 연구방법론, 연쇄 자살, 자살 성지, 사망현장에 최초 출동한 경찰의 대응 분석, 자살유서 평가에 대해 다룰 것이다. 자살자의 심리상태와 정신질환에 대한 인식을 넓히는 데 도움이 될 수 있도록 특이한 자살사건도 포함시켰다.

먼저 자살의 역사에 대해 간략하게 살펴보자. 18세기 후반에 자살은 정신장애로 분류되었다. 1897년 에밀 뒤르켐Emile Durkheim은 사회학 저서인 『자살론Le Suicide』을 발간했다. 지그문트 프로이트Sigmund Freud는 죽음에 대한 본능을 의미하는 '타나토스Thanatos'라는 표현을 제외하고 자살에 대해서는 거의 언급하지 않았다. 그는 자살을 살인으로 보았다(어떤 이론가들은 프로이트의 죽음이 의사에 의한 조력자살이라고 추측했다). 자살예방센터가 개소한 시기와 거의 비슷한 무렵에, 로빈스 등(Robins et al., 1959)은 134개의 자살사례에 대한 연구결과를 발표했다. 그들은 자살자가 자살의도를 나타냈는지 확인하기 위해 자살사망자의 가족 및 동료와 체계적인 면담을 실시했다. 피면담자의 2/3 이상(69%)이 사망자가 자살생각을 표현했다고 답변했고, 41%는 구체적으로 표현했다고 했다. 대부분의 이러한 자살표현은 많은 사람에게 반복적으로 나타났다(그럼에도 자살하려는 사람은 속으로만 생각한다는 미신은 여전히 존재한다).

　1968년 이 분야의 학자들은 미국자살학회American Association of Suicidology: AAS
를 설립하고, 회원들 간의 전문적인 네트워킹과 소통을 위해 국제 학술지,
『자살 및 생명위협 행동(Suicide and Life-Threatening Behavior)』을 창간했다.
이러한 활동은 더 많은 임상전문가들이 자살사례를 연구하고 다른 기관과 협
업하는 데 영감을 주었다. 1987년 미국자살예방재단은 약물이 중증 우울증
에 미치는 영향에 대한 연구에 자금을 지원했다. AAS는 자살 치료와 예방에
주안점을 두고 있지만, 학술지에서 다루는 주제들에는 사망수사에 도움이 되
는 연구도 포함시켰다. 예를 들어, 일반적으로 사람들은 충동적으로 자살한
다고 믿지만, 조이너(Joiner, 2010)는 이것을 소설에서나 있을 법한 생각이라
고 일축했다(그러나 청소년들의 연쇄 자살이나 누군가의 처벌을 바라는 분노에 찬
자살 같은 경우에는 충동성과 관련이 있는 것으로 보고 있다).

　수사관들은 자살적 자해와 비자살적 자해의 차이를 배우고, 죽기 위해서
자기 자신을 83번이나 칼로 찌른 남성처럼 도저히 불가능해 보이는 자살이
발생하기도 한다는 점을 이해해야 한다. 수사관들은 또한 자살생존자들의
사례를 참고하여 자살자들을 간단하게 평가할 수 있는 실용적인 방법을 고
안할 수 있다. 자살 관련 연구주제에는 청소년의 자살 위험요인, 군대 내 자
살 및 재향군인 자살, 심리부검 개선, 자살예방을 위한 사회지원 시스템, 자
살치료 결과, 성소수자의 자살 상담, 자살시도자와 자살사망자의 특성, 기
질과 자살 위험성, **자살 다발지역**, 자살 전염, 소셜 미디어를 이용한 자살, 성
별·연령 및 인종에 따른 자살의 차이 등이 포함된다. 자살통계 수치는 해마
다 달라질 수 있으므로 이것에 의존하기보다는, 이처럼 다양한 자살 관련 연
구주제들에 대해 이해하고, 새로운 관점에서 자살문제를 발견하고 탐구하는
것이 중요하다.

　미국에서 자살은 주요 사망 원인 중 10위를 꾸준히 유지하고 있다. 하루에
약 80~90건의 자살이 발생하고 있고, 지난 몇 년 동안 여성의 자살이 급격히

증가했다(Tavernise, 2016). 2014년 미국에서 확인된 자살은 총 4만 2,773건이었고, 자살률은 봄철, 특히 월요일에 급증하는 것으로 나타났다(Joiner, 2010). 남성의 자살률이 여성보다 3.6배 더 높지만, 자살시도는 여성이 남성보다 3~4배 더 많이 한다. 또한 시간이 흐를수록 여성의 자살률이 점점 더 높아지고 있다(Tavernise, 2016).

자살 이유를 누군가에게 구구절절 설명하고 자살하는 사람은 거의 없지만 자살사망자의 4명 중 3명은 자살의도에 대한 신호를 주변 사람들에게 보내는 것으로 나타나는데(Joiner, 2005), 초기 자살연구들에서도 이와 동일한 결과를 발견할 수 있다. 또한 자살협박을 하는 사람 중 60% 이상이 자살을 시도하거나 자살로 사망한다. 너무 엉성하거나 투박한 자살방법을 선택하는 사람들도 있지만, 어떤 자살방법을 선택했는가보다 자살시도를 한 사실이 자살 위험성 평가에 있어서 더 중요하다. 그러나 한 연구에서는 자살시도자의 4%만이 자살 당시 자신의 자살의도가 '매우 심각했다'고 응답했다(Joiner et al., 2002). 자살사망자의 75%는 과거에 한 번 이상 자살시도를 한 적이 있으며 대개는 그보다 더 많이 자살시도를 하는 점으로 볼 때, 과거의 자살시도 경험은 앞으로의 자살시도를 가장 잘 예측하는 요인이 될 수 있다. 자살시도를 했을 때 가장 많이 사망에 이르는 집단은 노인들로, 그들에 대한 연구는 상당히 많고 연구결과도 일관되게 나타나는 편이다. 자살자의 약 90%는 정신질환을 가지고 있는데, 그들의 대부분은 우울증이나 양극성 장애bipolar disorder이며, 그 밖에 약물 남용이나 기분장애mood disorder도 많다(Tavernise, 2016).

조이너(2010)는 자살이 '손쉬운' 도피수단이고, 복수를 위해 행해지며, 한번 마음먹으면 절대 막을 수 없고, 성인만 할 수 있다는 잘못된 신념이 사회적으로 널리 퍼져 있음을 발견했다. 또한 자살자들은 자살계획을 세우지 않고, 대다수는 유서를 남기며, 유서에는 자살동기가 적혀 있고, 평상시 그들은 우울한 모습이었을 거라고 믿는다. 경찰관들도 이러한 자살에 대한 미신을 갖고 있는데, 이는 사망사건 현장에서 그들의 판단에 영향을 미칠 수 있다.

자살사망자 4명 중 1명만 유서를 남기기는 하지만(소수만 자신의 죽음에 대해 설명함), 4명 중 3명은 확실한 사전 단서를 제공했다. 미국에서 대다수의 자살자는 자살방법으로 총기를 선택했다. 자살협박을 하는 사람의 60%는 자살시도를 하지만, 대부분은 죽음에 대한 양가감정ambivalence을 드러냈다. 또 그들 중 일부는 자살시도 후 구조되기를 바랐다. 그러나 치료를 받고 호전된 경우에도 자살의 위험성은 여전히 남아 있다. 그들 중 일부만 자신의 결정이 잘못되었음을 자각함으로써 자살 위험성이 조금 완화되었을 뿐이다.

슈나이드먼(1981a)은 폭넓은 연구를 통해 자살 위험성을 나타내는 네 가지 핵심 요소를 〈표 2-1〉과 같이 제시했다.

표 2-1   슈나이드먼의 네 가지 자살 위험성 요소
• 적대감 증가(자기혐오) • 심각한 심적 동요(걱정, 불안, 심리적 극통) • 인지적 수축 증가 • 삶의 중단을 해결책으로 인식

슈나이드먼이 심리적 극통의 증거를 찾은 반면(Shneidman & Faberow, 1961), 조이너 등(2002)은 자기보호 본능을 약화시킬 수 있는 두 가지 주요 심리적 상태로 가족에 대한 짐스러움burdensomeness과 좌절된 소속감을 발견했다. 그들은 자살사망자(남성 13명, 여성 7명)의 유서와 자살시도자(남성 8명, 여성 12명)의 유서로 구분하여 총 40개의 자살유서에 대한 연구를 실시했다. 이를 통해 자살사망자에게는 심리적 극통, 무망감hopelessness, 타인이나 자신의 감정을 통제하려는 욕구와 같은 자살동기보다 가족에게 느끼는 짐스러움과 좌절된 소속감이 더 많이 나타났다는 점을 확인했다. 또한 가족에 대한 짐스러움과 좌절된 소속감을 표현한 자살사망자는 자살시도자보다 총기, 감전,

목맴hanging과 같은 더 치명적인 자살방법을 선택했다. 연구자들은 관계 악화
와 같은 대인관계 요인이 우울증과 같은 정신내적 요인intrapsychic factors보다
자살을 결심하는 데 더 큰 영향을 미칠 수 있다고 분석했다. 그리고 가장 즉
각적이고 치명적인 방법으로 자살하는 것에 대해 이야기하는 사람들은 상담
과 치료가 필요할 수 있다고 보았다.

　그동안 자살자들의 주요 요인을 파악하고자 한 몇 가지 질적 연구가 있었
는데, 이는 자살예방센터의 모드 회의로 거슬러 올라간다. 이 회의의 참가자
중 10명이 연구에 투입되었다(Los Angeles Suicide Prevention Center, 1970). 그
들은 이마에 총상을 입고 침대에서 숨진 채 발견된 65세 백인 남성의 사례를
검토했다. 그 남성은 자신이 가장 좋아하는 리볼버 권총을 이용해 사망했다.
연구진은 사망자의 아내, 직장 상사, 의사 및 그와 가까운 친구 5명을 면담했
다. 그들은 그의 생활환경에 대해 일관된 진술을 했지만, 그의 어린 시절에
대해서는 잘 몰랐다. 그는 대체적으로 쾌활하고 활동적이며 존경을 받았다.
또한 골프와 정원 가꾸기를 좋아했고, 술을 마시지 않았다. 경제적으로 어려
움은 없었지만 그에게는 35년 동안 병을 앓고 있는 아내가 있었다. 피면담자
들은 모두 그의 자살을 인정하지 않았다. 사망 당일, 그는 골프를 치고 친목
단체 행사의 기획에 참여했다.

　사망자의 건강상태 및 총기 취급 지식 등 중요하다고 판단된 항목들이 조
사되었다. 그는 한쪽 눈을 실명한 후 다른 쪽 눈도 시력을 잃어 가고 있는 상
태였고, 사망 전 2주간 심한 우울증에 시달리기도 했는데, 의사 외에는 아무
도 이러한 사실에 대해 언급하지 않았다. 연구진은 스스로 만족스러운 삶을
살아가던 남성이 은퇴하면서 일상의 의미를 상실했다면, 그의 알려지지 않은
유년기 정보에서 그 이유에 대한 단서를 찾을 수 있을 것이라고 생각했다.

　그러나 이 접근방식에는 문제가 있었다. 사망자의 주변 사람들에게 그에
대한 이야기를 더 많이 들을수록 연구자들은 더욱더 추측에 의존했으며, 그
들이 다른 사건들을 통해 이미 알고 있는 사실과 일치하는 가정을 하게 됐다.

즉, 연구자들이 생각하는 의미를 사망자의 심리상태에 투영하지 못하도록 하는 통제장치가 없었던 것이다. 그들은 사망과 관련된 사실을 조사했지만, 그 결과에 대한 신빙성이 부족했다. 연구진은 결국 사고사나 타살에 반대 의견을 냈고, 그로 인해 이 사건은 자살로 종결되었다. 그들은 사망자가 앞으로 직면하게 될 극적인 변화에 대해 적절한 내적 대응기제를 갖지 못한 것이 자살 이유가 되었을 것으로 판단했다.

자살예방센터의 연구진(1970)은 작가 허먼 멜빌Herman Melville의 18세 아들 말콤Malcolm Melville의 총기 사망에 대한 심리부검도 수행했다. 이것은 장기 미제사건의 사망자에 대한 **사후** 심리적 분석을 실시한다는 점에서 새로운 시도였다. 연구진은 이 사망사건에 대해 아무에게도 질문할 수 없었고, 오직 보존된 기록에만 의존해야 했기 때문에, 그들이 내린 최종 결론을 확증하기가 어려웠다. 그러나 동일한 방법론으로 훈련을 받은 여러 전문가가 다 같이 하나의 사례를 조사하는 것은 이러한 종류의 '원격 진단distance diagnosis'을 위한 프로토콜을 수립하는 데 도움이 되었을 뿐 아니라 매우 바람직한 일이었다(Shneidman, 1970).

말콤의 사망 당시 어떤 이들은 말콤이 스스로 목숨을 끊었다고 했고, 또 다른 이들은 사고라고 했다. 멜빌이 자녀들을 학대하는 것으로 알려졌기 때문에 살인이라는 이야기도 있었다. 연구진은 멜빌이 중증 우울증을 겪어 왔다는 사실을 확인하고, 말콤 역시 아버지의 우울증에 영향을 받았을 가능성이 높다고 보았다. 자살은 멜빌의 소설에서 반복적으로 사용된 중심 주제motif였으므로, 말콤도 이를 알아차렸을 수 있다. 어쨌든 그는 아버지가 그토록 어둡고 강렬한 소설을 썼을 당시에 집안에서 감도는 정서적 분위기를 흡수했을 것이다. 자살예방센터의 임상전문가들 대부분은 말콤이 자살했다고 판단했다. 그가 총기를 다룰 줄 알았기 때문에 사고가 일어날 가능성은 낮았다. 보존된 사건기록이 매우 방대해서 이를 가지고 임상적 평가를 진행할 수 있었다(Shneidman, 1970).

연구진은 심리부검이 역사적 사례에서도 유용하게 활용될 수 있을 것으로 기대했다. 이후 놀(Knoll, 2008)은 심리부검을 어니스트 헤밍웨이Ernest Hemingway가 자살에 이르게 된 요인을 이해하기 위한 유익한 접근방법으로 평가했다. 이러한 방법은 줄리어스 시저Julius Caesar, 투탕카멘King Tut, 아돌프 히틀러Adolf Hitler와 더불어 사인이 모호하지 않은 다른 역사적 인물들에게도 적용되었다. 또한 자살자들에 대한 사후 연구도 가치가 있다고 여겨졌다(그러나 일부 연구자는 이러한 접근법을 심리부검이라 할 수 없다고 보았다).

크로스 등(Cross, Gust-Brey, & Ball, 2002)은 심리부검을 통해 자살한 한 영재 대학생(상위 1%)의 사고과정을 조사하여, 그 결과를 기존에 영재 자살자를 대상으로 수행된 세 가지 심리부검 사례와 비교했다. 그들은 4년에 걸쳐 면담을 실시하여, 영재집단의 독특한 특성과 신념이 그들의 자살행동을 예측할 수 있는 잠재적 지표가 된다는 점을 발견했다. 자살한 청년은 자존감과 연애라는 두 가지 주요 문제를 가지고 있었고, 좀 더 긍정적인 사고를 지지해 줄 수 있는 커뮤니티를 멀리하면서 자신만의 비합리적인 신념을 키워 갔다. 연구자들은 총 네 가지 사례를 전체적으로 분석하여, 〈표 2-2〉와 같은 영재의 자살예측 징후를 제시했다.

한편 1999년 4월, 위협평가팀은 12명의 학생과 교사를 총기로 살해하고 자살한 고등학생 딜런 클리볼드Dylan Klebold와 에릭 해리스Eric Harris에 대한 '정신의학적 부검psychiatric autopsy'을 실시했다. 여러 명의 정신과 의사와 전직 FBI 프로파일러로 구성된 위협평가팀은 가해자들의 주변인과 면담하고 그들이 남긴 글과 영상을 조사하기 위해 콜로라도주 리틀턴을 방문했다. 이 팀의 목적은 가해자들이 이러한 자살형 대량살인을 저지른 동기를 파악하고, 격분한 청소년들에게서 나타날 수 있는 뚜렷한 폭력의 위험요소를 찾아내는 것이었다. 비록 면담에 두 가해자 중 1명의 부모만 참여하는 큰 허점이 있었지만, 가해자들이 서로에게 끼친 영향을 포함하여 그들의 심리상태에 대한 중요한 사실들을 발견할 수 있었다. 이 사건의 위험 징후로 자살협박, 또래들과의 부

표 2-2 | 영재의 자살예측 징후

- 최소한의 친사회적 유대
- 다혈질이지만 감정 무시
- 사실과 허구를 구분하기 어려움
- 부정적인 인물이나 주제에 대한 과잉 동일시
- 심각한 내적 갈등
- 자기죄책감
- 미래에 대한 혼란
- 자기중심적 가치체계
- 오래전부터 자살을 명예로운 것으로 여김
- 자해 경험
- 비통합[1] 경험
- 제한된 사고

적절한 의사소통, 비밀스러운 행동, 분노, 우울증, 자살생각 등이 제시되었다 ("Documentary says," 2002).

2. 심리부검의 방법 및 측정

미국에서는 전체 사망사건 중 사인이 불분명하거나 의문시되는 사건이 최대 20% 발생하고 있는 것으로 간주되고 있다. 비록 전문가들은 그 비율을 10% 정도로 보고 있지만 말이다. 일반적으로 전문훈련을 받은 정신건강 전

---

1) 역자 주: '비통합(disintegration)'은 개인의 발달적 잠재력을 구성하는 특징을 설명한 다브로프스키(Dabrowski, 1964)의 긍정적 비통합이론에서 제시된 개념이다. 이 이론은 자기중심주의에서 이타심에 이르기까지 정서적 발달의 연속체를 나타내는 다섯 가지 수준을 포함하며, 한 수준에서 다음 수준으로 넘어가기 위해서는 낮은 수준의 인지-정서 구조가 더 높은 수준의 인지-정서 구조로 대체되어야 한다고 가정한다. 그 과정에서 경험하게 되는 정서적 고통과 스트레스는 개인의 성장 과정에서 필수적으로 동반되는 것으로써, 다브로프스키는 이를 '긍정적 비통합'이라고 규정했다. 이러한 긍정적 비통합이론은 영재들의 삶과 특성을 설명하는 데 자주 적용되어 왔다.

문가나 사망사건 조사자가 심리부검을 수행한다. 관련 경험이 있는 정신건강 전문가들을 필두로 한 팀이 심리부검을 맡을 수도 있다(Cavanagh, Carson, Sharpe, & Lawrie, 2003).

이들은 사망의 원인, 방법, 동기, 의도, 치명성 및 사망자의 심리상태를 모두 고려해서 사건을 평가해야 한다(Scott, Swartz, & Warburton, 2006). 심리부검을 위한 시간이나 고민 또는 자원의 부족으로 인해, 일부 사망사건에서 잘못된 결과가 도출되기도 한다. 관련 연구 데이터를 이해하면 심리부검을 수행하는 데 도움이 될 수 있다. 예를 들어, 피셔(Fischer, 2016)는 통계상 자살이 청소년들의 세 번째 주요 사망원인으로 집계되고 있지만 유가족들이 그 사실을 밝히기 꺼리기 때문에 사실상 과소보고되고 있다고 지적했다.

앞서 설명한 밥 맥클랜시 사건처럼 사망자가 확실히 자살한 것처럼 보일 경우, 조사는 더 이상 진행되지 않는다. 이를 반박할 명확한 증거가 나타나지 않는 한, 수사관들은 유서가 조작되었거나 가짜일 것이라고 추정하기 어렵다. 그러나 사망 종류를 확실하게 판정하는 것은 가족과 지역사회에 중요한 의미를 갖는다. 심리부검은 자살에 대해 알려진 사실들을 이용하여 사망자의 삶의 이면을 관찰한다. 대부분의 사람은 평상시 보이는 모습보다 더 복잡한 면을 가지고 있다. 그들에게는 공적인 모습이 있는 만큼 종종 비밀스러운 모습도 있는 것이다.

2000년 3월, 미시간주 그랜드래피즈에서 데이비드 다이스트David Duyst라는 남성이 911에 아내가 자살한 것 같다고 신고했다. 경찰은 그의 아내 샌드라 Sandra Duyst가 평소 우울증을 앓고 있었다는 몇 가지 증거를 확보했다. 가족들은 그녀가 1년 전 말발굽에 머리를 차인 후로 친구와 가족들에게 짜증을 잘 냈고 기력도 없어 보였다고 진술했다. 사망하기 3개월 전 그녀는 자신은 더 이상 버틸 수 없으니 남편 혼자 잘 살아가기를 당부하며, 자살을 암시하는 듯한 음성메시지를 남겼다. 사망현장에는 그녀의 손 옆에 총이 놓여 있었다. 부검을 하기 전까지만 해도 이상한 점은 없었다. 그러나 시신에서 2개의 관통상이 발견되었는데, 첫 번째 총상으로 인해 그녀의 운동 조절 기능이 파괴되었기 때문에 그녀는 스스로 두 번째 발사를 할 수 없는 상태였다. 총기에는 결함이 없었다.

그러나 샌드라가 쓴 글이 수납장에서 발견되면서 남편이 용의자로 떠올랐다. 그 글에는 남편이 그녀가 죽기를 바란다는 내용이 쓰여 있었다. 그녀가 '말에게 차였다'고 한 것은 사실 남편이 비서와의 불륜행각이 들통나자 부부싸움을 했고, 그 와중에 그가 도끼로 그녀의 머리를 가격한 것이었다. 이런 상황에서 그녀가 우울증을 앓은 것은 지극히 당연한 일이었다. 사실을 알게 된 수사관들은 그녀의 음성메시지를 다시 한번 들었는데, 이번에는 그녀의 음성이 다른 톤으로 들렸다. 그녀는 격앙된 목소리였고, 자신의 삶이 아닌 결혼생활을 끝내고 싶어 했다. 게다가 그녀에 대한 50만 달러의 생명보험 신규계약과 남편의 경제적 문제, 그리고 사망한 아내를 발견했다고 신고했을 당시 그가 입었던 옷에 묻어 있는 혈흔 등의 증거가 잇따라 발견되었다. 데이비드 다이스트는 기소되어 유죄판결을 받았다(Reens, 2011).

1세대 심리부검은 마치 간략한 개인의 일대기를 작성하듯 자살자의 심리 상태에 대한 상세한 보고서를 제공했지만 연구자의 주관성, 방법론의 결함 및 불완전성, 연구자들 간의 불일치성 등이 문제시되었다. 초창기에는 심리부검에 대한 자료나 수단이 거의 없었기 때문에 자살 전문상담가들의 도움을 받아 진행되었다. 이러한 1세대 심리부검의 과학성을 인정하기 어려웠으므로, 이를 통해 도출된 결과는 재판에서 증거로 채택되지 못했다. 따라서 이후의 연구자들은 심리부검에 대한 더욱 엄격한 통제와 표준화된 절차를 따르고자 했다.

3. 심리부검 연구의 발전

임상심리학자이자 대위로서 공군의 심리지원 부서장을 맡고 있던 브루스 에버트(Bruce Ebert, 1987)는 슈나이드먼의 도구를 기반으로 심리부검을 위한 포괄적 가이드라인을 개발하고, 그 법률적 영향에 대해서도 고려했다. 그는 심리부검이 항공기 충돌사건, 살인사건, 병원치료 중 사망사건을 분석하는 데 어떻게 활용되었는지를 검토했다. 그는 26개의 범주를 구성하고, 각 범주 하에서 더 구체적인 사항을 총 100여 개의 항목으로 열거했다. 그러나 이것은 어디까지나 지침이므로, 조사자는 이 모든 항목에 대한 답을 얻으려 할 필요는 없으며 가능한 한 많은 정보를 수집하면 된다.

그가 제시한 항목들 중에는 기분, 스트레스 요인, 자살생각의 표현, 대인관계 문제, 가족의 사망력, 자살에 대한 감정 및 사로잡혀 있던 생각, 사망 전 행동의 재구성, 식습관이나 수면 습관의 변화, 자살협박, 약물 및 알코올에 대한 과거력, 심리상태의 변화, 친한 사람에게 의미심장한 물건을 주는 듯한 행동 등이 있다. 또한 심리부검을 실시하는 전문가들은 수사 및 검시 보고서를 검토하고, 사망자의 학력 및 군 경력과 자살방법에 대한 친숙도familiarity를 조사해야 한다. 이러한 정보들을 정리하기 위한 방법으로, 그는 각 NASH 분류 체계에 따라 항목들을 나열하는 차트를 만들 것을 제안했다. 그 예시는 〈표 2-3〉과 같다.

에버트는 다양한 출처를 통해 정보를 수집하는 세심한 심리부검이 성격검사와 같은 표준 진단 평가보다 사망자의 심리상태를 이해하는 데 훨씬 더 도움이 될 것이라고 믿었다. 하나의 사망사건을 완전하게 재구성해 보면 사망자의 심리상태에 대해 더 많은 것을 알 수 있다.

한편 미국 질병통제예방센터CDC는 사망조사에 적용할 엄격한 과학적 접근법을 개발하고자 했다(Rosenberg et al., 1988). 우선 자살률 통계의 정확성

| 표 2-3 | 샌드라 다이스트의 NASH 차트 |

유형	자연사	사고사	자살	살인
물리적 요인	해당 없음	해당 없음	• 과거 머리 부상 • 시신 옆에서 총기 발견 • 음성 메시지	• 두 곳의 관통상(불가능함) • 남편 옷에서 혈흔 발견 • 남편이 911에 신고
심리적 요인	해당 없음	해당 없음	• 우울증 • 과민함 • 삶의 종결 및 무망감 표현	–
생활환경적 요인	해당 없음	해당 없음	• 힘겨운 결혼생활 • 남편의 폭행에 대한 기록 • 남편과 비서의 불륜	• 힘겨운 결혼생활 • 남편과 비서의 불륜 • 생명보험 신규계약 • 남편의 경제적 어려움

참조: NASH는 자연사Natural, 사고사Accident, 자살Suicide, 살인Homicide을 의미.

향상을 위해 통계학자들과 더불어 다양한 직군의 사망사건 조사자들이 포함된 실무그룹을 구성하고, 여기에서 도출된 결과들을 자살과 관련된 공공정책을 개선하는 데 활용했다. 실무그룹은 사망 의도와 방법을 중심으로 22개의 요인을 설정하여 '자살 판정을 위한 조작적 기준Operational Criteria for the Determination of Suicide: OCDS'을 만들었는데, 이것은 사망조사 체크리스트 개발을 위해 다시 33개 이상의 요인과 합쳐졌다. 이는 최종적으로 16개 요인으로 구성된 '자살 체크리스트 판정을 위한 경험적 기준Empirical Criteria for the Determination of Suicide Checklist: ECDS'으로 발전했다. 이러한 요인들은 수사 및 검시 보고서, 목격자 진술서와 더불어 사망자의 성격, 사망 의도, 우울증이나 양극성 장애 등을 바탕으로 구성된 것이다. ECDS 평가는 전문가들에 의해 실시된다. 한 연구에서는 70명의 법의관이 최근 발생한 126건의 사망사건에 ECDS를 적용하여, 자살사건에서는 100%, 사고사에서는 83%의 판단 정확성을 나타냈다(Jobes et al., 1991). 그러나 판단 정확성은 원시 데이터의 품질에 따라 달라질 수 있다.

놀(2008)은 지난 50년 동안 수행된 다양한 연구를 종합하여, 심리부검의 공식적 정의를 "사망 종류를 가능한 한 명확하게 판정하기 위한 목적으로 사망 당시의 자살 위험요소를 확인 및 평가하는 사후조사 절차postmortem investigative procedure"라고 규정했다(p. 393). 그는 심리부검 방법의 질은 조사자의 훈련 및 임상 경험과 관련된다고 보았다.

자살자들의 분류 방식은 그 목표에 따라 다르다. 자살자들에 대한 통계적 개요를 살펴보기 위해서는 보통 연령, 성별, 인종 등의 범주로 분류한다. 또한 자살에 사용된 흉기의 종류, 자살시도자와 자살사망자의 차이, 자살자의 뚜렷한 정신질환 유형을 조사한 연구도 있다. '자기폭력성 분류체계Self-Directed Violence Classification System: SDVCS'는 자살과 관련된 사고 패턴을 파악하기 위해 군대에서 사용하는 표준 명명법이다. 여기에 포함된 22개 요인은 문화중립적이며, 자살생각 및 준비의 징후와 자신에 대한 폭력의 유형에 초점을 맞춘 의사결정나무decision-tree 기반의 임상도구를 통해 측정된다.

미국 식품의약국FDA은 '컬럼비아 자살평가 분류체계Columbia Classification Algorithm for Suicide Assessment: C-CASA'를 약물 임상시험 중에 나타난 이상반응 행동을 분류하는 데 활용하도록 권고했다. 이 체계에 따라 자살 위험성이 있는 이상반응 행동은 자살사망, 자살시도, 자해, 자살생각, 자살준비 등의 여덟 가지 행동으로 분류된다. 마타라조 등(Matarazo, Clemans, Silverman, & Brenner, 2013)은 SDVCS와 C-CASA를 결합하여 자살행동 분류법의 명확성과 효율성을 높이고 좀 더 향상된 비교연구를 가능하게 한 동시에, 자살연구자와 심리상담자 간의 의사소통을 개선했다.

간혹 사망자의 지인 가운데 사망 당시 있었던 일을 은폐하려고 하는 사람이 있을 수 있으므로, 수사관은 그러한 가능성을 염두에 두어야 한다. 이 장의 초반에서 우리는 맥클랜시 사건을 통해 위장살인 및 보험사기 범행이 어떻게 저질러졌는지를 살펴보았다. 따라서 구조화된 면담으로 기만행위를 탐지할 수 있는 기법에 대한 공식적 연구는 수사관들의 교육훈련에 큰 기여를 할 수 있을 것이다.

일부 정신건강 전문가는 종합적인 심리부검을 실시하는 데 약 30시간이 소요된다고 본 반면, 놀(2008)은 20~50시간을 제안했다. 대개 심리부검의 소요시간은 궁극적 목표나 연구 예산의 규모에 따라 달라질 수 있다.

지난 수십 년 동안 자살의 전조증상precursor으로, 양극성 장애나 반응성 우울증 같은 특정 정신질환들이 좀 더 뚜렷하게 확인되었다(Conner et al., 2012). AAS는 심리부검의 역사와 방법, 법의학 및 윤리적 문제와 더불어, 연쇄자살, 자살 위험요인, 수사 오류, 군 자살 프로토콜, 자살의 임상적 측면과 같은 최신 연구주제들에 대한 교육을 실시한 후 심리부검 인증서를 수여하는 프로그램을 운영하고 있다. 또한 방법론에 대한 교육과 사례연습을 통한 심리부검 실습을 실시함으로써 참가자들의 심리부검 방법 적용을 슈퍼바이징한다. 이 학회는 특히 심리부검의 실행을 표준화하기 위해 자체적으로 개발한 구조화된 면담 프로토콜을 따르는 것을 중요시하며, 심리부검 과정에서 보다 생산적인 정보를 이끌어 내기 위한 면담질문들을 제시한다(Berman,

표 2-4   심리부검의 기본 방법
1. 면담대상자 파악
2. 심리부검 목표 설정
3. 사망자에 대한 공식자료 요청 및 수집
4. 면담대상자들에게 제시할 구체적 질문 작성
5. 면담대상자들에게 심리부검 면담 안내문 발송
6. 사망자를 가장 잘 아는 면담대상자들부터 안내 시작
7. 면담대상자들에게 전화로 후속 안내(세심한 주의가 필요함)
8. 면담 일정 조율: 날짜와 장소 확정
9. 피면담자에게 동의서에 서명을 받고, 면담 실시 및 녹취
10. 면담내용을 기록하고, 자료를 안전하게 저장
11. 피면담자에게 사망자에 대한 기타 필요한 자료 요청
12. 연락이 되지 않는 면담대상자들에게 후속 연락 조치
13. 심리부검 자료 검토 및 정리
14. 여러 가지 연구방법으로(군집분석, 핫스팟 분석 등) 자료 분석
15. 보고서 작성

2006; Juhnke, Granello, & Lebron-Striker, 2007). AAS의 심리부검 방법은 〈표 2-4〉와 같은 패턴을 따른다.

AAS는 자살위기 현장에서 신속한 평가를 내리기 위한 연상기억법mnemonic device을 개발했다(Junke et al., 2007). 중요한 자살 위험요소의 첫 번째 문자들을 따서 'IS PATH WARM'이라는 구절을 만들어 기억하기 쉽게 한 것이다. 자살 위험요소는 다음과 같다.

- I_{deation}: 자살사고(생각, 기록, 그림, 언어적 표현)
- S_{ubstance abuse}: 약물 남용
- P_{urposelessness}: 허무함(살아갈 이유의 상실)
- A_{nger}: 분노
- T_{rapped}: 현 상황에서 벗어날 수 없다는 좌절감
- H_{opelessness}: 무망감(미래에 대한 부정적 감정)
- W_{ithdrawal}: 타인과의 접촉 회피
- A_{nxiety}: 불안(초조함, 불면 습관)
- R_{ecklessness}: 무모함(충동적이고 위험한 행동)
- M_{ood changes}: 극심한 기분변화

자살 고위험군에게는 대개 몇 가지 징후가 나타나는데, 이것은 그들의 친구나 동료, 지인들과의 면담에서 확인할 수 있다. 그들은 전부터 자살시도나 자살협박을 했거나, 자살에 대해 여러 번 이야기했을 수 있다. 또한 '모든 게 끝났다'는 사고방식을 가지고 있거나 스스로를 건강하게 돌보지 못할 수도 있다. 그들은 자신의 통제력을 앗아간 최근의 어떤 사건을 해결할 수 없을 만큼 융통성 없는 성격을 가지고 있거나, 사회생활마저 중단했을 수 있다.

자살자들에 대한 임상적 판단을 보강하기 위한 이와 같은 공식은 자살위기자가 자신과 타인에게 해를 끼칠 가능성을 경찰이 직접 판단하는 것보다 좀 더 심도 있는 평가를 제공할 수 있다. 친구, 가족, 동료 등은 자살자의 행동

중 일부만을 알아차렸을 것이다. 경찰관들이 이러한 연상기억법을 이용하여 자살위기에 처한 사람의 가족에게 그 위험성을 알리거나, 개입을 위해 자살위기자를 타기관에 연계할 수 있도록 하는 훈련이 필요하다. 이것은 심리상담가들에게도 유용할 수 있다.

수사관은 사건의 한 가지 측면에 너무 집중하기보다 전체적 상황을 고려해야 하며, 편견에 의해 평가가 오염될 가능성도 염두에 두어야 한다(Rossmo, 2008). 사망현장에서 발견된 모호한 글 하나가 유서로 간주되어 수사 전체를 왜곡시킬 수 있다. 피해자 행동과 관련해 사망현장을 분석하는 것뿐만 아니라 그 분석을 목격자 면담 및 수사 증거와 통합하는 것이 중요하다. 수사관은 현장에 존재하는 것은 물론, 존재해야 함에도 없는 것까지 고려해야 한다(만약 한 남성이 샤워실에서 목을 매고 사망한 아내를 발견하기 전에 샤워 소리를 들었다고 진술했다면, 시신은 물론 샤워실의 벽과 바닥에 물기가 있어야 한다). 연구자는 해석상의 모호성을 감소시킬 수 있는 심리적 요인들을 명확하게 제시하고, 연구 데이터베이스를 바탕으로 확률분석을 실시하여 사망수사의 정확성과 종결을 뒷받침하는 결과를 제공할 수 있다(Knoll, 2008; Reiter & Parker, 2002).

사망자의 마지막 행적을 보다 분명하게 파악하기 위해 연구자는 〈표 2-5〉에 제시된 자료원sources 중의 일부(또는 모두)를 활용할 수 있는데, 이때 피면담자가 무언가를 숨기고 있거나 의도적 또는 비의도적으로 심리부검 절차를 오염시킬 수 있다는 점에 주의해야 한다. 사망자에 대한 부수적 기록과 지인들과의 면담은 주요 자료원이 된다. 그러나 이러한 자료원이 완벽한 것은 아니다.

자살학자들은 자살자에 대한 정보수집을 돕기 위해 그들의 경험을 바탕으로 몇 가지 심리부검에 대한 조언을 제공했다. 우선 자살자와 관련된 중요한 기념일에는 면담을 피하고, 유가족이나 친한 친구와 면담을 할 때는 '고인'이라는 표현을 삼가며, '자살' 대신 '갑작스러운 사망'이라고 표현하는 것이 좋

표 2-5	심리부검의 자료원

- 최초 현장대응 911 요원 및 경찰관 면담
- 수사 및 검시 보고서
- 사망현장 사진 및 영상
- 필요시 특정 영역의 포렌식 전문가
- 자살유서(또는 다른 자살 표현 기록물)
- 소셜미디어 게시물
- 일기, 블로그 및 인터넷 개인방송
- 편지 및 이메일 서신
- 사망자의 창작품 또는 시
- 가족
- 친한 친구 및 지인
- 직장동료
- 전 배우자
- 사망자 관련 각종 증빙자료(학교, 군대, 직장, 진료 및 처방전)
- 관련 연구 데이터(자살연구, 위험 예측)
- 행동의 변화, 유언, 생명보험
- 정신질환 또는 자살에 대한 가족력

다(Scott et al., 2006). 결과 보고서에는 사망자의 최근 또는 극적인 변화를 포함하여 성격, 습관, 행동 패턴에 대한 세밀한 정보가 담겨야 한다.

 일례로, 한 남성이 자택 침대에서 자신이 가장 아끼던 총에 맞아 사망한 채 발견된 사건이 있었다. 사망자는 오른손으로 총을 쏜 것으로 보였으나, 지인들은 모두 그가 왼손잡이라고 했다. 그의 여동생은 자살 판정을 내린 관할지역을 상대로 소송을 제기했는데, 사인규명을 위한 검시관 심리coroners' inquiry에서 그녀는 거의 1년 동안 오빠와 연락을 하지 않은 것으로 확인되었다. 즉, 그녀는 오빠의 최근 심리상태를 알 수 없었다. 그의 죽음이 자살이 아니라고 확신하던 친한 친구들도 그가 괴로운 일에 대해 이야기하고 싶어 할 때마다 그들이 이를 무시했다는 점을 인정했다. 한 친구는 그가 함께 사는 의붓아들을 두려워했으면서도 방문에 잠금장치를 하지 않아서 변을 당한 것이라고 진술하기도 했다. 사망자의 행동은 주변인들이 제공하는 정보와 일치하지 않았다. 이 사건에서는 검시관의 사인판정에 이의를 제기한 모든 사람이 실상 그들이 주장한 것만큼 사망자를 잘 알지 못했다는 점에 주목할 필요가 있었다. 40년 이상의 경력을 가진 법의관의 연구자료 분석에 따르면, 왼손잡이가 오른손으로 총을 쥐고 스스로를 쏘는 확률은 10% 정도에 불과했다. 그러나 이를 반박할 다른 증거가 없었기 때문에 이 사건은 자살로 확정되었다 (Attendance at coroner's inquest, 2015).

4. 자살 위험요인과 경고신호

애슐리 팰리스Ashley Fallis는 콜로라도주 에반스에서 열린 새해 전야 파티 후 가족과 헤어진 지 10분 만에 사망했다. 오전 12시 50분경, 그녀의 남편 톰Tom Fallis은 911에 전화를 걸어 아내가 자신의 머리에 총을 쏘았다고 신고했다. 당시 신고전화에는 그가 필사적으로 아내를 살리려는 듯한 소리가 담겼다. 911 구조대가 그녀를 급히 병원으로 이송했지만 이내 숨을 거두었다.

톰은 그녀가 침실로 들어와 매트리스 밑에서 총을 꺼내 스스로를 쐈을 때 자신은 드레스룸에 있었다고 진술했다. 그러나 그는 격렬한 몸싸움이 벌어지기라도 한 것처럼 방 안이 어질러진 이유를 설명하지 못했다. 벽에 걸어놓은 사진들은 찢어져 있었고, 한 이웃주민은 애슐리가 "나한테 떨어져!"라고 외치는 소리를 들었다고 진술했다. 시신 옆에는 커다란 손전등이 놓여 있었고, 그녀의 몸에는 생긴 지 얼마 되지 않은 멍자국들이 있었다. 톰의 가슴에도 울긋불긋한 자국과 긁힌 상처가 많았다.

그는 경찰 조사에서 가슴의 긁힌 자국은 가슴털을 면도하다 생긴 상처라고 하면서 아내는 소리를 지른 적이 없고, 자신이 아내를 죽이지도 않았다고 주장했다. 경찰은 이를 받아들여 사건을 자살로 종결했다.

그러나 애슐리의 친척들은 의문을 제기했다. 그들은 교도관인 톰이 애슐리를 통제하고 위협한다고 생각했다. 한 기자가 목격자들을 다시 인터뷰한 결과, 그들이 인터뷰에서 말한 내용과 공식 진술내용이 일치하지 않는다는 점을 발견했다. 한 청년은 톰이 그의 부모에게 자신이 한 짓에 대해 실토하는 것을 우연히 들었는데, 경찰은 이처럼 중요한 정보에 대해 아무런 조치도 취하지 않았다고 진술했다.

이 사건은 다른 경찰기관으로 넘겨져 재수사되었지만, 처음부터 잠재적 살인으로 간주되지 않았기 때문에 중요한 증거가 소실되거나 방치되거나 잘못 처리되었다. 결국 톰 팰리스는 2급 살인 혐의로 기소되었다.

포렌식 영상제작자forensic animator가 사망현장 사진과 방의 크기를 이용해서 사건을 재현했지만, 유무죄를 판가름할 만한 결정적인 증거가 되지는 못했다. 2주간의 재판에서 사망 당시 애슐리는 술에 취해 있었고, 우울증을 앓고 있었으며, 항불안제 복용을 중단한 상태에서 자살시도를 한 적이 있고, 최근에 유산을 했다는 증거가 제시되었다. 게다가 몇 달 전 유서를 작성하기도 하는 등, 그녀에게 여러 가지 자살 위험요소가 나타났다. 그러나 톰의 진술과 사망현장에 있는 혈흔 비산 패턴 및 톰의 셔츠에 묻은 혈흔에는 일치하지 않는 점이 있었다. 경찰이 그의 몸에 난 상처 등을 자세히 조사하지 않아 그의 진술이 사실인지 판단하기 어려웠지만, 벽에 묻은 피의 양은 총이 발사되었을 때 톰이 그의 아내 가까이에 있었음을 반증했다. 전문가들은 이러한 증거들을 놓고 격렬한 논쟁을 벌였으나 톰은 합리적 의심을 이유로 풀려났고, 애슐리의 죽음은 자살로 확정되었다("Tom Fallis trial", 2016). 처음부터 증거를 보존하여 좀 더 신중하게 수사를 했다면 이 사건의 결과는 달라졌을 것이다.

자살생각을 많이 하는 사람들의 특징은 연령, 성별, 사회인구학적 및 인종적 집단에 따라 다르다. 그러나 〈표 2-6〉과 같은 자살의 잠재적 위험요인은 자살위기에 처한 사람들을 식별하는 데 도움이 된다.

청소년의 **자살 위험요인**에는 약물 남용, 친구나 가족의 사망 또는 자살, 동

표 2-6	자살의 잠재적 위험요인

- 자살에 대해 이야기, 질문 또는 조사
- 온라인에서 자살 검색
- 무반응성 우울증, 심리치료에 대한 저항 및 기타 중증 기분장애
- 삶에 대한 목적 상실
- 중증 섭식장애 또는 신체이형장애
- 수면습관의 현저한 변화
- 짜증 및 끊임없는 분노와 위협행동
- 반복적인 고위험 또는 충동적 행동
- 잦은 퇴사
- 소중히 여겼던 물건이나 사람에 대한 관심 상실
- 벗어날 수 없는 느낌과 두려움
- 신변 정리, 유언장 변경
- 갑작스러운 기분 변화, 특히 초조해하거나 두려워하다가 갑자기 침착하게 돌변
- 지인들을 방문하거나 연락해서 작별인사
- 이혼, 상실, 굴욕 또는 개인적 모욕감에 집착
- 최근의 자학하는 습관
- 부모에게 학대당한 경험
- 최근 소중한 사람의 자살
- 직계가족의 자살
- 중요한 물건을 타인에게 양도, 은행계좌 해지
- 극복할 수 없을 것 같은 경제적 어려움

성애, 집단괴롭힘, 급격한 문화적 변화, 자살에 대한 언론 보도(특히 아이돌), 충동성이 포함된다(Cross et al., 2002).

한편 이러한 위험요인들은 위장자살에 역이용될 수 있다는 점에 주의해야 한다. 다음 사건은 이를 잘 보여 주고 있다.

오하이오주 신시내티에서 심장외과 의사로 잘 나가던 대릴 수토리어스Darryl Sutorius는 첫 번째 결혼생활이 파탄난 후 중증 우울증에 시달렸고, 여러 번 자살하겠다고 주위를 위협하기도 했다. 결국 그는 결혼중매업체를 통해 열 살 연하의 새 아내 델라 단테 브리튼Della Dante Britteon과 재혼했다(Vaccariello, 2013).

1996년 2월 19일, 수토리어스는 출근하지 않았고 호출기에도 응답하지 않았다. 경찰이 수색을 위해 그의 집을 방문하자 델라가 문을 열어 주었다. 경찰이 차고를 수색하고 있을 때 그녀가 남편을 찾았다고 했다. 그는 지하실 소파에서 사망한 상태였다. 그의 오른쪽 관자놀이에 총상이 있었고 소파에서도 탄흔이 발견되었다. 처음에 그의 죽음이 자살처럼 보이자, 경찰은 이를 뒷받침할 만한 그의 심리상태를 조사하는 정도에 그쳤다. 사망 전 그는 이혼 소송을 진행 중이었으며, 재혼마저 실패한 것에 대해 몹시 낙담하여 정신과 진료를 받고 있었다.

그러나 수상한 점들이 발견되면서 이 사건은 전면적인 수사에 돌입했다. 현장에서 발견된 총기는 델라가 사건 전날 구매해서 등록한 것이었고, 그녀는 남편의 사망으로 100만 달러 이상을 상속받게 되었다. 그녀의 실제 이름은 델라 홀Della Hall이었고, 이번이 다섯 번째 결혼이었으며, 다른 남성들에 대한 협박 및 폭행에 연루된 전력이 있었다. 그녀는 수토리어스에게 자신에 대해 수많은 거짓말을 했다. 그녀는 직업을 가져 본 적이 없는 고등학교 중퇴자였다. 심지어 그녀의 어머니도 자신이 델라에게 정서적 학대를 당했고, 그녀가 수토리어스를 살해했을 가능성이 높다고 경찰에 진술했다. 수토리어스의 우울증을 진단받아 어딘가에 활용하고 싶었던 것인지, 델라는 그에게 정신과 진료를 먼저 권유했다. 게다가 그녀는 주위사람들에게 남편이 자신을 학대한다는 말을 하고 다녔다. 하지만 이것은 설정이었다.

수토리어스가 사망한 채 발견된 소파의 혈흔 비산 패턴으로 볼 때, 그가 자신에게 총을 쏘았다고 하기에는 각도가 이상했다. 이는 마치 누군가가 소파에 있는 그를 향해 총을 쏘아서 생긴 혈흔처럼 보였는데, 그가 자신에게 총을 쐈다면 이러한 혈흔 패턴은 절대 나타날 수 없었다. 무엇보다 그의 오른손은 피범벅이 되어 있어서 총을 잡기 어려운 상태였다. 게다가 사람들이 총으로 목숨을 끊기 전에 시험발사를 하는 것은 드문 일이 아니지만, 이 사건에서는 혈흔 위에서 화약이 발견되었다. 이는 누군가 그에게 총을 쏜 후 다시 소파에 총을 쐈다는 것을 의미한다.

2월 27일 델라 수토리어스는 체포되었다. 그녀가 사귀었거나 결혼한 남성들을 학대한 오랜 전력과 그중 일부가 실종되었다는 의혹이 제기된 점이 그녀에게 불리하게 작용했다. 수토리어스를 진료한 정신과 의사도 그가 자살할 만큼 심각한 우울 증세를 보이지 않았으며 오히려 자신의 아내를 두려워했다고 증언했다. 그녀는 결국 유죄판결을 받았다.

5. 과실에 의한 자살: 자기색정사

목맴, 결박, 재갈물림, 감전, 질식 또는 총기로 사망한 사람들 중 일부는 자살한 것이 아니라, 위험한 도구로 성적 만족을 얻으려다 안전장치가 제대로 작동하지 못해 사망한 것이다. 자기성애적 질식autoerotic asphyxia은 **질식기호증** asphyxiophilia이라고도 하는데, 이는 성적 흥분상태에서 극도의 쾌감을 얻기 위해 산소 섭취를 줄이는 행위이다. 연간 500~1,000명의 **자기색정사**AEFs가 추정되고 있으나 오차가 크다(Sauvageau & Geberth, 2013; Scott et al., 2006).

자기색정사에 대해 잘 모르거나 이러한 사건을 다루어 본 적이 없는 수사관은 자살과 혼동할 수 있지만, 자기색정사는 일반적으로 사고사이다(어떤 사람들은 하나의 자살 의식처럼 이러한 질식 행위를 하기도 하지만 이는 드문 일이다). 일부 자기색정사에는 포르노 잡지나 사진, 수갑과 채찍, 밧줄, 가면과 같은 도구나 성적인 복장, 자기질식 행위를 위한 지시문, 음란 동영상, (멍자국이 생기는 것을 방지하기 위한) 목 보호대, 생명에 지장이 없을 정도의 결박과 같은 명확한 특징이 있지만, 어떤 사건(특히 사망자가 여성인 경우)에는 그러한 특징이 전혀 나타나지 않는다. 자기색정사는 합의에 의해 위험한 성관계를 하던 중 발생하는 사건이 아니다. 자기성애적 질식을 위해 목을 맬 때 가까이에 의자나 발판, 또는 목줄을 자르기 위한 칼이나 가위 등과 같은 구조장치를 마련해 둘 수 있지만, 사망현장에서 이러한 뚜렷한 장치가 발견되지 않았다고 해서 사망자가 자살했다고 혼동해서는 안 된다. 이에 대한 판단은 수사관의 주관에 따라 달라지곤 한다(Sauvageau & Geberth, 2013).

가장 일반적인 질식 방법은 끈으로 목을 매는 것이지만, 배를 밧줄로 묶거나, 머리에 비닐봉지를 뒤집어쓰거나, 화학물질을 흡입하거나, 마취제를 투여하거나, 물에 잠수하는 경우도 있다. 진흙 속에서 자위행위를 즐기곤 했던 한 청년은 어느 날 석고통에서 사망한 채 발견되었다. 그의 머리가 석고통 안으로 미끄러져 들어가, 폐에 석고가 유입된 것이다(Goodman, 2009). 자택 지하실에서 몸의 여러 곳에 화상을 입고 사슬에 묶인 채 사망한 어떤 남성은 처음에는 폭행을 당한 것처럼 보였다. 그러나 사망현장에서 발견된 전신 거울은 그가 자신의 모습을 보고 있었음을 암시했다. 남성의 시신 옆에는 마약 도구drug paraphernalia와 집게가 있었는데, 그가 한 친척에 의해 자기색정 행위에 빠져 있었던 사실이 확인되었다(Sauvageau & Geberth, 2013).

또한 자기색정사한 사람들은 접착테이프나 비닐 같은 것으로 온몸을 휘감거나, 약물을 복용하거나, 이산화탄소나 질소를 흡입하는 방법을 사용하기도 한다. 그 밖에 러시안 룰렛을 하거나, 합선된 정교한 전기 시스템을 사용한 사람도 있었다. 전동 공구나 자동차를 사용하는 사람들은 이보다 흔하다. 한 남성은 자신의 목구멍에 무거운 가구의 다리를 넣는 것을 즐겼는데, 지나치게 무거운 소파를 이용하다 사망했다. 어떤 19세 남학생은 신체를 압박하는 군 조종사용 특수비행복을 입고 공기압축기로 과도하게 공기를 주입하여 호흡을 차단했는데, 흉곽의 치명적인 압박으로 인해 사망했다(Sauvageau & Geberth, 2013).

자기색정사에 대한 연구와 자기색정사한 사람들이 사용한 방법을 살펴보면 성도착증과의 관련성을 이해할 수 있고, 이것이 종종 이러한 사건에서 최초 현장출동 경찰관들이 사고사와 자살을 구분하지 못하는 이유가 된다는 점을 알 수 있다.

한 청년이 자택에서 시신으로 발견되었는데, 그 방법이 도저히 자살이라고 생각할 수 없을 만큼 이상하고 불가능해 보였다. 그는 입에서부터 발목까지 접착테이프로 완전히 휘감겨 있었고, 창문과 출입문은 잠겨 있었다. 게다가 테이프의 끝이 그의 손이 닿지 않는 부분에 붙여져 있었기 때문에 타살로 추정됐다. 그러나 시신에서 테이프를 모두 제거하자 그가 착용하고 있던 검은색 나일론 전신 내의와 기저귀가 드러났다. 그의 입에는 둥근 재갈이 물려진 상태로 테이프가 붙여져 있었다. 이 사건을 전체적으로 수사한 결과 놀라운 사실이 밝혀졌다. 사망자가 미이라 제작mummification에 대한 인터넷 사이트들을 통해 특정 방식으로 자신을 결박하는 방법을 알게 되었던 것이다. 해당 사이트들은 질식 방법의 위험성에 대해 경고하고 있었지만, 몇몇 이용자는 질식을 통해 경험한 죽기 일보직전의 짜릿한 쾌감을 극찬하는 글들을 게시했다. 사망자의 집에서 기저귀가 많이 발견된 점으로 미루어, 이러한 행동이 그에게는 일상적이었음을 짐작하게 했다. 이렇듯 온몸을 촘촘하게 감는 방법을 '누에고치'라는 의미로 '코쿠닝cocooning'이라고 한다.

이렇게 사망한 사람은 대부분 남자 청소년이지만, 여자 청소년과 심지어 아동도 있다. 헤이즐우드 등(Hazelwood, Dietz, & Burgess, 1983)은 자기색정사사건 157건을 조사했는데, 사망자의 5%가 여성이었다(이 주제와 관련된 다양한 형태의 웹사이트들이 존재하기 때문에 이 비율은 아마도 더 증가했을 것이다). 사망자의 약 3/4은 30세 미만이었고, 대부분은 고립된 장소, 벽장 또는 문을 걸어 잠근 방에서 피학대 음란행위의 징후와 함께 발견되었다. 그중 일부는 거울을 사용하기도 했다.

자기색정사가 수중에서 발생한 경우도 있다. 한 청년이 집에서 비닐로 만든 전신 내의 위에 스키복을 착용하고 강물에 들어갔다. 그는 사슬과 닻으로 자신의 몸을 가라앉힐 수 있는 정교한 장치도 만들었다. 그의 시신은 물속에서 발견되었다. 부유장치에 부착한 공기 튜브가 너무 좁아서 이산화탄소를 배출하는 동시에 산소를 흡입할 수 없었던 것이 패착이었다. 그의 죽음이 사

고사라는 증거로 자신의 성기를 접착테이프로 휘감아 놓은 점과 질식기호자
클럽의 회원이었다는 점이 제시되었다.

한 여성은 자기색정 행위를 위해 설치한 기계장치에 머리카락이 끼는 바람
에 의도치 않게 사망했고, 어떤 청년은 나체상태로 입과 눈에 테이프를 감고
수직 하수관 안의 철제 사다리에 목을 매달아 사망했다. 부검에서 그의 입안
에 있는 회중시계가 발견됐는데, 돌아가신 할아버지의 것으로 확인되었다. 그
는 자기색정 행위를 위해 목을 맸지만, 결국 자살이 최종 목적이었음이 밝혀
졌다.

사망사건에서 사망 종류의 올바른 판정은 유가족과 지인들에게 큰 의미가
있다. 생명보험 계약상 자살 시에는 보험금을 지급하지 않으며, 일부 종교에
서는 자살을 원죄로 간주하는 등의 이유가 있기 때문이다. 자기색정사는 주
변인들을 당혹스럽게 만들 수 있지만, 자살처럼 엄청난 심리적 영향을 미치
는 경우는 거의 없다.

자기색정사의 상당수는 **성도착증**paraphilia과 분명히 관련이 있으며, 일부
사건은 매우 독특하고 전혀 예상치 못한 것이다. 일반인은 상상하기 어려
운 수많은 종류의 페티시와 변태성욕 행위가 존재한다. 예를 들어, 피나 소
변에 집착하고 마시는 행위, 유아증infantilism, 피학대증masochism, 여성 색정증
nymphomania, 복장도착증transvestitism, 관장도착증enemas, 마찰도착증skin arousal,
그 밖에 밧줄이나 천둥 같은 것에 성적 흥분을 느끼는 경우도 있다(Shaffer &
Penn, 2006).

셸레그와 에를리히(Sheleg & Ehrlich, 2006)는 질식기호증의 역사를 1856년
까지 거슬러 올라가 찾았다. 정신의학의 역사적 지식은 여전히 유용하므로,
수사관들은 다음과 같은 점을 참고할 수 있다.

1. 자기색정사는 친인척들에게 완전히 뜻밖의 사건이다.
2. 이러한 사망자들의 정신병력이나 뚜렷한 자살동기에 대해 알려진 사실이 없다.
3. 자기질식을 위한 준비 및 결박 행위의 징후는 그것이 습관적 행동임을 암시한다.
4. 이러한 사망자는 일반적으로 고학력의 백인 남성이다.

대개 자기색정 행위는 어설픈 실험에서 시작된다. 남성의 경우 보통 청소년기부터 이러한 행위를 시작했으며, 나이가 들어 가면서 결박을 포함한 테크닉이 더 정교해지는 경우가 있다. 또한 초기의 강렬한 성적 쾌감이 갈수록 감소하면서 점점 더 극단적인 방법을 사용할 수 있다. 요컨대, 질식기호증 행위를 위해 사용되는 장치들은 자살과 유사한 방식으로 사람을 죽음에 이르게 할 수 있다. 이와 같은 자기색정사에 대한 지식은 특히 검시조사관death investigators 교육훈련에 포함되어야 한다.

6. 심리부검의 부가적 기능

심리부검은 공식적인 사망수사에서 사망 종류를 판정하기 위한 것 이외에 다른 목적으로도 활용될 수 있다. 앞서 언급한 것처럼 역사적 사건에 대한 원격 진단을 할 수도 있고, 고인의 사망 전 유언능력testamentary capacity으로 인정될 수 있는 정보들을 수집 · 분석하거나, 통계 데이터를 구축하거나, 보험금 지급 또는 의료사고 분쟁 및 제조물 책임 소송에 도움을 주거나, 위장사망의 증거를 제시하거나, 사망 관련 전문가들의 법정 증언을 지원하거나, 유가족들에게 심리적 위안을 제공해 줄 수 있다.

한 연구는 2005년부터 자살사망자 17명의 가장 가까운 친인척 총 97명을 대상으로 면담을 실시했다. 피면담자들의 나이는 10세에서 82세 사이였으며, 사망 후 면담이 진행되기까지의 기간은 18개월이 채 걸리지 않았다. 연구진은 해석적 현상학 분석interpretive phenomenological analysis과 통계분석을 통해, 심리부검 면담에 참여한 대다수의 유가족이 자신의 생각을 표현하고 통찰력을 제공할 수 있는 기회가 주어져서 도움이 되었다고 인식했음을 발견했다. 또한 유가족들은 비슷한 처지에 있는 다른 사람들을 돕고 싶어 했으며, 고인에 대해 더 많이 알게 될수록 그의 죽음을 더욱 잘 이해하고 죄책감을 덜 느꼈다. 이러한 결과는 자살 유가족 같은 취약집단을 대상으로 한 연구가 비윤리적이라고 평가한 연구심의위원회의 향후 정책 결정에 참고가 될 것이다. 이 연구에 참여한 소수의 피면담자들은 착잡한 심경을 표하기도 했으나, 면담에 참여한 경험을 부정적으로 생각한 사람은 아무도 없었다. 나이 어린 피면담자들은 처음에는 두려웠지만 많은 것을 배울 수 있었다며 고마움을 표했다. 이 연구는 자살사망자의 유가족과 친구들이 심리부검을 통해 의미를 발견함으로써 심리적 위안을 얻을 수 있다는 점을 확인했고, 후속 연구들을 위한 발판이 되었다(Dyregrov & Dieserud, 2011).

1976년 괴짜 억만장자 하워드 휴즈Howard Hughes가 사망한 후, 당시 미국심리학회 회장이었던 레이먼드 파울러Raymond Fowler는 그에 대한 심리부검 의뢰를 수락했다. 휴즈가 심부전으로 사망했다는 사실에 아무도 의심하지 않았지만, 그가 생전에 유언장에 관한 중대한 결정을 내릴 당시의 심리상태에 의문이 제기되었던 것이다(Fowler, 1986, 2006).

파울러는 정신적으로 불안정한 이 은둔자의 삶을 재구성하기 위해, 그의 전기자료biographical material, 인터뷰 자료, 개인적·사업적 기록물, 편지 서신 등을 검토했다. 그는 휴즈가 사고로 심각한 머리 부상을 입었다는 사실과 함께, 다른 사람들과 어울리는 데 어려움을 겪었고 여러 차례 신경쇠약에 걸렸다는 점을 발견했다. 그는 편집증과 강박증이 심했다. 가끔씩 그는 마음을 가다듬고 대중 앞에 나서기도 했지만, 대부분은 혼자 지냈다. 파울러는 그가 정신적으로 불안정하기는 했으나 정신이상psychotic은 아니었다고 결론 내리고, 그의 유언장을 포함하여 사업상 내린 결정을 모두 타당한 것으로 보았다.

7. 요약

자살학은 심리부검 방법을 지원할 뿐만 아니라 다른 업무에도 활용할 수 있는 전문분야이다. 자살에 대한 신화와 오해가 수사관들에게 영향을 미칠 수 있기 때문에, 이를 반박할 수 있는 관련 연구들이 계속 진행되어야 한다. 심리부검은 사망사건에 대한 의문을 해소하는 데 도움이 될 수 있다. 심리부검이 공공정책을 포함한 많은 영역에 적용되면서 그에 대한 조사방법도 점점 더 엄격해졌다. 다음 장에서는 특이한 자살과 자살유서 연구의 발전에 대해 살펴보도록 한다.

8. 참고문헌

Berman, A. (2006, July/Aug). Risk assessment, treatment, planning and management of the at-risk suicide client: The "how to" aspects of assessing suicide and formulating treatment plans. *Family Therapy Magazine, 5*(4), 7-10.

Cavanagh, J. T. O., Carson, A. J., Sharpe, M., & Lawrie, S. M. (2003). Psychological autopsy studies of suicide: A systematic review. *Psychological Medicine, 33,* 395-405.

Conner, K. R., Beautrais, A. L., Brent, D. A., et al. (2012). The next generation of psychological autopsy studies. *Suicide and Life-Threatening Behavior, 42*(1), 86-103.

Cross, T., Gust-Brey, K., & Ball, P. (2002). A psychological autopsy of the suicide of an academically gifted student: Researchers' and parents' perspectives. *Gifted Child Quarterly, 46*(4), 1-18.

Documentary says Columbine warning signs were overlooked. (2002, March 29). *Lubbock Avalanche Journal.* Retrieved from http://lubbockonline.com/

stories/032902/upd_075-8505.shtml#.WRunZsm1s_V

Dyregrov, K. M., & Dieserud, G. (2011). Meaning-making through psychological autopsy interviews. *Death Studies, 35,* 685-710.

Ebert, B. (1987). Guide to conducting a psychological autopsy. Professional Psychology *Research and Practice, 18,* 52-56.

Fischer, D. (2009, Sept/Oct). Equivocal cases of teenage suicide. *The Forensic Examiner, 18*(3), 9-12.

Fowler, R. D. (1986, May). Howard Hughes: A psychological autopsy. *Psychology Today,* 22-23.

Fowler, R. D. (2006). Computers, criminals, an eccentric billionaire, and APA: A brief autobiography. *Journal of Personality Assessment, 87*(3), 234-238.

Goodman, G. (2009, Summer). An atypical autoerotic death by mechanical asphyxiation. *The Forensic Examiner, 18*(2), 71-73.

Harper, M. (2016, June 24). McClancy sentenced to 50 years for killing husband. *Advocate and Democrat,* p. 1.

Hazelwood, R. R., Dietz, P. E., & Burgess, A. W. (1983). *Autoerotic fatalities.* Lexington, MA: Lexington Books.

Jobes, D. A., Casey, J. O., Berman, A. L., et al. (1991). Empirical criteria for the determination of suicide manner of death. *Journal of Forensic Science, 36*(1), 244-256.

Joiner, T. (2005). *Why people die by suicide.* Cambridge, MA: Harvard University Press.

Joiner, T. (2010). *Myths about suicide.* Cambridge, MA: Harvard University Press.

Joiner, T. E., Pettit, J. W., Walker, R. L., Voelz, Z. R., Cruz, J., Rudd, D., & Lester, D. (2002). Perceived burdensomeness and suicidality: Two studies on the suicide notes of those attempting and those completing suicide. *Journal of Social and Clinical Psychology, 21*(5), 531-545.

Juhnke, G. A., Granello, P., & Lebron-Striker, M. (2007). *IS PATH WARM? A suicide assessment mnemonic for counselor.* Alexandria, VA: Professional Counseling Digest. (ACAPD-03).

Knoll, J. L. (2008). The psychological autopsy, Part I: Applications and methods.

Journal of Psychiatric Practice, 14(6), 393-397.

Leenaars, A. A. (2010). Edwin S. Shneidman on suicide. Suicidology Online, 1, 5-18.

Leenaars, A. A. (1992). Suicide notes, communication and ideation. In R. W. Maris, A. Berman, J. T. Maltsberger, & R. I. Yufit (Eds.), *Assessment and Prediction of Suicide,* pp. 337-361, New York, NY: Guilford.

Los Angeles Suicide Prevention Center (1970). Psychological autopsy: No. 1. *Bulletin of Suicidology, 7,* 27-33.

Matarazzo, B. B., Clemans, T. A., Silverman, M. M., & Brenner, L. A. (2013). The self-directed violence classification system and the Columbia classification algorithm for suicide assessment: A crosswalk. *Suicide and Life-Threatening Behavior, 43*(3), 235-248.

Reens, N. (2011, March 16). *David Duyst continues to appeal conviction for wife's murder.* Retrieved from http://www.mlive.com/news/grand-rapids/index.ssf/2011/03/david_duyst_continues_to_appea.html

Reiter, H., & Parker, L. B. (2002). Psychological autopsy. *The Forensic Examiner, 11*(3), 22-26.

Robins, E., Gassner, S., Kayes, J., Wilkinson, R. H., & Murphey, G. E. (1959). The communication of suicidal intent: A study of 134 consecutive cases of successful (completed) suicide. *American Journal of Psychiatry, 115*(8), 724-733.

Rosenberg, M., Davidson, L., Smith, J. C., et al. (1988). Operational criteria for the determination of suicide. *Journal of Forensic Science, 33*(6), 1445-1456.

Rossmo, D. K. (2008). Cognitive biases: Perception, intuition, and tunnel vision. In K. D. Rossmo (Ed.), *Criminal investigative failures* (pp. 9-21). Boca Raton, FL: CRC Press.

Sauvageau, A., & Geberth, V. (2013). *Autoerotic deaths: Practical forensic and investigative perspectives.* Boca Raton, FL: CRC Press.

Scott, C. L., Swartz, E., & Warburton, K. (2006). The Psychological autopsy: Solving the mysteries of death. *Psychiatric Clinics of North America, 29,* 805-822.

Shaffer, L., & Penn, J. (2006). A comprehensive paraphilia classification system. In

E. Hickey (Ed.), *Sex crimes and paraphilias* (pp. 69-94). Upper Saddle River, NJ: Pearson.

Sheleg, S., & Ehrlich, E. (2006). *Autoerotic asphyxiation: Forensic, medical and social aspects.* Tucson, AZ: Wheatmark.

Shneidman, E. (1967). *Essays in self-destruction.* New York: Science House.

Shneidman, E. (1970). The death of Herman Melville. In E. S. Shneidmen (Ed.), *The psychology of suicide* (pp. 587-613). New York: Science House.

Shneidman, E. (1981a). Suicidal thoughts and reflections. *Suicide and Life-Threatening Behavior, 11,* 98-231.

Shneidman, E. (1981b). The psychological autopsy. *Suicide and Life-Threatening Behavior, 22*(1), 107-174.

Shneidman, E. S., & Faberow, N. L. (1961). Sample investigations of equivocal suicidal deaths. In N. L. Faberow & E. S. Shneidman (Eds.), *The cry for help* (pp. 118-128). New York: McGraw Hill.

Tavernise, S. (2016, April 22). U. S. suicide rate surges to a 30-year high. *The New York Times,* pp. A1, A15.

Tom Fallis trial: Doctor says Ashley Fallis had many risk factors. (2016, March 28). *The Denver Post.* Retrieved from http://www. denverpost.com/2016/03/28/tom-fallis-trial-doctor- says-ashley- fallis-had-manyrisk-factors/

Vaccariello, L. (2013, May 15). Hearts of darkness: The short, unhappy marriage of Darryl and Dante Sutorius. *Cincinnati Magazine.* Retrieved from http://www.cincinnatimagazine.com/features/heartsof-darkness-the-brief-unhappy-marriage-of-darryl-and-dantesutorius/

3장
자살의
특이성과
유서

찰스 글리니에비츠Charles Gliniewicz 경위는 미군병사를 대표하는 영웅 캐릭터인 '지 아이 조G I Joe'라는 별명을 얻을 만큼 지역의 유명인사로 통했다. 그는 지난 30년 동안 경찰관으로 근무하면서, 여가시간에는 일리노이주 폭스 레이크의 청소년 멘토링 프로그램인 '경찰체험학교'에서 자원봉사활동을 했다. 그러나 은퇴가 가까워오면서 그는 누구도 예상하지 못한 일에 자신의 에너지를 쏟아부었다.

2015년 9월 1일 오전, 글리니에비츠는 경찰 무전으로 자신이 수상한 남성 3명을 추적하고 있다며 지원요청을 했다. 경찰관들이 그가 알려 준 장소로 출동했을 때, 그는 이미 숨진 상태였다. 그는 방탄조끼를 입고 있었지만 소용이 없었다. 그의 총기는 인근 갈대밭에서 발견되었다.

이 사건은 모든 사람에게 충격을 주었다. 범인의 소재를 찾고 검거하는 데 막대한 비용이 투입됐다. 그는 지역의 영웅이었기 때문에, 그와 유가족에게 정의를 되찾아 주기 위해 할 수 있는 모든 일이 시도되었다. 이렇듯 존경받는 경찰관이 은퇴를 앞두고 살해된 것은 끔찍한 비극인 듯 보였다.

그런데 최초 현장출동 경찰관들이 그의 사망이 자살일 수 있다는 의문을 제기했다. 이 사건을 담당한 검시관 토머스 러드Thomas Rudd도 사고사를 배제할 수 없다는 소견을 밝혔다. 그렇다면 그의 죽음은 살인, 자살, 사고사 중 무엇인가? 경찰은 NASH 차트를 통해 각 사망 종류에 해당되는 요소들을 나열해 보고, 그에게 어떤 비밀이 있는지를 파악하기 위한 심층조사가 필요하다는 판단을 내렸다. 조사결과, 그가 모든 사람이 생각한 그런 인물이 아니었다는 사실이 드러났다. 깔끔하고 너그러운 이미지와는 달리, 그에게 조직 내 괴롭힘을 당했다는 내부 신고와 그의 몇 가지 윤리적 위반행위 기록이 확인되었다. 또한 한 신임 감사관은 그의 계좌에서 '경찰체험학교' 자금을 추적하여, 그가 수천만 달러를 횡령한 사실을 밝혀냈다. 최근 삭제된 그의 휴대폰 문자메시지에서는 그가 해당 감사관을 살해하려고 한 정황이 포착되었다. 이제 그의 사망은 자신의 명예를 보호하기 위해 살인으로 위장한 자살 쪽으로 기울었다.

그가 지원요청을 했던 당시의 수상한 **행동 증거**들도 발견되었다. 당시 그는 위급한 상황에 처해 있지 않았고, 20분 동안 사건현장을 위장하고 자신의 문자메시지를 삭제했으며, 누군가를 추적하거나 몸싸움을 벌이는 동안 떨어뜨린 것처럼 보이도록 자신의 경찰봉을 현장에 배치한 것으로 드러났다. 그리고 나서 그는 자신에게 총을 두 방 쏘았는데, 자살에서 이런 일이 흔치 않으므로 살인사건으로 수사 방향이 정해질 것임을 알고 있었기 때문이다(Constable & Filas, 2015). 그러나 결국 그의 작전은 실패했다. 같은 해 11월, 공식적으로 그의 사망은 자살로 확정되었다.

1. 자살행동과 수사

누군가 자신의 죽음을 자살이 아닌 것처럼 위장했거나, 자기색정사나 특이한 사고로 사망했거나, 살인을 자살로 위장한 사건일 경우 수사는 난항에 빠지게 된다. 그렇기 때문에 수사관들은 자살에 대한 문화적 신화를 바로 알고, 자신의 사고방식에 따라 자살 원인을 판단하는 인간의 성향에 대해 이해해야 한다. 어떤 자살방법이 지나치게 고통스럽거나 성공할 확률이 낮다고 생각하면 대부분의 자살시도자는 그러한 방법을 선택하지 않지만, 놀랍게도 그런 방법을 선택하는 사람들이 있다. 이처럼 자살은 다소 특이한 측면을 갖기도 하는데, 이 장에서는 수사관들이 직면할 수 있는 몇 가지 관련 사례를 소개하고자 한다. 또한 특정인이 어떤 교리나 강제력으로 다른 사람들에게 자살을 전파하거나 영향을 주는 현상에 대해서도 살펴 볼 것이다. 마지막 부분에서는 자살유서 연구들에 대해 설명하도록 한다. 이것은 사망현장에서 자살의 도를 나타내는 증거들을 수집하는 수사관들에게 필요한 실질적 조사도구를 개발하기 위한 것이다.

2. 특이 자살

자살 자료들을 살펴보면, 참으로 기이하고 아찔한 자살사건들을 발견할 수 있다. 조이너(Joiner, 2010)가 예시로 든 한 사건을 살펴보자. 사업에 실패해 절망에 빠진 두 남성이 동반자살을 하기로 합의하고, 원형 톱으로 손을 절단해 죽기로 했다. 출혈과다로 숨진 자신들의 시신을 누군가 발견할 것이라고 생각하여, 그들은 집주인에게 유서를 보냈다. 예상보다 일찍 유서를 받은 집주인에 의해 그들은 구조되었지만, 결국 1명은 두 손을 잃었고 다른 1명은 한 손을 잃었다(조이너는 이들의 생존 여부는 밝히지 않았다). 또한 탁자에 장착된 원형 톱으로 목을 절단해 자살한 여성이 4명이나 있고, 도끼로 자신의 팔을 잘라 자살한 남성도 있었다(그의 팔은 어떤 개가 물고 달아났다). 2015년 필라델피아에서는 한 남성이 전기톱으로 아내의 복부를 절단해 살해한 후, 자신도 같은 방식으로 자살한 사건이 발생했다.

32세의 한 여성 엔지니어는 전기톱으로 단두대를 만들었다. 투어넬 등 (Tournel et al., 2008)은 그녀가 그것을 어떻게 설계하고, 어떻게 만들었는지에 대해 설명했다. 그녀는 물병으로 무게 추를 만들어 전기톱을 아래쪽으로 당기도록 설계하고, 전기톱이 작동할 때 진동에 의해 단두대 밖으로 밀려나지 않도록 고무밴드로 고정시켰다. 전기톱을 리모컨으로 조작할 수 있도록 한 다음, 그녀는 엎드려서 자신이 디자인한 단두대에 목을 가져다 대고 전기톱을 작동시켜 자살했다. 이 여성은 정신질환을 앓고 있었지만, 정확하고 체계적으로 행동했다. 그녀는 자신이 무엇을 하고 있는지를 알고 있었고, 그것을 참을성 있게 실행에 옮겼다. 이처럼 사람들이 죽기 위해 어떤 행동까지 할 수 있는지를 보여 주기 위해, 다음에 몇 가지 극단적인 사례를 더 제시했다. 이것은 누구나 상상할 수 있는 시나리오는 아니지만, 실제로 이런 일이 발생하고 있다. 따라서 수사관들은 이러한 행동들이 일어날 수 있다는 사실을 이해할 수 있도록 교육훈련을 받아야 한다.

게버스(Geberth, 2015)는 집 안에서 거의 100번가량 흉기에 찔려 사망한 채 발견된 한 남성의 사례를 설명했다. 수사관들은 살인사건으로 확신했지만, 사건현장에 다른 사람이 출입했다는 증거를 발견하지 못했다. 누구도 혈흔이나 족적을 남기지 않고서 피가 흥건한 사건현장을 빠져나갈 수 없을 것 같았다. 그러한 이 사건에서 사망자의 만성 우울증, 폐쇄적 행동, 심각한 경제적 어려움 등 자살에 대한 여러 가지 피해자학적 증거가 나타났다. 사망자의 몸에 있는 대부분의 자상stab wounds은 자살자들에게 나타나는 주저흔hesitation marks과 유사한 얕게 베인 상처들이었다.

오스트리아에서는 괴물이 전기톱으로 목을 베는 컴퓨터 게임을 하던 한 청소년이 진짜 전기톱으로 자신의 목을 절단한 사건이 발생했다. 캠프먼 등 (Campman et al., 2000)은 같은 지역에서 3년 간격으로 발생한 전기톱 자살사건들을 분석했다. 첫 번째는 한 69세 남성의 사건인데, 발견 당시 전기톱의 '켜짐' 버튼이 조임쇠로 고정되어 계속 작동하고 있었고, 그 옆에 남성이 숨진 채 누워 있었다. 그가 전기톱을 작동하여 스스로 자해한 것임이 명백했다. 두 번째는 평소 우울증을 앓고 있었고, 가족과 연락도 끊겨 노숙생활을 하던 20대 남성의 사건이었다. 그는 자신의 트럭을 주차한 후 차 문을 열고 바닥에 앉아 전기톱으로 자해했고, 차에 기대어 숨진 채 발견되었다.

그 밖의 특이한 자살방법으로 못을 박을 때 쓰는 못총, 망치, 전동 드릴, 조리용 육류 온도계 등이 사용되었다. 어떤 사람은 단열재 등으로 사용되는 즉석 스프레이 시공폼을 자신의 목과 코에 분사하여 질식사했다. 또 다른 사람은 소화전을 밧줄로 묶고 그것을 자신의 목에 연결한 후 차량을 몰아, 목이 잘려 사망했다. 엽총과 권총을 동시에 자신에게 쏠 수 있는 방법을 고안하여 자살한 사람도 있었고, 도로공사용 중기롤러로 자신의 머리를 부숴 버린 사람도 있다. 61세의 한 남성은 헬리콥터 관광 투어 중에 상공에서 뛰어내려 사망했다. 그는 2인용 상품을 예약하고는 혼자 투어에 참석했다. 조종사는 그 남성이 계속해서 더 높이 올라가 달라고 요청하는 게 조금 의심스러웠지만 응해 주었다고 한다. 헬리콥터가 꽤 높이 올라갔을 때 남성이 안전벨트를 풀고 헬리콥터 문을 열었다. 조종사는 뛰어내리려는 그를 붙잡아 보았지만 찢어진 셔츠자락만 잡을 수 있었다.

자살수단으로 쓰레기 압축기를 이용하는 것은 매우 드문 일이다. 이 기계는 쓰레기를 작은 크기로 압축하는 데 쓰인다. 우울증 병력이 있는 한 52세 남성은 별거 중인 아내와 재결합하려던 중이었다. 어느 날 그는 아내의 아파트 건물에 설치된 쓰레기 압축기 속으로 들어가, 갈비뼈 전체가 골절된 것을 포함한 다발성 손상multiple injuries을 입고 사망했다. 아파트 내부의 혈흔과 그의 손목에서 발견된 크고 작은 찰과상은 그가 처음에는 손목을 그어 자살하려고 했음을 암시했다.

사람들이 자신의 목숨을 끊기 위해 시도하는 방법들은 그들의 상상력과 활용 가능한 수단들로 한정된다. 미국자살학회AAS와 미국법과학학회AAFC는 이와 같은 특이한 사건들을 추적하여 구체적으로 분석한 연구논문들을 게재하고 있다.

3. 자살 전염과 연쇄자살

자살 전염은 자살시도를 유발하여 자살에 취약하거나 충동적인 사람들에게 부정적인 영향을 미친다. 이러한 현상은 전 세계적·지역적 연쇄자살 또는 반향적 연쇄자살echo clusters로 나타날 수 있다. 미국에서는 매년 자살의 약 5%가 주로 청소년과 대학생들 사이에서 집단적으로 발생한다(Smith, 2012). 이상하게도 이들의 상당수는 부유한 환경의 백인이다(Chung, 2015; Smith, 2012). 자살의 전염성은 오래전 자료들에서도 확인된다.

1774년 괴테Goethe는 소설 『젊은 베르테르의 슬픔The Sorrows of Young Werther』을 발간했다. 이 소설에서 주인공은 권총으로 생을 마감하는데, 그에게 너무 크게 동화된 나머지 그와 똑같은 옷차림을 하고 다닌 팬들 사이에서 '모방 자살' 현상이 나타났다. 일부 자살학자는 이러한 모방 자살이 베르테르 효과에 따른 결과라고 보았고, 이는 자살을 조장하는 하나의 모델이 되었다. 어떤 자살 사건에 대해 상세하게 공개하는 것은 자살생각을 가지고 있는 사람들에게 방법을 제시하고 자살을 허락하는 것과 같다. 1962년 마릴린 먼로가 약물 과다 복용으로 사망한 이후, 같은 방법으로 자살한 여성의 수가 급증했다. 1994년 록스타 커트 코베인Kurt Cobain이 엽총으로 자살하고, 2014년 배우이자 코미디언이었던 로빈 윌리엄스Robin Williams가 우울증으로 인해 목을 매달아 자살한 후에도, (엄청나게 크지는 않았지만) 이와 비슷한 효과가 나타났다. 반응성 자살reactive suicides에서는 자살한 유명인의 연령이나 인종이 자살에 취약한 사람들과 비슷할수록, 동일한 방법으로 자살할 가능성이 더 높다. 뉴스는 소설보다 자살에 더 큰 영향을 미치며, TV는 신문보다 더 많은 모방 자살자를 발생시킨다(Joiner, 2010).

메수디(Mesoudi, 2009)는 1,000명의 디지털 가상인물을 통한 모의실험 연구를 기반으로 유명인 자살의 전염 효과를 검증했다. 가상인물은 특정한 사회적 규범과 가치를 가진 공동체의 '주민'들이며, 각각 100명으로 구성된 10개 그룹은 서로 다른 사회 계층을 대표하도록 설계되었다. 언론에 보도된 이 모의실험에서 디지털 가상인물들은 실제 사회와 비슷한 자살률을 보였다. 또한 마−켈럼스 등(Ma-Kellams, Baek, & Or, 2016)은 우울 증상은 자살에 대한 생각과 태도를 허용 가능한 행위로 수용하고, 유명인의 자살에 반응할 가능성을 예측하는 주요 요인이라는 점을 발견했다. 한편으로 세계보건기구 WHO 가이드라인을 준수한 언론 보도는 모방 자살을 감소시키는 데 도움이 된 것으로 나타났다(Lee, Lee, Hwang, & Stack, 2014).

모방 자살의 한 유형인 연쇄자살suicide clusters은 기본적으로 특정 연쇄자살과 대량 연쇄자살의 두 가지 형태로 발생한다(Chung, 2015). **특정 연쇄자살**은 특정 시간 및 장소와 밀접한 관련성을 나타내는 자살군을 포함한다. **대량 연쇄자살**은 일반적으로 언론에 보도된 자살사건에 대한 반응으로 발생하며, 반드시 특정 지역에서만 발생하지는 않는다(글로벌 인터넷보도 탓에 더욱 그렇다). 그 예로 2007년에서 2012년 사이에 웨일즈 브리젠드에서 수많은 10대가 목을 매 자살한 사례를 들 수 있다. 이에 비해 반향적 연쇄자살은 간혹 특정 기념일이나 이전에 있었던 연쇄자살사건에 대한 갑작스러운 관심으로 발생한다(Chung, 2015; Smith, 2012).

스미스(Smith, 2012)는 일리노이주의 레이크 포레스트, 캘리포니아주의 팰러앨토, 그리고 뉴저지주의 몬머스 카운티에서 발생한 연쇄자살에 대해 연구했다. 그는 2003~2004년 뉴욕 대학교, 2010~2011년 코넬 대학교, 2013~2014년 펜실베이니아 대학교의 캠퍼스에서 발생한 연쇄자살도 포함시켰다. 이러한 연쇄자살의 대부분은 언론에서 대서특필한 자살사건에 의해 촉발된 것으로 보였고, 이후에 발생한 자살사건들은 대체적으로 동일한 자살 방법을 사용했다. 수사관들은 언론 보도를 통해 크게 전파되었거나, 청소년들이 사망한 친구를 위해 온라인 성지를 만든 자살사건을 수사할 때 특히 주의를 기울여야 한다.

또한 수사관들은 자살관광에 영감을 줄 수 있는 '자살 성지' 또는 '자살 명소'에 대해서도 알고 있어야 한다. '자살관광'이란 ① 타인의 도움을 받아 조력자살을 할 곳으로 떠나거나, ② 특별한 장소로 여기는 곳에서 자살하기 위해 여행을 가거나, ③ 자살사건이 일상적으로 발생하는 장소를 보러 여행을 가는 것을 의미한다. 에펠탑, 런던 지하철, 샌프란시스코의 금문교, 호주의 갭파크, 영국의 비치헤드 절벽, 일본의 아오키가하라 숲, 나이아가라 폭포, 그리고 엠파이어 스테이트 빌딩 같은 고층 건물은 전 세계의 비경이자 자살 성지로 알려져 있다. 1933년 한 여성은 자신의 영적 변화를 위해 화산에 뛰어들었는데, 이 사건 직후 100명 이상의 사람들이 그녀와 비슷한 방법으로 사망했다. 또 다른 '영적 자살spiritual suicide'로 향정신성 약물을 복용한 남성이 15그루의 나무에 자신의 머리를 부딪혀 사망한 사건이 있었다.

확실한 연구결과는 없지만, 일부 학자는 자살의 전염성을 모방에서 비롯된 것으로 보았다. 조이너(2005)는 연쇄자살 현상을 '동종 관계'로 설명했다. 즉, 비슷한 생각을 가지고 있거나 자살에 취약한 사람들은 함께 어울리게 되는 경향이 있는데, 그들 중 1명이 자살할 경우 나머지 사람들에게 악영향을 미치게 된다는 것이다. 그러므로 이것은 예정된 연쇄자살이나 다름없다.

잇따른 자살사건들은 연쇄자살을 일으키거나 집단 내에서 자살에 대한 담론을 촉진시켜 자살생각에 익숙해지도록 만들 수 있다. 이는 그 집단구성원들에게 자살할 용기와 정당성을 부여할 뿐 아니라 자살을 실행에 옮기는 방법에 대한 아이디어를 제공해 줄 수 있다. 조이너는 대학 룸메이트에 관한 자신의 연구를 예로 들어 설명했다. 그 연구에서는 방을 같이 쓰기로 상호 합의한 학생들은 룸메이트가 무작위로 배정된 학생들보다 더 비슷한 수준의 자살률을 나타냈다. 그는 이러한 연구결과에 대해 '소속감의 위협'은 급성 스트레스 사건이 될 수 있다고 해석했다. 친구나 동료의 자살은 집단의 소속감을 와해시키는 사건이 될 수 있으므로, 사회적 지원체계가 이를 적절히 보호하지 않는다면 엄청난 스트레스를 유발할 수 있다고 본 것이다. 그러나 일부 자살연구자는 각각의 자살사건에는 수많은 요인이 관련되어 있음을 강조한다. 또 어떤 학자들은 미성숙한 10대 청소년들의 두뇌는 '제동 시스템'을 갖추지 못하여 삶이 순조롭게 흘러가지 않을 때 충동적으로 자살하기 쉽다고 추정한다. 청소년기에는 삶을 일련의 단계로 보지 못하는 경향이 있는 것은 사실이다.

공개 자살public suicides 또한 자살을 전염시킬 수 있으며, 여러 가지 측면을 가지고 있다. 이러한 행위는 정치적 또는 사회적 발언을 하거나, 자신의 익명성을 거부하는 방법이 되기도 한다.

1974년, 토크쇼 진행자였던 크리스틴 처벅Christine Chubbuck은 방송에서 자살사건 하나를 다루었다. 해당 쇼에 출연한 경찰관은 사람들이 총기로 자살하는 방법을 보여 주었다. 처벅은 그의 설명에 매우 큰 관심을 보였다. 당시 그녀는 우울증을 앓고 있었고, 생을 마감하기로 확실한 결정을 내린 상태였다. 그러던 어느 날, 그녀는 뉴스 생방송 중 "생생한 컬러방송으로 자극적인 영상을 속보로 전해 드리는 저희 채널 40의 정책을 준수하고자, 최초로 자살 시도 장면을 보여 드립니다."라는 멘트를 한 후, 총을 꺼내 자신의 머리를 쏘았다.

라이브 웹캠으로 자신의 영상을 생방송하는 도중에 자살한 사람들도 있다. 플로리다주의 알렉산더 빅스Alexander Biggs라는 남성은 정신질환을 앓고 있었는데, 그는 자신의 블로그에 유서와 함께 자살하겠다는 글을 올리면서 보기 링크를 남겼다. 링크에 접속한 사람들은 그가 약에 취해 침대에 누워 있는 모습을 보았고, 그로부터 12시간 동안 이 사실을 경찰에 신고할 것인지 말지를 놓고 논쟁을 벌였다. 그 사이 빅스는 사망했다(Joiner, 2005).

스티븐Stephen이라는 캐나다의 한 20세 청년은 기숙사 방에서 자신의 영상을 생방송하는 도중 자살을 시도했다. 보도에 따르면, 그는 생방송 중에 "이

꼰대 유저가 여러분을 위해 기꺼이 온라인의 영웅이 되겠습니다."라는 글을 올렸다. 이를 본 한 유저가 채팅방을 열었는데, 금새 200명이 참여했다. 그들이 지켜보는 가운데, 스티븐은 약에 취해 보드카를 마신 후, 방 안에 불을 지르고 침대 밑으로 기어들어 갔다. 그가 스스로 목숨을 끊겠다는 취지의 글을 올리자마자 방 안이 연기로 가득 차기 시작했다. 때마침 현장에 진입한 소방관들에 의해 그는 목숨을 건질 수 있었다(Visser, 2013).

2007년 3월 21일, 42세의 전기 기술자인 케빈 위트릭Kevin Whitrick은 약 60명의 사람과 채팅으로 욕설을 주고받고 있었다. 그러다 그는 갑자기 인터넷 개인 방송을 켜서 사람들이 지켜보는 가운데 자신의 집 천장 기둥에 밧줄을 걸고 의자에 올라가 목을 매달았다. 일부 시청자는 단순히 쇼라고 생각하고 그를 조롱했고, 이에 경악한 한 시청자가 경찰에 신고했다. 그러나 경찰이 도착했을 때는 이미 너무 늦은 후였다.

2017년에는 페이스북 라이브방송을 통해 자살하는 사건이 잇달아 발생했다. 4월에는 아르준 바라드와즈Arjun Bharadwaj라는 남성이 호텔 19층 객실에서 자신의 먹방 영상을 생방송하다가, 창문을 깨고 뛰어내렸다. 당시 24세이던 그는 마약 중독자였고 오랫동안 우울증을 겪어 온 것으로 알려졌다. 같은 시기에 앨라배마주의 제임스 제프리James Jeffrey라는 남성은 연인과 결별한 뒤 총으로 자신의 머리를 쏘아 사망했다. 우티산 웡탈레이Wuttisan Wongtalay라는 한 태국 남성은 자살하기 전에 어린 딸의 목을 매달아 살해했다.

많은 사람이 페이스북에 라이브 스트리밍 기능을 없애 달라고 요청하기는 했지만, 자신의 죽음을 생방송으로 송출하려는 이들의 충동을 막기는 어려울 것이다. 소셜 미디어는 개인 사생활의 많은 부분을 공개하도록 해 왔기 때문에 관심을 끌고 싶거나 발언을 하고 싶어 하는 사람들에게는 언제나 좋은 수단이 될 수 있다(참고로, 페이스북은 이러한 상황에 보다 효과적으로 대응하기 위한 정책을 개발했다).

4. 집단자살

수사관이 집단자살이나 자살형 대량살인사건에서 할 수 있는 일은 거의 없다. 그러나 이러한 자살행위들 역시 전조증상을 가지고 있으므로, 때로 그 발생 가능성을 어느 정도 예견할 수 있다. 짐 존스Jim Jones나 데이비드 코레시David Koresh 같은 자칭 예언가이자 사이비종교의 교주들이 '종말론'을 설파할 때, 집단자살의 가능성은 높아진다.

1978년 11월 18일 토요일, 남아메리카 가이아나 존스타운에 있는 인민사원Peoples Temple의 신도들은 끔찍한 결정을 내렸다. 인민사원의 임원들은 소규모를 조직하여 탈출한 신도들과 몇몇 기자, 그리고 당시 국회의원이었던 레오 라이언Leo Ryan을 비행장까지 쫓아가 살해했다. 그리고 그들만의 '거사'를 치르기 위해 다시 존스타운으로 돌아왔다.

이 사이비종교의 신도들은 반복적인 훈련을 받으며 종말에 대비해 왔다. 존스는 그들에게 다가올 종교적 박해에 대해 경고하고 자살하는 법을 훈련시키면서, 그것이 불가피하다고 세뇌시켰다. 결국 900명 이상의 사망자가 발생했는데, 얼마나 많은 사람이 자발적으로 독극물을 마셨는지는 아무도 알 수 없었다. 일부 신도는 도망쳐 화를 면할 수 있었다(Moran, 1999). 종교적 피난처라고 떠들던 곳은 거대한 시체 무덤이 되어 버렸다.

존스는 자신이 신도들을 '소유'했다고 믿은 교주 중 1명이었다. 그는 때가 되었다고 판단되면 모든 신도를 함께 데려가겠노라고 공공연하게 말했고 그들을 준비시켰다. 이것은 위험신호이다. 죽음을 준비하고 편집증적 망상으로 추종자들을 세뇌시킨 그의 행동은 점진적 대량살인의 한 형태로 볼 수 있다.

1994년에 발생한 태양의 사원Solar Temple 집단자살사건도 이와 비슷하다. 이 사이비종교의 교주였던 69세 조 디 맘브로Jo Di Mambro와 47세 뤽 주레Luc Jouret가 이 세상을 떠날 때가 되었다고 하면서(사기범죄 수사관들은 이들의 열악한 재정 상황을 그 이유로 지목했다), 모든 신도와 집단자살을 단행했다. 이들 중 수십 명은 자발적으로 자살했지만, 일부 신도는 살해되었다. 프랑스에서는 이 첫 번째 집단자살 이후 1년여 동안 16명이 더 숨진 채 발견되었는데, 사망 자들은 동그란 바퀴모양으로 배열되어 있었다. 그로부터 1년 뒤, 퀘벡에서 총 74명이 사망한 또 다른 집단자살사건이 발생했다. 경찰이 이러한 사건들에 대해 적극적으로 대응하여, 1998년에 발생할 뻔한 집단자살사건을 막을 수 있었다. 한 심리학자가 자신과 함께 목숨을 끊는 데 동참할 20명이 넘는 추종 자를 모집했지만 실패로 돌아갔던 것이다.

호퍼(Hoffer, 1951)는 이념을 위한 자기희생을 촉진하는 핵심 요소들을 제 시했다. 여기에는 집단이념적 사고방식에 대한 공감, 현 상황의 평가절하, 획 일화된 감정(대개 목표대상에 대한 공포와 증오심), 개성의 상실, 카리스마 있는 지도자에 대한 집착, 그리고 영적 변화의 일부로서 죽음의 수용이 포함된다. 자살 위험신호는 그 집단의 철학에서 나타난다. 호퍼는 교주와 추종자들 모 두 광신도들이며, 추종자들은 자기파괴의 지경에 이르더라도 숭배할 무언가 가 필요한 사람들이라고 설명했다. 그들은 자신을 성장시켜 줄 것이라고 믿 는 영적 비전을 위해 필요한 모든 것을 기꺼이 희생한다. 그것이 그들에게 목 적의식을 주기 때문이다. 그들은 현재 상황에 좌절했을 때 단순한 이상주의 적 진리를 추구하며, 자신의 영적 목표를 공유하면서 뜻이 맞는 공동체에 소 속되는 것을 소중하게 여긴다.

이상을 위해 기꺼이 자신을 희생하는 또 다른 사이비종교 집단으로 헤븐 즈 게이트Heaven's Gate가 있다. 평화롭고 비밀스러운 이 단체에서 신도들은 더 고매한 정신을 얻기 위해 엄격한 훈련을 했다(Wessinger, 2000). 이 단체의 교 주였던 마셜 애플화이트Marshall Applewhite는 보니 루 트러스데일 네틀즈Bonnie Lu Trousdale Nettles라는 여성을 합류시켜, 요한계시록에 등장하는 고대 외계인 이 바로 자신들이라고 주장했다. 그들은 성경에 언급된 '구름'은 사실 우주선 이라고 설파하며, 네틀즈가 암으로 사망하기 전까지 많은 추종자를 끌어들였다. 애플화이트는 신도들에게 그녀가 '우주모함'을 준비하기 위해 떠났지만, 자신들을 태우러 곧 다시 돌아올 것이라고 말했다. 여기에 환멸을 느낀 신도들은 떠났지만, 독실한 소수의 신도는 구원을 기다리며 남았다.

1996년, 이 단체는 캘리포니아에 있는 저택을 임대했다. 그곳에서 그들은 네틀즈가 조종하는 헤일-밥 행성Hale-Bopp comet을 기다렸다고 한다. 그녀가 도착했을 때 그들은 모든 물리적인 형태를 벗어나 떠날 준비가 되어 있어야 했다. 1997년 3월 22일 토요일, 39명의 회원은 똑같은 옷을 입고 집단자살을 한 채 발견되었다. 그들은 진정제를 넣은 푸딩이나 사과 소스를 먹은 후 침대에 누워 보라색 천을 덮고, 머리에는 비닐봉지를 뒤집어쓴 상태였다.

5. 강제 자살

가장 예측하기 어려운 사건 중 하나는 우울증이 있거나 격분한 사람이 다른 사람들을 살해하거나, 자신이 죽기 전에 상당히 많은 사람을 살해하기로 결심하는 '자살형 대량살인suicidal mass murder'이다. 그들은 소위 말하는 강제 자살 또는 다른 사람들에게 죽음을 강요하는 행위를 저지른다. 그들은 목표 대상으로 삼은 피해자들을 지배하고, 전 세계적으로 언론의 헤드라인을 장식하여 자신의 명성이 길이 남을 것을 상상하면서 희열을 얻는 전형성을 보인다. 또한 자신이 일으킬 수 있는 모든 죽음에 대해 생각한다. 이 살인범들은 자신의 범행 의도를 드러낸 신호를 보내는 경향이 높지만, 이들을 사전에 제재하기 위한 경찰력이 발동되기 위해서는 범인 자신이나 타인을 해할 위험성이 존재한다는 매우 확실한 증거가 필요하다.

엘리엇 로저Elliot Rodger는 강제 자살을 계획하고 있었다. 그는 자신의 불만과 분노에 대해 이야기한 긴 동영상을 촬영해 유튜브에 올렸다. 22세였던 엘리엇은 자신에게 어울린다고 생각하는 타입의 여자친구를 갖지 못하자, 세상이 자신에게 얼마나 상처를 주었는지를 모두에게 알리기 위해 총기로 대량 살인을 저지를 계획을 세웠다. 2014년 5월 23일, 그는 이것을 실행에 옮겼다. 캘리포니아의 번화가 이즐라 비스타에 있는 숙소에서 또 다른 동영상을 올리기 전, 그는 남성 3명을 살해하고 자살했다(Beikman, 2014).

엘리엇은 산타바바라에 있는 캘리포니아 주립대학교의 여학생 기숙사에 들어가 그곳의 모든 사람을 죽일 계획이었다. 그는 자신의 불행과 외로움에 대한 분풀이로 미모와 특권을 가진 모든 여학생을 죽이고 싶어 했다. 그러나 아무도 기숙사의 문을 열어 주지 않았다. 격분한 그는 차를 타고 길거리를 질주하며 무작위로 사람들을 들이받고 총으로 쏴서, 6명의 사망자와 14명의 부상자를 발생시켰다. 그리고 그는 차 안에서 총으로 자살했다. 제대로 된 경찰의 훈련과 예측이 있었다면, 이 대량살인은 막을 수 있었을 것이다.

엘리엇은 10만 7천 단어로 된 '나의 뒤틀린 세상My Twisted World'이라는 선언문manifesto을 작성해서 여러 사람에게 이메일로 보냈다. 그는 유복한 가정에서 자랐음에도 자신이 가진 것에 감사하지 못했고, 오히려 자신이 더 많은 대접을 받을 자격이 있다고 여겼다. 특히 그는 자신에게 아무런 관심을 보이지 않은 기숙사 여대생들을 증오했으며, 자신을 무시한 여성들에게 두 차례나 뜨거운 커피를 쏟아부었다. 자신의 분노가 정당하다고 생각한 그는 몇 달 동안 이즐라 비스타에서의 범행을 계획했다. 하지만 그를 막을 기회는 있었다. 부모의 요청으로 경찰이 집에 출동하여 그의 상태를 확인한 적이 있던 것이다. 당시 그가 다소 침착하고 이성적으로 보였더라도, 경찰이 그의 동영상과 선언문을 발견했더라면 좀 더 많은 시간 동안 그와 면담했을지도 모른다. 그는 구체적인 공격대상의 이름을 언급했고, 그들에게 엄청난 분노를 표현했었다. 그동안 경찰이 간단한 대화만 나누고 정상이라고 판단한 살인범들은 많다. 그 사람이 실제로 위협적인지 아닌지를 판단하려면 몇 가지 심층 분석이 필요하다.

자살형 대량살인의 징후는 범인의 위험성 평가를 통해 통계적으로 유의하게 나타난 요인들과 관련될 수 있다(Conroy & Murrie, 2008). 통제에 대한 욕구, 특권 의식과 강박적 환상의 혼합이 자살형 대량살인과 높은 관련성을 나타낸다. 이것은 엘리엇의 영상에서도 선명하게 드러났다. 게다가 그는 분명하고 구체적인 계획을 세웠다. 완고한 기질을 가지고 있는 그의 분노는 상당 기간 동안 심화되었다. 그는 실망감을 잘 해소하지 못하고 복수를 경고했다. 그에게 인생은 아무런 의미가 없었으므로 계속 살아갈 이유를 상실했다. 그러나 다른 사람들도 대가를 치르기를 바란 그는 혼자서는 죽지 않겠다고 결심했다.

엘리엇과 같은 사람을 만났을 때, 수사관들은 특히 자살에 대한 위험요소를 평가할 수 있다. 간단한 연상기호로 표시되는 'IS PATH WARM' 같은 것이 좋은 예이다. 어떤 사람의 심리상태를 파악하기 위해서는 그에게 일반적인 상황보다 더 많은 질문을 하여 답변을 이끌어 낼 수 있는 훈련이 필요하다. 분노가 가득 담긴 동영상이나 선언문처럼 그 사람이 잠재적으로 폭력성을 나타낼 수 있는 어떤 중요한 점들을 발견했다면, 이것을 경찰 내부에 구체적으로 보고해야 한다. 정신건강 전문가들은 대개 이러한 요구사항에 대해 알고 있다. 이러한 상황에서 적절한 개입이 이루어지기 위해서는 그의 가족과 친구들의 협조도 필요하다(Ramsland, 2003).

막연하거나 목적 없는 위협보다 구체적이고 계획적인 위협에 대해서는 더욱 주의를 기울여야 한다. 자살형 대량살인을 저지르는 범인들 중 상당수가 자살 메시지가 담긴 성명서를 작성했다. 이들 중 일부는 살인을 하러 가기 직전에 유서를 썼다. 이러한 기록물은 범인의 자살심리를 이해하는 데 도움이 된다.

6. 자살유서

노샘프턴 카운티 검시관 재커리 리섹Zachary Lysek은 법언어학자 캐럴 샤스키Carole Chaski와 함께 자살유서 체크리스트 개발연구를 수행했다.

수사관들은 사망현장에 살인의 뚜렷한 단서가 없고 사망이 명백한 자살로 보일 때, 현장에서 발견된 글을 유서라고 확신하는 경향이 높다. 그 글이 범행을 은폐하기 위해 유서로 조작되었거나, 자살인지 또는 타살인지 명확하게 판단할 수 없을 만큼 모호한 내용일 경우 더욱 그렇다. 그도 그럴 것이, 수사관들은 사망 종류를 판단하기 위해 활용할 수 있는 조사도구를 가지고 있지 않을 뿐만 아니라, 관련 교육훈련도 받지 않는다. 그러므로 방대한 자살유서 연구를 통해 구성된 타당성 있는 프로토콜 진술문을 바탕으로 대다수의 실제 자살유서에서 일관되게 나타나는 특징을 조사하는 실용적인 체크리스트는 사망수사 결과의 정확성을 높이는 데 도움이 될 수 있다. 리섹과 샤스키는 자살유서의 내용분석을 실시한 기존의 많은 연구의 프로토콜 진술문을 이용하여, 검증 가능한 도구로서 '자살유서 진위 체크리스트Suicide Note Authenticity Checklist: SNAC'를 개발했다.

보통 자살자 4명 중 1명만 유서를 남긴다(Joiner, 2005, 2010; Leenaars, 1988). "자살유서는 망자의 마음의 거울이다."(Leenaars, 1992: 338)라는 말이 있듯이, 유서에서 자살자의 사망 전 심리상태에 대한 실마리를 발견할 수 있다. 유서는 대개 자살 몇 분 또는 몇 시간 전에 쓰이며, 때로는 오랜 기간에 걸쳐 유서를 쓰고 수정하기를 반복하기도 하기 때문에, 자살한 배경이나 이유에 대해 구구절절하게 쓰여 있지는 않더라도 그 사람의 심리상태를 이해하기 위한 출발점이 될 수 있다. 자살자들의 유서에 나타난 전형적인 감정들은 다음과 같다.

- 나는 어떻게 해야 할지 모르겠어.
- 이렇게 하는 게 모두를 위한 최선이야.
- 내 인생은 망했어. 내가 정말 싫어.
- 이렇게 하고 싶지는 않지만, 나는 쓸모없는 인간이니까⋯⋯.
- 짐이 되고 싶지는 않아.
- 나는 다 실패했어.
- 내가 떠날 테니 당신은 이제 행복하기를 바라.
- 나는 그 사람 없이 살 수 없어.
- 나는 이렇게는 못 살겠어(현재의 어떤 조건, 질병, 허무함).
- 다른 방법이 없어.

한 청년은 단기간 동안 구치소에 수감 중일 때 이런 유서를 쓰고 자살했다. "저는 지하실에서 목숨을 끊습니다. 아무도 내려오지 마세요. 이런 모습을 누구에게도 보이고 싶지 않지만, 봤다면 어쩔 수 없지요. 우울증 때문은 아니고, 낙인찍히는 게 싫어서요. 저는 앞으로 사소한 잘못을 해도 경찰한테 잡혀갈까 봐 걱정하고, 일자리를 구하느라 전전긍긍해야 할 거예요. 이건 제가 원한 삶이 아니에요. 누구도 탓하지는 않아요. 죄송합니다."

어떤 이혼한 노파는 자신의 시신이 발견되기를 바랐는지 경찰에게 다음과 같은 유서를 남겼다. "사람들은 항상 내 인생을 가로막았어요. 내가 바라고, 더 이상 살 이유가 없을 때 세상을 떠나는 것이 가장 좋은 것 같군요. 지금보다 더 확신이 든 적은 없었다오."

때로 행동은 말보다 더 큰 울림을 줄 수 있다. 일례로, 3년 동안 자살 일기를 쓰면서 자신의 만성 우울증을 호소한 대학생과, 달리는 기차에 뛰어들기 전 핸드폰 메시지에 '안녕'이라는 한마디를 적어 놓고도 전송하지 않은 15세 소년의 사례를 보면 그렇다. 동반자살한 사람들은 곧잘 유서를 남기지만(Fishbain, D'Achille, Barsky & Aldrich, 1984), 대부분의 자살자는 그렇지 않다.

자살유서를 남기는 사람들은 다른 사람에게 어떤 '이야기'를 하려고 하는 경우가 많다. 유서를 통해 어떤 이는 분노를 표출하고, 어떤 이는 사과를 하며, 어떤 이는 이것이 최선이라 하고, 어떤 이는 자신의 사랑을 전하기도 한다. 또 어떤 이는 자신의 죽음이 다른 사람들에게 피해가 되지 않기를 바라고, 어떤 이는 누군가를 처벌하거나 비난하기를 바라며, 어떤 이는 자신의 죽음을 통한 마지막 바람이나 자신의 존재에 대한 철학적 사유를 갈구하기도 한다. 유서는 한 단어나 여러 장의 문서 또는 여러 권의 노트로도 남겨질 수 있다. 유서의 형식도 일기, 문자, 음성메시지, 사회관계망 서비스SNS 메시지, 문신, 시, 음성 녹음이나 동영상 등 다양하다. 수사관은 시신 주변이나 노트북, 자동차, 사물함, 심지어 우편물에서 유서를 발견하기도 한다.

집 안 전체에 접착 메모지를 붙여 유서를 남긴 여성이 있는가 하면, 헝겊에 자수를 놓아 유서를 남긴 여성도 있다. 유서에 지불해야 할 영수증, 은행계좌나 핀PIN 번호, 세탁기 사용 설명서 등이 포함된 경우도 있다. 어떤 사람들은 자신의 몸에 문신을 새겨 유서를 남기기도 하고, SNS에 자신의 자살유서를 올리기도 한다. 벽면 크기의 포스터에 검정색 마커로 유서를 적어 놓은 경우도 있고, 자신이 좋아하는 책 사이에 유서를 끼워 넣고 누군가 그것을 발견하기를 바라는 경우도 있다.

많은 연구자가 심리부검을 수행하고 그것에 대해 논의하고 있지만, 자살유서의 역할, 특히 실제 자살유서와 누군가에 의해 쓰인 위장 자살유서staged note를 구별하는 방법에 대해서는 거의 주목하고 있지 않다. 아시나스 등(Acinas, Robles, & Pelaez-Fernandez, 2015)은 심리부검에서 자살유서의 역할에 대해 구체적으로 검토했다. 그들은 전형적인 자살유서의 유형을 분류했지만, 위장사망사건staged death event에 대해서 허위 자살유서의 가능성 정도만 언급했다. 그들이 제시한 자살유서의 유형은 고별, 설명, 비난, 용서의 갈구, 정당화로 나뉜다. "폐를 끼쳐서 죄송합니다." 한 10대 소년이 쓴 이와 같은 짧막한 유서에서도 자살의 실마리를 찾아볼 수 있다. "그동안 진 빚을 갚고 싶어서 내 차를 자네에게 양도했다네."와 같은 설명이 담긴 유서와 "나는 너무 오랫동안 외로웠고 더 이상은 그러고 싶지 않아."와 같은 절규가 담긴 유서는 다르다. 자살유서를 숨겨 놓는 사람과 거울에 립스틱으로 자살 메시지를 휘갈겨 써 놓는 사람은 다르다. 리나스(Leenaars, 1992: 339)는 "자살유서는 자살자의 생각과 연결된 그들의 삶을 우리에게 제공한다."라고 언급했다. 자살유서의 진위를 좀 더 깊이 있게 가늠하기 위해 심리부검이 수반된다면, 보다 철저한 사망수사가 실시될 수 있을 것이다(사망자 근처에서는 단순 메모나 서류 등 자살유서가 아닌 글뿐만 아니라 위장된 유서로 볼 수 없는 문서 등도 발견되기 때문에, 이 책에서는 '진짜 자살유서authentic note'와 '가짜 자살유서inauthentic note'라는 용어보다 '실제 자살유서genuine note'와 '비실제 자살유서nongenuine note'라는 용어를 사용한다).

1장에서 설명한 바와 같이, 자살유서 연구는 자살학 영역의 지평을 열었다. 슈나이드먼과 패버로(1957)가 그 첫걸음을 내디딘 것이다. 그들은 실제 자살유서의 차별적 특징을 탐구하기 위해 실험 연구를 실시했다. 슈나이드먼은 처음부터 자살유서의 내용이 자살자의 심리상태를 판단하기 위한 값진 자료가 될 것이라고 예상했지만, 대부분의 자살유서는 이러한 예상을 확실히 뒷받침하지 못했다. 많은 자살유서의 내용은 엇비슷했고 어떤 의미를 찾기에는 지나치게 짧았다. 그 후 자살학에 대한 오랜 연구 경험을 통해 슈나이드먼(1993)은 자살유서는 장기간의 노력을 통해 사망자의 전 생애적 맥락 속에서 이해되어야 한다는 결론을 내렸다.

자살유서를 탐구하기 위한 몇 번의 시도 끝에, 리나스(1988)는 대규모 질적 연구를 실시했다. 그는 슈나이드먼과 패버로의 연구에 사용된 실제 자살유서와 모의 자살유서를 포함해 1940년대부터 1980년대 중반까지의 자살유서 및 일기 형식의 기록물들을 수집했다. 그리고 표준화된 자살유서 분석 프로토콜을 개발하는 데 목적을 두고 자살자의 대인관계, 심리적·인지적 상태, 인구통계학적 특성 등을 분석했다. 또한 1984~1985년 동안 LA 검시관실(현재는 LA 카운티 법의관-검시관부LA County Department of Medical Examiner-Coroner)을 통해

33개의 실제 자살유서를 추가적으로 수집했다. 이러한 자료들을 분석한 결과, 과거 40년 동안 미국은 사회적 격변을 겪었음에도 대부분 자살 기록물의 내용에는 큰 변화가 없었음을 발견했다. 다만, 1980년대의 자료에서 자살자들의 양가감정은 덜 나타난 반면, 선택결정 능력의 결여는 더 많이 나타났다.

　내러티브 분석은 연구자의 주관적 접근방식과 과학적 엄격성의 부족으로 인해 비판을 받곤 한다. 이러한 분석의 목적은 "분석자료와 사회적 현실 간의 관계를 이해"하는 것이다(Neurendorf, 2017: 11). 이것은 분석자료에서 프로토콜 진술문 개발에 필요한 구체적 요소들을 객관적이고 체계적으로 파악하여 추론을 이끌어 내는 방법이다. 프로토콜 진술문protocol statement은 분석자료에서 ① 특정 단어 및 문구를 검색하여, ② 그것을 기본 범주형 단위로 표현을 바꾸어 조작화하는 것을 의미하며, 이는 자료 본래의 표현을 가능한 한 자연스럽게 유지하고 필요한 항목의 수집과 비교가 용이하도록 조작화하기 위한 것이다(Neurendorf, 2017). 따라서 프로토콜 진술문은 연구자들이 여러 가지 문서에서 다양한 표현을 '의미 단위' 범주로 수집할 수 있도록 분석자료의 표현들을 유연한 구조로 해석하여 제시해야 한다. 특정 문구의 빈도는 측정하기 용이하지만, 연구자들의 풍부한 경험적 해석이 결여될 가능성이 크다는 점에 주의해야 한다. 분석자료의 본래 의미를 유지하기 위한 질적 관리는 결과의 타당성validity을 높일 수 있고, 적합한 기준척도는 빈도와 공통성을 바탕으로 주요 특징들을 구성할 수 있다(Neurendorf, 2017). 이것이 자살유서 내용 분석 연구의 본질이다(Bennell & Jones, 2007).

　분석자료의 객관적 타당성은 숙련된 다수의 코더coder 간의 합의율을 높인다. 즉, 코더들은 자살유서에 담긴 의미 단위로 어떤 변수들을 적용할 수 있는지 판단해야 하는데, 객관적 타당성이 담보된 자살유서일수록 코더들 간의 코딩이 유사해질 수 있다. 이와 같은 과학적 연구를 수행하기 위해 리나스는 심리학적 교육훈련을 받은 코더들을 참여시켰다. 프로토콜 진술문에는 다음과 같은 내용이 포함될 수 있다. ① 자살자의 경멸적이고 적대적인 태도는 그 대상이 자신임을 증명한다. ② 인간은 자신이 상실한 사람에게 몰두한다. ③ 인간은 자살을 어떤 절박한 문제에 대한 해결책으로 바라본다.

슈나이드먼이 정의한 바와 같이, 실제 자살유서는 자살자가 쓴 진짜 유서이다. 비실제 자살유서는 네 가지 요소를 포함한다. ① 통제집단의 피험자가 쓴 모의 유서, ② 컴퓨터로 작성된 유서(웹사이트 포함), ③ 유서 데이터베이스를 구축하는 데 사용되는 대조 문서들, ④ (살인이나 자기색정사와 같은 사고사 등을) 자살로 위장하기 위해 쓴 유서가 그것이다. 예컨대, 여자친구를 살해한 후 자살한 남성이 그녀가 동반자살하기로 동의했다는 점을 나타내기 위해 자신과 여자친구의 이름으로 2개의 유서를 쓴 경우도 비실제 자살유서에 해당된다. 또한 사망자가 작성한 시 등의 창작물은 실제 자살유서로 착각하기 쉽다.

이러한 자살유서 연구의 토대를 마련하기 위해, 리나스는 10명의 저명한 이론가의 연구를 바탕으로 자신의 자살유서 데이터셋에서 각각 10개의 진술문장을 만들어, 총 100개의 프로토콜 진술문을 생성했다. 이것은 10명의 전문가가 참여하여 평가자 간 신뢰도interjudge reliability 검증을 통해 도출된 결과이기는 하지만, 여기에는 이론 간의 불일치로 인한 문제가 상존할 수 있다.

다음 단계로, 리나스는 프로토콜 진술문에 나타난 공통요소들을 파악하기 위해, 전체 진술문에서 23개의 공통된 진술문을 추출했다. 그리고 실제 자살유서에서 훨씬 더 자주 나타나는 18개의 진술문도 추출했다. 이처럼 자살유서 데이터셋과 실제 자살유서에서 모두 나타난 최종 5개의 진술문은 "예측성이 높고 차별화된" 것으로 분석되었다(p. 173). 그는 이것을 이용하여 〈표 3-1〉과 같이 자살유서에 공통적으로 나타난 요소를 다섯 가지 범주로 구분했다.

리나스(1992)는 자살을 예측하고, 실제 자살유서와 비실제 자살유서를 구별하기 위한 범주가 완성될 때까지 자신의 프로토콜 진술문을 계속 결합하고 확장했다. 이를 통해, 실제 자살유서와 관련된 임상적 요인으로 정신적 긴장psychic tension, 정신 혼동mental confusion, 충족되지 않은 욕구, 적대감, 허무함,

표 3-1	리나스의 자살유서 공통요소 범주화

1. 자살유서에는 사망자와 주변 사람들 간의 의사소통이 반영된다.
2. 자살유서는 관계의 중요성이 강조된다.
3. 자살유서에는 사망자의 감정상태가 드러난다.
4. 자살유서에는 사망자의 인지상태를 짐작할 수 있는 표현과 사고과정이 나타난다.
5. 자살유서에는 사망자의 분열성 또는 자기애성 성격이 반영된다.

의존성, 인지적 수축 및 체념이 확인되었다.

대체로 자살시도자들이 스스로를 대처능력이 없는 나약한 인간으로 여긴다는 점을 제외하고는 남성과 여성, 또는 자살시도자와 자살사망자 간의 차이는 발견되지 않았다. 청년층의 자살유서인 경우, 공통요소 범주 중 일부가 생애 후반에만 나타났다는 점에서 다른 연령층의 자살유서와 차이점이 두드러졌다. 청소년들의 자살유서에서는 '나는 내가 원하는 것을 절대 가질 수 없다' 또는 '내가 시도한 일은 전부 실패했다'와 같은 양자택일의 절대적 관점에서 생각하는 경향이 있는 것으로 나타났다.

리나스는 이러한 연구들을 통해 서면 또는 구두 면담에 적용할 수 있는 35개 항목과 8개 하위척도로 구성된 '추론적 지표'로서, '자살 예측을 위한 주제별 가이드Thematic Guide for Suicide Prediction'를 개발했다. 이것은 특히 심리적 동요perturbation 및 치명성과 관련된 행동을 각각 낮음, 중간, 높음 단계로 평가·분석하여 자살행동을 예측하는 데 활용될 수 있다. 리나스는 하나의 지표가 자살 예측을 위한 해답이 될 수는 없으며, 보다 정확한 예측을 위해서는 다양한 유형의 평가방법이 필요하다고 결론지었다. 이와 같은 그의 접근방식은 후속 연구들에 영향을 미쳤다.

블랙(Black, 1993)은 슈나이드먼과 패버로의 연구방법과는 달리, 23명의 여성을 포함해 지역에서 18세 이상의 무보수 자원자 77명을 모집하여 모의실험군의 자살유서 데이터를 별도로 수집했다. 또한 피실험자의 연령도 90세까지 확대했다. 이 연구에서 블랙은 실제 자살유서가 더 길고 더 중립적인 내용을 담고 있으며, 좀 더 세부적인 설명과 사실이 기술되어 있고, 종교적 견해가 언급되었으며, 작성 날짜를 기입한 경우가 더 많다는 점을 발견했다. 반면 모의실험군의 자살유서에는 자신의 자살 이유나 양가감정에 대해 더 많이 설명하고, 단정적 표현을 사용하며, 도덕성을 언급하고, 우울증을 표출하며, 용서를 구하고, 자살에 대한 문화적 견해를 드러내는 경향이 나타났다.

그레고리(Gregory, 1999)는 비실제 자살유서와 구별되는 실제 자살유서의 아홉 가지 요소를 추출했는데, 그중 다섯 가지는 유서의 내용과, 나머지 네 가지는 유서의 구조와 관련된 것이다. 유서내용과 관련된 요소들은 자살자가 죽으려는 결심을 내면화하는 정도를 측정했다. 이 연구는 자살자가 쓴 실제 자살유서 51개와 모의실험 자원자가 쓴 비실제 자살유서 33개를 포함해 총 84개의 자살유서를 분석했다. 결과적으로 비실제 자살유서의 문장이 더 길고 동사와 명사가 더 적게 사용된 반면, 실제 자살유서는 좀 더 현실적이면서 자살자가 자신을 비난하는 경향이 더 적게 나타났다.

캘러넌과 데이비스(Callanan & Davis, 2009)는 유서를 남긴 자살자들은 대개 혼자 살고, 전에 자살협박을 한 적이 있음을 발견했다. 조이너 등(2002)은 자살자들이 인식하는 짐스러운 감정에 대해 조사한 바 있다. 코스터와 레스터(Coster & Lester, 2013)는 자살유서에서 가장 자주 표현되는 감정을 파악하기 위해 인지행동치료 이론을 바탕으로 공통된 인지정서 주제를 추출했다. 86개의 자살유서를 분석한 결과, 그러한 공통된 주제로 두 가지 유형의 우울을 비롯해 죄책감, 수치심, 상처, 분노가 도출되었다. 또한 이 연구에서 남성 자살자는 주로 죄책감을 표현한 반면, 여성자살자는 상처를 표현한 것으로 나타났다.

이 책의 서문에서 소개한 스티븐 포트 사건의 전말에 대해 다룬 한 보도기사는 그가 쓴 위장 자살유서를 공개했는데, 그는 자신의 피해자 중 1명이 다른 피해자를 우발적으로 살해하고 이를 비관하여 자살한 것처럼 내용을 꾸몄다. 당시 경찰은 이것을 실제 자살유서로 보고 사건을 종결했다. 경찰이 이와 같은 결론을 내려 범인이 잡히지 못할 뻔한 사건들은 꽤 많다(관련된 사례들은 4장에서 소개). 그러므로 현장에 남겨진 어떤 글이나 문서가 실제 자살유서인지 또는 범행을 은폐하기 위한 위장 자살유서인지를 파악하는 것은 매우 중요하다.

자살자의 20~25%가 유서를 남기고 그 비율이 일정하다면, 자살유서의 진위를 정확하게 평가하는 능력은 매년 8천~1만 건의 자살사건에 영향을 미친다(Leenaars, 1988; Shiori et al., 2005; Tavernise, 2016). 사망현장에서 발견된 자살유서의 진위를 판단하는 현장출동 경찰관들의 실제 자살유서 평가능력은 평이한 수준으로 나타났다(Snook & Mercer, 2010). 정신건강 전문가들조차 자살유서 판단의 정확성은 50~70%에 불과했는데, 이는 그들도 자살에 대한 문화적 신화를 사실로 받아들이기 때문이다. 그러나 그것의 대부분은 사실이 아니다(Joiner, 2010; Leenaars & Balance, 1984; Pestian et al., 2008).

자살유서 평가의 주요 단계에서 오류가 발생할 가능성이 있기 때문에 수사관들에게 교육훈련이 필요한데, 특히 종합적 심리부검이 요구되는 변사사건인 경우 더욱 그렇다. 현장출동 경찰관들을 위한 실용적인 체크리스트로서 자살유서 연구를 통한 타당하고 표준화된 진위판단 도구가 개발된다면, 수사 단계에서 큰 도움이 될 것이다. 이러한 도구는 사건현장 및 교육훈련 과정에서 추가 조사의 필요성에 대한 신속한 분석과 판단을 위해 활용될 수 있다. 앞서 언급한 자살유서 진위 체크리스트, 즉 SNAC이 그 좋은 예가 될 수 있다.

샤스키와 허들스턴(Chaski & Huddleston, 2012)은 전형적인 자살유서 분석 방식에 대한 문제점을 세 가지 측면에서 제기했다. 첫째, 사망현장의 외관이나 사망자의 지인은 현장에서 발견된 어떤 기록물이 유서인지의 여부를 최초로 판단하는 현장출동 경찰관에게 영향을 미칠 수 있다. 둘째, 시체에서 발견된 특정 유형의 외상은 법의학자 및 검시관들이 현장에 남겨진 기록물을 어떻게 해석할지에 영향을 미칠 수 있다. 셋째, 임상심리학자나 정신의학자의 자살유서 진위 판단의 정확성은 평균보다 조금 더 나은 수준이다(Leenaars &

Lester, 1991; Pestian et al., 2008; Snook & Mercer, 2010).

법언어학자인 샤스키는 리나스가 수집한 자살유서들을 검토한 후, 자동 언어 식별 및 평가 시스템의 일부로 '자살유서 평가 조사Suicide Note Assessment Research: SNARE' 소프트웨어를 개발했다. 그녀는 실제 자살유서 데이터베이스를 통해 자살유서 진위 평가가 필요한 기록물을 객관적으로 비교할 수 있는 방법을 고안했다. SNARE는 어떤 문서의 언어적 특징을 파악하고 산술적으로 계산하기 위해 전산적 언어분석computational linguistic analysis을 실시한다. 이를 통해 각 문서의 결과값을 수치로 나타내고, 실제 자살유서 또는 비실제 자살유서로 구분할 수 있다. SNARE는 유서내용이 짧을 때 80~88%의 정확성을 나타냈다. 유서가 길수록 명단, 연애편지, 설명서 등과 같은 비실제 자살유서에서 담고 있는 요소들이 포함될 확률이 높았다. 내용에 비실제 자살유서 요소들이 포함되어 있을 때 실제 자살유서의 19%가 비실제 자살유서로 오분류된 반면, 비실제 자살유서는 7%만 실제 자살유서로 오분류되었다. 즉, SNARE가 100개 문서의 진위 여부를 판단했을 때 14개가 오분류되는 셈이다 (2년 동안 검시관실을 통해 수집한 자살유서 28개를 가지고 진위 여부를 분석한 연구에서는 오분류 발생률이 71.4%로 정확성이 상당히 떨어졌다. 이는 많은 자살유서에서 오타가 발견되는데, SNARE에서는 오타를 수정하지 못하고 그대로 분석했기 때문인 것으로 보인다).

샤스키는 18~60세 중반의 남녀가 쓴 400개의 실제 자살유서를 수집했다. 이 유서들은 모두 영어로 쓰였으며, 2단어에서 1,500단어로 작성되어 있었다. 이 중 133개는 45단어 미만으로, 231개는 100단어 미만으로 작성되었다. 실제 자살유서와 대조하기 위해, 샤스키는 500개의 비실제 자살유서 데이터베이스도 구축했다. 이 데이터베이스의 문서들은 사랑고백, 사과, 협박, 불만, 명단, 사용설명, 업무내용, 기타 일상대화 등의 내용을 담고 있다. SNARE에서는 다른 법의학적 또는 의료적 서류들은 제외하고, 이 자료들만 가지고 분석을 실시했다.

SNARE 기본 소프트웨어와 함께, 진위가 확인되지 않은 자살유서와 상세 비교를 하여 실제 자살유서를 찾는 데이터베이스 검색엔진 SNARE-Quals를 통해 정밀분석을 실시할 수 있다. 데이터베이스에 저장된 모든 실제 자살유서는 특정 주제에 따라 분류할 수 있는데, 예를 들어 '자기비난' 또는 '적대감'과 같은 특정 주제로 검색하면 이것을 포함한 실제 자살유서 목록이 출력된다. 그러면 이 실제 자살유서들과 진위가 확인되지 않은 자살유서를 비교할 수 있다.

SNARE-Quals 데이터베이스에서 산출된 결과는 리나스나 다른 자살유서 연구자들이 분석했던 주제과 비교 가능할 뿐만 아니라 SNAC을 통한 빈도분석 결과와도 비교할 수 있다. 이러한 데이터베이스를 활용하면, 자살유서에 자주 나타나는 특정 주제들의 빈도를 측정하고 다른 형태의 문서들과 비교할 수 있는 표준화된 방법을 개발할 수 있다.

샤스키는 자살 여부가 의심되는 다음과 같은 사건을 의뢰받은 적이 있다. 2012년 6월, 싱가포르에서 컴퓨터 엔지니어로 일하고 있던 미국인 셰인 토드Shane Todd가 자택에서 목을 매 사망한 사건이 발생했다. 경찰은 유가족에게 그가 유서를 남기고 욕실문의 고정장치에 목을 매달아 자살했다고 설명했다. 유가족은 사망현장에서 컴퓨터로 작성한 5장의 유서가 발견되었다는 점을 받아들이지 않았다. 그 유서에는 평소 그가 절대 하지 않았던 일들에 대해 언급되어 있었고, 그가 쓰지 않는 표현이나 말투가 담겨 있었기 때문이다. 그의 어머니는 아들이 사망 전 근무하던 중국 회사에서 맡은 한 민감한 프로젝트로 인해 일상생활이 두렵고 가족과 다시는 만나지 못할 것 같다는 말을 한 적이 있다고 했다. 당시 그는 어머니에게 회사가 자신에게 미국 안보를 침해하는 일을 하도록 요구했고, 조만간 고향으로 돌아가 새 직장을 찾을 것이라고 말했기 때문에, 귀국을 결심한 것으로 보였다. 토드의 여자친구는 사망 전 8개월 동안 그가 우울하고 답답해했다고 진술했다. 그를 진료한 정신과 의사도 소량의 항우울제만 처방했을 정도로, 그가 자살할 만큼 상태가 심각하지 않았다고 했다(La Rosa, 2014).

그의 부모는 아들이 사망한 아파트 내부를 샅샅이 살펴보았지만 경찰의 조사결과가 사실이라는 어떠한 증거도 찾지 못했고, 오히려 그가 귀국하기 위해 정리해 놓은 짐들을 발견할 수 있었다. 그 후 경찰은 최초 조사결과를 다소 번복했지만, 사인은 바뀌지 않았다. 사망현장이 철저히 조사되었는지에 대해 의문을 품고 있던 토드의 부모는 아들이 사망한 지 3일 후 그의 컴퓨터 파일이 검색되었고, 모두 업무 관련 파일이었다는 사실을 뒤늦게 확인했다. 이에 대해 경찰은 수사활동의 일부로 그의 컴퓨터 파일을 검색했다고 해명했다. 그의 부모는 사건의 진실을 파악하기 위한 시도가 계속 무산되자, 아들의 부검 보고서와 시신 촬영 사진에 대한 재검토를 한 법의학자에게 의뢰했다. 그는 토드의 손과 이마에 타박상이 있고, 끈으로 목이 졸린 흔적이 있는 점을 들어 살해된 것으로 보인다는 소견을 밝혔다(이후 그는 이 소견을 철회했다). 2주간 진행된 검시관 심리에서는 그의 컴퓨터에서 교수형 매듭에 대한 정보를 수집하기 위해 자살 사이트에 반복적으로 접속한 기록이 발견된 반면, 허위 자살유서를 업로드하기 위해 컴퓨터를 해킹한 흔적은 발견되지 않았다는 증거가 제시되었다. 부모가 고용한 법의학자가 경찰이 철회한 수사보고서 원본을 법원에 제출했음에도, 미 대사관은 다른 2명의 법의학자가 작성한 보고서를 근거로 그의 사망을 자살로 단정했다. 또한 증거 분석 결과, 토드가 목을 맨 끈에서 다른 사람의 DNA가 발견되었으나, 싱가포르 정부는 실무관행을 내세워 해당 증거물을 파기했다("Spies, Lies and Secrets," 2014).

그의 부모는 언어학 전문가 2명에게 자살유서로 추정되는 문서의 분석을 의뢰했고, 그들은 그 문서가 토드가 작성한 것이 아닐 가능성이 높다는 결론을 내렸다(Todd & Vilegas, 2014). 샤스키는 SNARE 소프트웨어 프로그램을 통해 분석을 실시하여, 해당 문서에서는 데이터베이스에 저장된 400개의 실제 자살유서에서 나타나는 특징이 발견되지 않았으며, 토드가 사망 전 수개월 전부터 컴퓨터에 작성한 문서 가운데 어떠한 것도 자살유서라 할 만한 것은 없었다는 결과를 제시했다. SNARE 프로그램에는 교차문화적 언어기능이 탑재되어 있기 때문에, 해당 문서가 비영어권자에 의해 쓰였다는 점을 확인할 수 있었다. 분석을 의뢰받은 또 다른 법의학자인 데이비드 캠프David Camp 박사도 토드와 다른 문화적 배경을 가진 사람이 해당 문서를 작성한 것으로 판단했다. 독특한 표현, 감정이나 개성의 결여, 특정 가치의 강조, 수동태 문장의 사용은 문서의 작성자가 아시아인이나 중동인임을 암시했다(Camp, n.d.). 이러한 항목들은 토드가 평소 글을 쓰는 방식과 상충되었다. 게다가 그는 근무했던 회사와의 불화로 인해 사직하려 했음에도 불구하고, 해당 문서에서 회사에 대한 고마움을 전하고 있었다(위장 자살유서에서 범인들은 긍정적으로 언급되곤 한다).

　이 사건은 자살로 추정되는 사건의 수사에서 다수의 독특한 점들이 발견되었다면, 이는 실상 타살일 가능성이 있음을 시사한다. 또한 이 사건을 통해 사망현장에서 수사관들이 사인을 파악하는 데 사용할 수 있는 실용적인 평가도구가 필요하다는 점을 확인할 수 있다.

7. 자살유서 진위 체크리스트SNAC

　리섹과 샤스키는 SNARE 데이터베이스에 저장된 400개의 실제 자살유서에, 앞서 설명한 선행연구들의 실제 자살유서와 2015~2016년 노샘프턴 카운티 검시관실에서 수집한 28개의 실제 자살유서를 추가했다. 비실제 자살유서에는 SNARE 데이터베이스상의 500개의 통제집단 유서와 선행연구에서 수집된 33개의 모의 자살유서, 그리고 자살로 위장한 살인사건에서 발견된 십여 개의 허위 자살유서가 포함되었다. 그들은 이 프로젝트에서 선행연구들이 수집한 실제 자살유서에 가장 자주 나타나는 주제들을 이변량 빈도분석 결과로 제시했다. 이를 통해 실제 자살유서와 비실제 자살유서에서 나타난

특징들을 추출한 자살유서 진위 체크리스트, 즉 SNAC을 개발했다. SNARE와
는 달리, SNAC은 중립적인 내용을 담은 대조 문서가 아닌, 위장 자살유서나
모의 자살유서를 바탕으로 한 것이다. SNAC의 목적은 수사관들이 사망현장
에서 발견된 문서의 자살유서 여부를 명확하게 파악하도록 지원하는 것이다.

SNAC에는 실제 자살유서의 특징적 요소들이 나열되어 있고, 빈도분포를
통해 실제 자살유서에서는 드물게 나타나는 요소들을 확인할 수 있는데, 이
것은 비실제 자살유서에서 나타나는 요소들이라고 할 수 있다. 다시 말해, 어
떤 요소들이 대다수의 자살유서에서는 거의 나타나지 않는 반면 의심스러운
자살유서에서 나타난다면, 그것은 비실제 자살유서일 가능성이 높다는 신호
이다. 자살유서를 남긴 사망자의 평소 행동도 이와 마찬가지이므로, SNAC
목록에 추가되었다.

〈표 3-2〉와 같이 SNAC에는 총 63개의 요소가 열거되어 있다. SNAC에
서 활용한 비실제 자살유서의 개수나 분석요소가 많지 않았기 때문에, 비실
제 자살유서의 특징적 요소들에 선행연구에서 제시된 위장 자살유서 및 모의
자살유서 요소들을 포함시켰다(Black, 1993; Leenaars & Lester, 1991; Snook &
Mercer, 2010). 향후 연구에서는 이러한 요소들을 타당화하거나 제거할 수 있
다. 이러한 연구에 대한 관심이 높아질수록 실제 자살유서 평가에 대한 정확
성도 향상될 것이다. 보다 객관적인 정보는 SNARE 데이터베이스를 통해 얻
을 수 있다.

선행연구와 노샘프턴 카운티 검시관실에서 수집된 유서들을 분석하여
SNAC의 주제분석 결과와 비교한 후, SNAC에 있어야 하는 요소와 그렇지 않
은 요소를 구별하기 위해 숫자 코드를 부여했다(〈표 3-2〉 참조).

| 표 3-2 | SNAC의 빈도분포표 |

실제 자살유서의 잠재적 인지 · 정서 요소			
의미 단위	개수	빈도(%)	코드
1. 트라우마	59	63	3
2. 좌절된 욕구	39	42	2
3. 참기 힘든 괴로움	35	37	2
4. 부적응	32	3	2
5. 자살을 유일한 해결책으로 인식	11	12	1
6. 목숨보다 현 상황을 벗어나고자 하는 갈망이 더 큼	5	5	0
7. 불안정한 삶을 견디기 어려움	26	28	1
8. 에너지가 고갈된 느낌	30	32	2
9. 상실한 사람이나 우상에 대한 집착	25	27	1
10. 비현실적인 욕구	20	21	1
11. 지나친 의존성	8	8.5	0
12. 관계의 단절 또는 관계 구축의 실패	29	31	2
13. 극복할 수 없는 부당함	6	6.3	0
14. 성공을 내다보기 어려움	23	24	1
15. 사람들과의 관계 단절	33	35	2
16. 허망함, 무망감, 무력감, 암울함	63	67	3
17. 다른 선택지가 없다고 인식	17	18	1
18. 내재된 분노, 자기비하, 자기징벌	22	23	1
19. 공격성, 앙심, 상해	28	30	2
20. 유서내용의 불일치로 인한 모순	7	7.4	0
22. 도취된 감정	2	2	0
23. 나약함, 능력의 한계, 패배감	34	36	2
24. 살아야 할 이유가 없다고 인식	11	12	1
25. 자살에 대한 왜곡된 정당화	8	8	0
26. 사랑의 표현	24	25	1
27. 용서를 구함	31	32	2
28. 두려움을 드러냄	21	22	1

29. 답답함/짜증	40	42	2
30. 보장되지 않는 권리	14	15	1
사망자의 행동 요소			
31. 일상생활과 일치하는 유서내용	85	90	3
32. 위축된 사고	71	76	3
33. 경직성, 강박관념, 집착	61	65	3
34. 미성숙함	24	26	1
35. 비현실적 욕구	21	22	1
36. 독거	정보 없음		
37. 이전의 자살시도	56	60	3
38. 사실에 대해 기술	24	26	1
39. 지시사항을 제시	61	65	3
40. 장문의 유서	22	23	1
41. 종교적 발언	10	11	1
42. 중증 정신장애(조현병, 양극성 장애, 강박장애)	25	27	1
43. 중립적 내용	52	55	3
44. 유서 작성일 기입	정보 없음		
비실제 자살유서의 잠재적 요소[a]			
	개수	빈도(%)	코드
의미 단위			
1. 자살 이유 기록	17	18	1
2. 유서내용과 상황의 불일치	9	9.5	0
3. 양가감정 표현	8	8	0
4. 우울 증세에 대해 구체적으로 설명	17	18	1
5. 절대적인 단어 사용('전혀' '항상')	15	16	1
6. 자살의 도덕성에 대해 논함	4	4	0
7. 편향된 내용	11	12	1
8. 지시사항 없음	14	15	1
9. 인지적 수축 없음	7	7	0
10. 동거인 있음	정보 없음		

11. 주요한 정서적 완충장치 있음	정보 없음		
12. 자살시도 이력 없음	37	40	2
13. 짐스러운 감정 없음	5	5	0
14. 사랑에 대한 표현 없음	24	25	1
15. 유서 작성일 없음	정보 없음		
16. 두려움 없음	19	20	1
17. 평소답지 않은 표현 사용	2	2	0
19. 희망을 표현	3	3	0

참조: 자살유서 진위 체크리스트SNAC

a: 선행연구에서 확인된 모의 또는 허위 자살유서의 주요 요소에 근거함.

어떤 유서들은 하나 이상의 주제를 갖기도 한다. 분석된 94개 실제 자살유서의 10% 미만에 나타난 주제인 경우에는 0으로, 10~30%에서 나타난 경우에는 1로, 30~50%에서 나타난 경우에는 2로, 50% 이상에서 나타난 경우에는 3으로 코딩되었다. 표에서 '실제 자살유서'에 열거된 SNAC 요소들은 빈도가 높은 2나 3으로 코딩된 요소들 가운데에서 선별된 것이다. '비실제 자살유서'에 열거된 요소들에는 선행연구들에서 위험신호로 간주된 행동이나 내용과 더불어, 실제 자살유서 코드가 0으로 부여되어 '비실제' 자살유서로 분류된 것이 포함되었다. 즉, 실제 자살유서에서 거의 나타나지 않는 요소들이 포함된 문서나 글은 그것이 비실제 자살유서라는 위험신호가 될 수 있다.

이러한 분석을 통한 SNAC의 결과가 〈표 3-3〉에 제시되어 있다. 검시관실을 통해 수집된 실제 자살유서에는 적대감은 거의 드러나지 않고 용서를 구하는 내용이 더 많이 나타나는 등 선행연구 결과와 몇 가지 차이점이 있다. 이와 같은 SNAC 요소들은 향후 좀 더 검증된 실제/비실제 자살유서들의 요소들과 비교될 수 있으며, 타당화를 통해 새로운 요소들로 대체될 수도 있을 것이다.

| 표 3-3 | SNAC의 특징적 요소 비교 |

실제 자살유서	비실제 자살유서
1. 트라우마, 정신적 고통, 상실감에 대한 인식	1. 유서내용과 상황의 불일치
2. 좌절된 욕구	2. 자살의 이유 설명
3. 허망함, 무망감, 무력감, 암울함	3. 자살의 도덕성에 대해 논함
4. 유서내용과 상황의 일치	4. 양가감정 표현
5. 위축된 사고/선택의 여지 없음	5. 정서적 완충장치 있음, 패배감 없음
6. 경직성, 강박관념, 집착	6. 유서에 서명 없음
7. 자살시도 경험 있음	7. 절대적인 단어로 표현
8. 지시사항 제시/중립적인 내용	8. 제3자에 대해 언급함
9. 자기비난	9. 동사와 명사 수가 적음, 긴 문장
10. 견딜 수 없는 괴로움	10. 공들여 사과함
11. 적응의 어려움	11. 사망자 곁에서 유서 발견
12. 절망감	12. 중립적인 내용이나 지시사항 없음
13. 공격성, 앙심, 상해	13. 자살시도 경험 없음
14. 용서를 구함	14. 인지적 수축 없음
15. 관계의 단절	15. 평소답지 않은 표현

일반적으로 검시관이나 법의관들이 사망사건의 맥락적 측면에서 자살유서를 해석한다. 그러나 소규모 관할지역에서는 경찰관이나 검시조사관이 최초 해석을 한다. 스눅과 머서(Snook & Mercer, 2010)는 자살유서의 진위를 판단하는 경찰관들의 능력이 우연에 가까운 정도였다고 분석했다. 즉, 그들은 36명의 경찰관에게 30개의 자살유서를 읽도록 했는데, 그중 절반은 실제 자살유서였고 나머지 절반은 모의 자살유서였다. 이 자살유서의 진위 확률은 50 대 50인 것이다. 경찰관들은 유서가 가짜라는 결론을 내리는 데 있어서 다음 두 가지 요소에 주목했다. '나는 ~라고 생각한다' 또는 '나는 ~라고 느낀다'와 같은 문장의 사용, 그리고 자살 이유에 대한 설명의 부재이다. 그러나 그들은 이 두 가지 점에서 모두 틀렸다. 일부 경찰관은 진짜 자살유서에는 긍정적인 내용이 담겨 있지 않을 거라고 생각했지만, 이 역시도 잘못된 것이다

(긍정적인 내용이 담긴 자살유서를 진짜 유서로 받아들이지 못하는 것은 유가족들도 마찬가지이다). 이런 경우가 소수라고 해도, 자살의 복잡 미묘함에 대해 교육훈련을 받은 경찰관은 거의 없고, 그들의 그릇된 판단에 사회적 관념이 반영되는 경향이 있는 것이 현실이다(Leenaars & Lester, 1991). 알바이트와 블랫(Arbeit & Blatt, 1983)의 연구에서도 실제 자살유서와 모의 자살유서를 구분한 피험자는 거의 없는 것으로 나타났다. 다음은 사망자 근처에서 발견된 글 한 문장을 가지고 경찰이 역치 진단을 내려 결국 수사에 실패한 사례이다.

2007년 6월 2일, 휴즈 드 라 플라자Hughes de la Plaza는 샌프란시스코에 있는 자신의 아파트에서 칼에 찔려 숨진 채 발견되었다. 그는 세 차례 재빠르게 칼에 찔린 것으로 보였는데, 사건현장의 몇 가지 모호한 증거로 인해 수사는 혼선을 빚었다. 우선 혈흔이 집 안팎에서 발견되었고, 시체가 발견된 장소에는 사방에 핏자국이 있고 가구가 뒤집혀 있어 몸싸움이 있었음을 짐작하게 했다. 그의 시계는 손목에서 거칠게 잡아 뜯겨져 시체 밑에 놓여 있었다. 집의 앞문과 뒷문은 모두 잠겨 있었다. 피 묻은 족적 하나가 집 안에서 발견되었는데, 이는 사망자의 것으로 확인되었다(Ferenc, 2009; McKinley, 2009).

감정 결과, 현장에서 발견된 모든 혈흔은 사망자의 것으로 확인되었다. 집 안에서 범행에 사용된 흉기는 발견되지 않았지만, 거실 탁자 위에서 한 문장의 글이 발견되었다. 휴대폰 옆에 있던 메모장에 "영원히 살 것처럼 배우고, 내일 죽을 것처럼 살아라."라고 적혀 있었던 것이다. 이 글과 잠긴 문들을 확인한 경찰은 사건을 자살로 간주했다(Gellman, 2009). 당시 언론은 경찰이 반대 증거는 무시하고 사망자의 삶에 대한 피상적인 조사만 했다고 보도했다.

그러나 휴즈의 삶에서 어떠한 자살 징후도 발견되지 않았다. 지인들은 그가 사망 당일 밤에 승진을 자축하고 있었고, 다음 날에도 일정이 있었다고 일관되게 진술했다. 그를 6개월 동안 보지 못한 전 여자친구는 4년 전 헤어진 일로 그가 우울해했다고 진술했는데, 경찰은 이것이 그가 목숨을 끊은 충분한 이유가 된다고 보았다. 그러나 전 여자친구는 그가 자살하지 않았다고 확신했다. 사망 당시 그는 술에 취해 있었지만, 평소 약물에 손을 대지는 않았다. 몇몇 이웃은 형사가 질문을 하기 전부터 이 사건은 자살이라고 단정 지었으며, 소음과 발자국 소리가 들렸다는 자신들의 진술을 무시했다고 했다. 3명의 사립탐정은 이것은 살인사건이며, 그 글은 자살유서가 아니라 마하트마 간디Mahatma Gandhi의 명언일 뿐이라고 판단했다(Spicuzza, 2007). 당시 이 사건의 관할 경찰서장이었던 조지 개스콘George Gascone은 외부기관에 이 사건의 분석을 의뢰했는데, 초동수사에서 그의 사망 종류를 잘못 판단했다는 오류가 발견되었다(van Derberken, 2008). 현장출동 경찰관들이 그 글을 자살유서로 확신하지 않고 가능성만 인정했다면, 수사가 좀 더 신중하게 진행되어 세부적인 증거들을 수집할 수 있었을 것이다.

이와 유사한 사건으로, 2015년 11월에 발생한 14세 소녀의 사망사건이 있다. 당시 현장에서 수사관들은 음울한 어조로 분열된 자아에 대해 쓴 여러 편의 시를 발견했다. 그들은 자살의 잠재적 증거로 그 시들을 수집했지만, 부검 결과 그 소녀는 희귀 질환에 의한 심장마비로 사망했다고 판정되었다. 이처럼 수사관들은 현장에서 발견된 모호한 글을 자살을 뒷받침하는 증거라고 생각할 수 있다. 이 사건에서 부검 결과가 확실하지 않았다면, 수사는 자살로 결론지어져 유가족들을 더욱 비통하게 만들었을 것이다.

8. 요약

심리부검은 자살학을 바탕으로 하는 분야이다. 자살학자들은 독특하고 기이한 자살사건을 포함한 방대한 문헌들을 숙지함으로써 수사관들에게 유용한 자문을 제공할 수 있다. 자살의 심리구조suicidal mindsets를 좀 더 깊이 이해하기 위해서는 연쇄자살 및 집단자살, 자살유서 등을 포함한 다양한 자살행동에 대해 연구해야 한다. 다음 장에서는 사망사건에서 나타날 수 있는 또 다른 국면으로서 위장사망에 대해 살펴보도록 한다.

9. 참고문헌

Acinas, P., Robles, J., & Pelaez-Fernandez, M. (2015). Suicide note and psychological autopsy: Associated behavioral aspects. *Actas Españolas de Psiquiatría, 43*(3), 69-79.

Arbeit, S., & Blatt, S. (1983). Differentiation of genuine and simulated suicide notes. *Psychological Reports, 33,* 283-293.

Beekman, D. (2014, May 26). Elliot Rodger wrote manifesto on his hate for women and his vindictive scheme prior to deadly rampage. *New York Daily News.* Retrieved from http://www.nydailynews.com/news/national/maniac-writes-manifesto-prior-deadly-rampagearticle-1.1805474

Black, S. (1993). Comparing genuine and simulated suicide notes: A new perspective. *Journal of Consulting and Clinical Psychology, 61*(4), 699-702.

Callanan, V. J., & Davis, M. S. (2009). A comparison of suicide note writers with suicides who did not leave notes. *Suicide and Life-Threatening Behavior, 39*(5), 558-568.

Campman S. C., Springer, F. A., & Henrikson, D. M. (2000). The chain saw: an uncommon means of committing suicide. *Journal of Forensic Science, 45,* 471-3.

Chaski, C. E., & Huddle, D. (2012). *Is this a real suicide note? Authentication using statistical classifiers and computational linguistics.* Presentation, American Academy of Forensic Sciences, Atlanta, GA.

Chung, J. (2015, December). The Silicon Valley suicides. *The Atlantic.* Retrieved from https://www.theatlantic.com/magazine/archive/2015/12/the-silicon-valley-suicides/413140/

Conroy, M. A., & Murrie, D. C. (2008). *Forensic assessment of violence risk.* Hoboken, NJ: Wiley.

Constable, B. & Felis, L. (2015, November 23). Special report: Gliniewicz' final hours as he staged his 'hero' cop death. *Daily Herald*. Retrieved from http://www.dailyherald.com/article/20151122/news/ 151129722/

Coster, D., & Lester, D. (2013). Last words: Analysis of suicide notes from an RECBT perspective: An exploratory study. *Journal of Rational Emotive Cognitive-Behavioral Therapy, 31*, 136-151.

Ferenc, M. (2009, February 11). Review of death scene/autopsy findings of Mr. Hughes de la Plaza. SFPD case *070-557-605*.

Fishbain, D., D'Achille, L., Barsky, S., & Aldrich, T. (1984). A controlled study of suicide pacts. *Journal of Clinical Psychiatry, 45*, 154-157.

Freuchen, A., & Groholt, B. (2015). Characteristics of suicide notes of children and young adolescents: An examination of the notes of suicide victims 15 years and young. *Clinical Child Psychology and Psychiatry, 20*(2), 194-206.

Geberth, V. (2015). *Practical homicide investigation: Tactic, procedures and forensic techniques,* 5th ed. Boca Raton, FL: CRC Press.

Gellman, J. (Producer). (2010). A case for murder [Television series episode]. *48 Hours,* New York: CBS Broadcasting.

Gregory, A. (1999). The decision to die: The psychology of the suicide note. In D. Canter & J. A. Laurence (Eds.), *Interviewing and deception* (pp. 127-157). Dartmouth, England: Ashgate.

Hoffer, E. (1951). *The true believer: Thoughts on the nature of mass movement.* New York: Harper & Row.

Joiner, T. E. (2005). *Why people due by suicide.* Cambridge, MA: Harvard University Press.

Joiner, T. E. (2010). *Myths about suicide.* Cambridge, MA: Harvard University Press.

Joiner, T. E., Pettit, J. W., Walker, R. L., Voelz, Z. R., Cruz, J., Rudd, D., & Lester, D. (2002). Perceived burdensomeness and suicidality: Two studies on the suicide notes of those attempting and those completing suicide. *Journal of Social and Clinical Psychology, 21*(5), 531-545.

Jones, N. J., & Bennell, C. (2007). The development and validation of statistical prediction rules for discriminating between genuine and simulated notes. *Archives for Suicide Research, 11*, 219-233.

LaRosa, P. (2014, September 2). Experts: Engineer found dead didn't write suicide notes. *CBS News*, Retrieved from https://www.cbsnews.com/news/experts-engineer-found-dead-didnt-write-suicide-notes-2/

Lee, J., Lee, W., Hwang, J., & Stack, S. J. (2014). To what extent does the reporting behavior of the media regarding a celebrity suicide influence subsequent suicides in South Korea? *Suicide and Life-Threatening Behavior, 44*(4), 457-472.

Leenaars, A. A. (1988). *Suicide notes: Predictive clues and patterns*. New York: Human Science Press.

Leenaars, A. A. (1992). Suicide notes, communication and ideation. In R. W. Maris, A. Berman, J. T. Maltsberger, & R. I. Yufit (Eds.), *Assessment and Prediction of Suicide* (pp. 337-361). New York: Guilford.

Leenaars, A. A., & Balance, W. (1984). A logical empirical approach to the study of suicide notes. *Canadian Journal of Behavioural Science, 16*, 249-256.

Leenaars, A. A., & Lester, D. (1991). Myths about suicide notes. *Death Studies, 15*, 303-308.

Ma-Kellams, C., Baek, J. H., & Or, F. (2016, April 21). Suicide contagion in response to widely publicized celebrity deaths: The role of depressed affect, death thought accessibility, and attitudes. *Psychology of Popular Media Culture*. Retrieved from http://psycnet.apa.org/?&fa=main.doiLanding&doi=10.1037/ppm0000115

McKinley, J. (2009, March 5). Gruesome San Francisco death becomes international mystery. *New York Times*. Retrieved from http://www.nytimes.com/2009/03/05/us/05murder.html

Mesoudi, A. (2009). The cultural dynamics of copycat suicide. *PLoS One, 4*(9), e7252. DOI: 10.1371/journal.pone.0007252

Moran, S. (1999). *The secret world of cults*. Surrey, England: CLB International.

Neuendorf, K. A. (2017). *The content analysis guidebook* (2nd ed.). Los Angeles, CA: Sage.

Palmer, S. (1996). Purity and danger in the Solar Temple. *Journal of Contemporary*

Religion, 11(3), 303-318.

Pestian, J. P., Matykiewicz, P., Grupp-Phelan, J., Lavanier, S., Arszman, C, & Kowatch, R. (2008). Using natural language process to classify suicide notes. *Current Trends in Biomedical Natural Language Processing, 208*, 96-97.

Ramsland, K. (2003). *Inside the minds of mass murderers: Why they kill.* Westport, CT: Praeger.

Shiori, T., Nishinura, A., Akazawa, K, Abe, R., Nushida, H., Ueno, Y., Kojika-Maruyama, M., & Someya, T. (2005). Incident of noteleaving remains constant dispute increasing suicide rates. *Psychiatry and Clinical Neuroscience, 59*(2), 226-228.

Shneidman, E. S. (1993). *Suicide as psychache: A clinical approach to selfdestructive behavior.* Lanham, MD: Jason Aronson.

Shneidman, E. S., & Faberow, N. L. (1957a). Some comparisons between genuine and simulated suicide notes in terms of Mowrer's concepts of discomfort and relief. *Journal of General Psychology, 56*, 251-256.

Smith, B. (2012, June 18). The cluster conundrum: Copycat teen deaths in Lake Forest. *Chicago Magazine.* Retrieved from http://www.chicagomag.com/Chicago-Magazine/July-2012/Bryan-Smith-onthe-Challenges-of-Writing-The-Cluster-Conundrum/

Snook, B., & Mercer, J. (2010). Modelling police officers' judgments of the veracity of suicide notes. *Canadian Journal of Criminology and Criminal Justice, 52*(1), 79-95.

Spicuzza, M. (2007, July 18). Who killed Hugues de la Plaza? *San Francisco Weekly.* Retrieved from http://www.sfweekly.com/2007-07-18/news/who-killed-hugues-de-la-plaza/html

Spies, Lies, and Secrets. (2013, October 5) *CBSnews.com.* Retrieved from https://www.cbsnews.com/videos/spies-lies-secrets/

Tavernise, S. (2016, April 22). U. S. suicide rate surges to a 30-year high. *The New York Times*, pp. A1, A15.

Todd, M., & Villegas, M. (2014). *Hard drive: A family's fight against three countries.* New York: Morgan James Publishing.

Tournel, G., Dedouit, F., Balgaires, A., et al. (2008). Unusual suicide with a chainsaw. *Journal of Forensic Science, 53*(5), 1174-1177.

Van Derberken, J. (2008, April 1). Homicide or suicide? Man's death a mystery. *San Francisco Chronicle.* Retrieved from http://www.sfgate.com/news/article/Homicide-or-suicide-Man-s-death-amystery-3219748.php.

Visser, J. (2013, December 2). Ontario University working to remove disturbing video after student sets fire in apparent online suicide attempt. *National Post.* Retrieved from http://news.nationalpost.com/news/canada/ontario-university-dorm-evacuated-after-studentsets-himself-on-fire-in-apparent-online-suicide-attempt

Wessinger, C. (2000). *How the millennium comes violently.* New York: Seven Bridges Press.

4장
위장사망

2000년 4월, 한 젊은 여성의 시체가 뉴저지 다리 아래에서 발견되었다. 그녀는 자살한 것으로 보였지만, 경찰 조사 결과 사건의 내막이 드러났다. 사망한 여성은 필라델피아에서 '폭시 록시Foxy Roxy'라는 예명을 가지고 스트립 댄서로 일하던 레이첼 시아니Rachel Siani였다. 다리 주변에는 주차된 차량이 없었고, 시신은 신발을 신지 않은 상태였으며 양말에 흙도 묻어 있지 않았다. 따라서 그녀가 그 장소까지 운전을 했거나 걸어오지 않았다는 점이 분명했다. 교각에서 소량의 혈흔과 그녀가 입고 있는 옷과 일치하는 섬유조각이 발견되어, 누군가 그녀를 다리까지 운반한 뒤 다리 밑으로 밀어 버린 것으로 추정되었다. 그녀의 손톱은 몸싸움이 있었던 것처럼 부러져 있고, 목에는 멍자국이 있었다. 추가 조사에서도 그녀는 우울증이나 자살생각과 관련된 증상이 없는 것으로 나타났다. 친구들은 그녀가 대학 등록금을 벌기 위해 스트립 댄서로 일했으며, 심리학자가 되고 싶어 했다고 진술했다. 가족들은 그녀가 춤추는 일을 반대하긴 했지만 화목하게 잘 지냈다.

이로써 시아니가 살해된 것임이 더욱 확실해졌다. 경찰은 그녀가 일했던 클럽의 동료들을 면담하여 그녀의 차가 클럽에 주차되어 있다는 사실을 확인하고, 존 데노파John Denofa라는 단골 고객에 대한 정보도 입수했다. 사건 당일 밤 그를 본 목격자들은 그가 만취해 있었다고 진술했다. 시아니는 그를 부축해서 숙소에 데려다주었지만, 그녀가 그곳에서 나온 것을 본 사람은 아무도 없었다. 경찰 조사에서 데노파는 그녀가 자신의 방에 들어오지는 않았다고 주장했지만, 그의 트럭에서 그녀의 혈흔이 발견되었다. CCTV에는 그가 시체로 보이는 어떤 물체를 트럭 뒤에 싣고 떠나는 모습이 포착되었다.

시아니의 외상을 바탕으로 사건을 재구성해 보면, 데노파는 그녀의 목을 졸라 의식을 잃게 한 후 자신의 2층 숙소 창밖으로 밀어 버렸다. 그리고 트럭 뒤에 그녀를 싣고 다리로 가서 그 밑으로 떨어뜨려 사망에 이르게 했다.

경찰이 제시한 CCTV 영상을 확인한 데노파는 누군가 자신의 차 키를 복사해서 그녀를 운반한 것이며, 자신은 그 당시 너무 취해서 운전을 할 수 없는 상태였다고 주장했지만 통하지 않았다. 그는 기소되어 30년 형을 선고받았다(State v. Denofa, 2006).

그녀를 살해한 뒤, 데노파는 그녀가 자살한 것처럼 보이게 하려고 했다. 이 것은 위장행동staging의 한 형태로, 사건의 본질에서 수사초점이 멀어지도록 범행현장의 증거들을 조작하는 행위이다. 이것의 목적은 범죄가 아닌 것처럼 사건현장을 위장하여 수사관들을 기만하는 것이다.

사망현장은 다양한 방식으로 위장될 수 있다. 가장 흔한 방식은 살인을 자살이나 사고사 또는 자연사나 실종사건으로 위장하는 것이다. 자살을 살인이나 사고사, 자연사로 위장하기도 한다. 자기색정사의 경우 대개 유가족들이 수치심 때문에 다른 사망 종류로 위장하곤 하는데, 이때 경찰의 수사를 피해야 하므로 살인으로는 위장하지 않는다(일부 전문가는 이것을 위장이라기보다, 죽음의 본질을 감추기 위한 단순한 변경에 불과하다고 보기도 한다). 〈표 4-1〉과 같이, 어떤 사람들은 자신의 죽음 또는 타인의 죽음을 여러 가지 유형으로 위장하기도 한다(이를 '허위 사망'이라고도 부른다).

표 4-1	위장사망의 가능성

사망 종류	자연사	사고사	자살	살인
사고사	×		×	
자살	×	×		×
살인	×	×	×	

　게버스(Geberth, 1996)는 최근 수십 년 동안 위장사망이 증가한 것은 TV나 각종 온라인 매체에서 이와 관련된 다양한 수사정보를 제공했기 때문이라고 추정했다. 그는 자살로 잘못 판정된 몇 가지 위장 살인사건들을 조사하여, 수사에서 피해자에 대한 세부정보를 충분히 수집하지 않았다는 점을 발견했다. 위장사망의 징후는 피해자의 세부정보에서 드러나는 경우가 많다. 페틀러(Pettler, 2016)는 1514년까지 거슬러 올라가 위장사망사건들을 추적한 결과, 성경과 고대 로마시대의 법률 문서에서 관련 사례를 찾을 수 있었다. 그는 방대한 문헌 검토를 통해 위장사망사건을 식별하기 위한 정보를 제공했다.

　이 장의 목적은 위장사망일 가능성이 있는 사건을 조사하는 방법에 대해 설명하는 것이다. 먼저 사건현장을 위장한 몇 가지 사례를 소개하고, 미제사건에서 수사관이 조사해야 할 범죄행동들과 법과학적 증거로서 심리부검에 대해 설명하도록 한다.

1. 자연사로 위장된 살인

　스티브 로버드Steve Robard는 38세에 심장마비로 사망했다. 1998년 2월 18일 저녁, 그는 위경련을 호소했고, 그날 밤 사이 통증이 더 심해졌다. 그의 여자친구가 911에 전화를 했지만 응급구조대가 도착하기 전 그는 사망했다. 의료기록상 그의 건강에는 이상이 없었으나, 검시관은 그의 비대해진 심장이 사망 요인으로 보인다는 소견을 밝혔다. 시신의 독극물 반응 검사toxicology screen

도 실시했지만, 이상이 발견되지 않았다.

로버드는 16세인 딸 마리Marie Robard를 돌보고 있었다. 마리는 그의 비좁은 집이 싫었지만, 바람 피다 들통 난 새아빠와 사는 건 더 싫었다. 같이 살고 싶었던 엄마는 이혼을 거부한 채 플로리다로 이사를 가 버렸다. 몇 달 동안 새아빠의 집에서 살아 보려고 노력했지만, 더는 버티기 어려웠다. 마리는 고등학교를 마치기 위해 친조부모의 집으로 들어갔다. 그녀는 과학에서 뛰어난 성적을 거두는 우수학생으로, 장차 병리학자가 되기를 원했다. 고등학교를 졸업하고 대학에 들어가서도 그녀는 늘 학과 장학생을 차지했다. 이때까지만 해도, 사람들은 로버드의 죽음이 자연사라는 데 어떠한 의문도 품지 않았다.

그러던 어느 날, 마리는 가장 친한 스테이시Stacey에게 자신이 화학 강의시간에 희귀독극물인 아세트산 바륨barium acetate을 몰래 빼돌려서 친아빠를 살해했다는 사실을 털어놓았다. 마리는 비밀을 지켜 달라고 신신당부했지만, 그녀의 이야기를 듣고 충격에 빠져 매일 밤 악몽에 시달린 스테이시는 결국 경찰에 신고하고 말았다. 체포된 후 마리는 엄마와 함께 살 '집으로 돌아가기 위해' 친부를 독살하게 되었다고 진술했다. 그녀는 단순히 친부를 아프게 만들 의도였다고 했지만, 그가 죽어 가고 있는 동안 그녀는 아무런 조치를 하지 않았다. 또한 그녀는 해당 독극물이 인체에 다량 주입될 경우 치명적일 뿐만 아니라, 대부분의 독극물 검사에서 잘 검출되지 않는다는 점을 강의시간에 배워서 알고 있었다. 배심원단은 마리에게 징역 28년 형에 수감 7년 후 가석방 심사를 허용하는 비교적 관대한 평결을 내렸다(Hollandsworth, 1996).

살인을 자연사로 위장하는 것은 쉽지 않을뿐더러, 극히 드문 일이다. 마리가 사용한 독극물이 반응 검사에서 검출되지 않았다 하더라도, 나중에 로버드의 죽음에 대한 의혹이 불거졌을 수 있다. 마리가 비밀을 유지했다면, 살인을 교묘히 감출 수 있었을지도 모른다. 그러나 그녀의 행동에는 몇 가지 '단서'가 있었다. 그녀는 친부와 살고 싶어 하지 않았고, 부모 모두에게 화가 나 있었다. 친부가 고통으로 몸부림치고 있을 때 그녀는 아무런 도움을 주지 않았고, 친부의 사망 후에도 보통의 유가족처럼 슬퍼하는 모습을 찾아볼 수 없었다. 이하에서는 이러한 사례들을 더 많이 살펴보고, 관련 행동 특징들에 대해 설명하도록 한다.

2. 사고사로 위장된 살인

1999년 8월 16일, 마이클 플레처Michael Fletcher라는 남성이 극도의 흥분상태에서 911에 전화를 했다. 처음에는 신고내용이 그럴듯했다. 그와 아내 린Leann Fletcher이 집 근처에서 사격 연습을 했고, 처가에 맡긴 딸을 데리러 가기 전에 그는 잠시 혼자 집에 들렀다고 했다. 저녁에 권총을 손질하고 잠자리에 들려던 참에 그는 욕실에서 총소리를 들었고, 달려 나와 침실로 가 보니 아내가 바닥에 쓰러진 채 숨져 있었다는 것이다. 그녀는 탄창에 총알을 채우고 안전장치가 풀린 상태에서 탄창을 총기에 끼워 넣다가 사고를 당한 듯했다. 총기사고는 총기를 청소할 때 자주 발생한다. 마이클은 형사변호사였고, 경찰도 그를 알고 있었다. 플레처 부부는 최근 둘째 아이를 임신했다는 소식을 주위에 전하면서 기뻐하는 듯했다. 그들은 별거했지만 곧 재결합했고, 마이클을 의심할 만한 이유는 없었다.

그러나 린의 부검 결과는 마이클의 진술과 모순되는 점이 많았다. 그녀의 뺨에 묻어 있는 혈흔은 당시 그녀가 권총을 들고 있지 않았음을 나타냈다. 얼굴의 반점은 총이 발사될 때 그녀가 30~40cm 정도 떨어져 있었다는 것을 암시했고, 총알의 수평 궤적horizontal trajectory은 그녀가 자신에게 총을 쏘려면 팔길이가 1m는 되었어야 한다는 것을 반증했다. 또한 그녀의 시신은 피가 흥건한 바닥에서 총과 함께 발견되었다. 경찰이 마이클의 셔츠를 압수해서 혈흔 검사를 실시한 결과 양성반응이 나타났는데, 이는 곧 총이 발사됐을 때 그가 아내와 그리 멀지 않은 곳에 있었음을 의미한다.

살인 동기는 쉽게 찾을 수 있었다. 마이클은 수잔 흐샤노프스키Susan Chrzanowski 판사와 내연관계였으며, 그녀는 자신이 담당한 수많은 사건을 마이클에게 넘겨 주었다. 그녀는 마이클의 부부 관계가 끝난 것으로 알고 있었다고 주장했다.

911에 걸려 온 실제사건 신고전화와 위장사건 신고전화를 구분한 한 연구는 마이클이 몇 가지 전형적인 실수를 저질렀다고 분석했다. 하프스터 등(Harpster et al., 2009)이 수행한 이 연구에서는 911 신고전화에서 '무죄'와 '유죄'에 대한 각각 50가지의 언어적 속성을 추출하고 그에 대한 특정 언어적 지표를 생성했다. 그들은 이 연구를 확장하여 언어적 지표의 수를 두 배로 늘려 '진술 척도를 통한 범죄 확률 평가COPS'라는 도구를 개발했다(Harpster & Adams, 2016). '유죄' 지표에는 관련 없는 정보 제공, 피해자 비난, 상충되는 사실 제공, 피해자의 죽음 수용 등이 있다. 마이클은 여기에 해당되는 몇 가지 행동을 한 것을 나타났다. 그는 신고전화에서 아내를 '허니'라고 부르면서 정작 실명은 밝히지 않았고, 자신의 무죄를 입증하듯 불필요한 정보들을 늘어놓았다. 그는 자신의 결백함을 통화기록에 남기기 위한 시나리오를 미리 짜놓은 듯했다. 배심원단 역시 신고전화가 연습을 한 것처럼 들렸다고 밝히면서 마이클에게 유죄를 평결했다(People v. Fletcher, 2004).

휴스케(Hueske, 2010)는 사건이 위장되었음을 나타내는 또 다른 지표로 물리적 증거와 진술 간의 불일치를 제시했다. 한 경찰관이 911에 전화를 걸어 아내가 사고로 사망했다고 신고했다. 그는 9mm 글록 권총을 손질하다 잠시 볼일을 보러 외출하고 돌아왔는데 아내가 숨져 있는 것을 발견했다고 했다. 그녀 옆에는 그의 권총과 청소도구가 있었는데, 평소 아내가 대신 총을 청소해 주곤 했기 때문에 그는 아내가 자신이 하던 총기 손질을 마저 하다가 사고를 당한 것 같다고 진술했다. 수사관들은 총기와 탄창이 세정제로 코팅되어 있는 점을 확인하고, 세정제 용기에서 혈흔도 발견했다. 혈흔은 아내의 것으로 판명되었으나, 그녀의 손과 옷에서는 세정제가 검출되지 않았다. 이는 분명히 그녀가 총을 손질하지 않았음을 나타냈다.

또 다른 예로, 2001년 매사추세츠주 퀸시에서 84세 마리나 칼라브로Marina Calabro가 자신의 집 계단 밑의 쓰레기 더미에서 숨진 채 발견된 사건이 있다. 당시 형사들은 노인에 대한 고정관념에 의존해 이 사건을 사고사로 단정했다. 경찰은 그녀의 몸에 난 멍자국들을 계단에서 굴러 떨어질 때 생긴 것으로 보고, 현장의 시체 사진도 찍지 않았다. 그러나 사실 그녀는 살해된 것으로 밝혀졌다. 사건이 발생한 지 1년이 지났을 무렵, 한 남성이 마리나의 조카 앤서니Anthony Calabro가 유산을 노리고 그녀를 살해하고 난 뒤 사고로 위장했다는 사실을 친구에게 털어놓았다. 앤서니는 범행을 위해 그 남성을 고용했고, 준비과정에서 그들은 〈포렌식 파일Forensic Files〉과 같은 TV 다큐멘터리를 열심히 시청했다고 한다. 남성은 앤서니가 지켜보고 있는 가운데 프라이팬과 커피포트로 마리나를 계속 내리쳤고, 비명을 지르며 쓰러진 그녀를 목 졸라 살해했다(Ellement, 2006).

게버스가 언급했듯이, 범죄를 소재로 한 TV 프로그램들은 범죄에 대한 너무 많은 정보를 제공한다. 상속과 같은 살인 동기가 있는 사건에서는 수사 과정을 단축시킬 수 있는 가정은 배제해야 한다.

3. 자살로 위장된 살인

오늘날과 같은 과학수사와 DNA 증거 시대에는 어떤 살인사건이라도 진실이 다 밝혀질 것이라는 믿음을 가질 수 있지만, 단서가 거의 없거나 증거가 조작된 사건들에서는 수사상 중대한 실수가 발생할 수 있다. 그러므로 법과학적 분석forensic analysis을 통해 특정 유형의 범죄 상황을 시뮬레이션할 수 있는 정보가 충분한 경우에도 수사관은 범행 사실의 오류를 발견하고 가설을 검증하고자 해야 한다.

2007년 조슬린 어니스트Jocelyn Earnest라는 여성이 자택에서 머리에 총상을 입고 숨진 채 발견됐다. 경찰은 그녀의 절망적인 심경이 담긴 유서를 발견했다. "엄마, 저 더는 못하겠어요. 강해지려고 애써 봤지만 버티기가 힘드네요. 이 모든 일을 감당하기가 너무 버거워요. 잘 지내는 척 노력하고 있지만, 하루하루 너무 힘들고 외로워요. 제 남자친구는 우리 가족을 절대 버리지 않을 거예요. 웨슬리 때문에 빚더미에 올라앉게 됐지만, 다시 시작하려니 엄두가 나질 않아요. 엄마, 정말 미안해요. 모두들 정말 죄송합니다"(Fanning, 2014: 11).

그녀는 힘든 과정을 거쳐 이혼을 했는데, 유서에는 그에 대한 사실이 전혀 드러나 있지 않았다. 파악된 몇 가지 점으로 볼 때, 경찰은 철저한 조사가 이루어지기 전까지 이 사건에 대한 결론을 보류해야 할 필요가 있었다. 우선 유서에서 언급된 그녀의 전남편 웨슬리Wesley Earnest가 심각한 경제적 어려움에 처해 있었고, 유서에서 그의 지문이 발견되었으며, 그녀가 평소 그를 두려워했다는 사실이 확인되었다. 그는 이혼에 합의하지 않고, 그녀에게 마음을 바꾸라고 계속 강요했다. 컴퓨터로 작성된 유서에는 서명이 없었는데, 그녀가 보통 손편지를 썼다는 주변 진술에 따라 경찰은 집 안 컴퓨터를 수색했지만 그녀가 컴퓨터로 유서를 작성한 어떤 흔적도 찾지 못했다. 또한 그녀가 끔찍이 아끼던 반려견은 우리에 갇혀 굶어 죽은 상태였고, 친구와 메시지를 주고받던 중 그녀가 갑자기 아무 답변도 하지 않은 일도 확인되었다. 친구들은 연락두절이었던 웨슬리가 최근 갑자기 그녀 앞에 나타났다고 했다. 조슬린의 심리상담사도 그녀가 우울증으로 상담을 받은 게 아니며, 그녀가 자살했다고 생각하지 않는다고 진술했다.

수사관들은 이 사건에서 자살로 위장하려는 시도가 있음을 암시하는 중요한 단서들을 발견했다. 실내 난방기가 매우 높은 온도로 설정되어 있었고, 바닥의 흥건한 피 위로 시체가 이동한 흔적이 역력했다. 그녀는 즉사했을 것으로 추정될 만큼 치명적인 손상을 입었으므로, 스스로 움직이기는 불가능했다. 이는 그녀가 사망할 당시 현장에 누군가 있었다는 것인데, 그녀의 친구들은 모두 집 안에 들어가지 않았다고 진술했다.

웨슬리의 결백 주장을 부정하는 몇 가지 증거도 나타났다. 현장에서 발견된 총은 그의 소유였고, 그는 그 총의 보관함도 가지고 있었다. 그는 조슬린이 사망한 날 친구의 트럭을 빌려서, 가명으로 현금을 주고 새 타이어를 교체한 후 친구에게 돌려주었다. 그는 조슬린이 공동주택의 대출금 때문에 낙담하기는 했지만 정작 자신이 그 빚의 대부분을 떠안는 판결을 받았다고 주장했다. 그의 지문이 유서에서 발견된 점에 대해 그는 집에 같이 살았을 때 종이를 만졌을 수 있다고 주장했다. 그러나 그가 조슬린을 살해하고 자살로 위장하기 위해 직접 유서를 작성한 것이 분명해 보였고, 결국 그는 유죄판결을 받았다.

이러한 범행의 명백한 오류들 외에도, 그는 조슬린의 생활양식까지는 위장하지 못한 실수를 저질렀다. 즉, 그는 컴퓨터로 작성된 유서가 의심받을 수 있다는 걸 깨닫지 못했고, 법원기록에 그녀의 부채가 없다는 사실이 기재되어 있음을 확인하지 못했다. 또한 그녀에게는 '새로운 애인'이 없었다. 유서에 언급된 '남자친구'의 존재에 대해 그녀의 모든 지인은 의아해했다. 더구나 그녀는 절대 반려견을 우리에 가두고 굶어 죽게 할 사람이 아니었다.

대부분의 과학수사 서적에서 위장사망에 대해 조금씩 언급하고 있는 데 반해, 페틀러(Pettler, 2012, 2016)는 위장사망을 본격적인 주제로 다루고 있다. 그녀는 위장사망의 가장 일반적 행동을 식별하기 위해 위장살인사건 18건에 대한 내용분석을 했는데, 최초 분석자료에는 27명의 범죄자와 19명의 피해자를 포함했다. 이를 통해 위장살인의 62가지 공통적 행동을 파악하고 여섯 가지 유형으로 분류했다(〈표 4-2〉 참조). 그녀는 이러한 유형론이 당장 수사 실무에 적용되기보다 이론적으로 더 유익할 것으로 보았다. 각각의 유형은 상호 배타적이지 않고 중복적이다. 최종 18명의 피해자 중 16명은 범죄자와 아는 사이였으므로, 위장살인은 피해자와 가해자가 면식관계일 때 발생 가능성이 더 높다고 보았다.

표 4-2	페틀러의 위장사망 유형(2016)

- **청소형**: 증거를 제거하기 위해 범행현장을 청소하기 때문에 위장행동보다 더 많은 변조를 한다.
- **은폐형**: 범행 흔적을 발견하지 못하도록 하기 위해 사건과 관련된 증거들을 숨기거나 파괴한다.
- **창작형**: 특정 효과를 위해 범행현장에 증거를 추가하거나 재배치한다.
- **날조형**: 언변으로 사건의 초점을 흐린다.
- **자해형**: 자해를 해서 사건에 자신을 연루시키거나 정당방위를 주장한다.
- **기획형**: 사건 후 어떤 반응을 보일지를 고민하기보다는 사고처럼 보이도록 준비하는 데 상당한 시간을 할애한다.

위장사망이 성공할 수 있는 이유는 앞서 설명한 인지 오류, 즉 역치 진단 때문이다. 발생한 일에 대해 너무 빨리 의사결정을 내리게 되면, 터널 시야에 쉽게 빠질 수 있다. 이 때문에 수사관들은 최초 가설이 기각되거나 수사 방향이 완전히 바뀔 수 있는 증거들을 감지하지 못하게 된다. 조슬린의 손글씨를 쓰는 습관이나 자살 위험신호가 없는 것과 같은 사소해 보이는 증거는 초기 가설을 유지하기 위해 쉽게 축소되거나 묵살될 수 있다.

위장사망은 과거 살인사건에 대한 사회적·법률적 결과에서도 확인할 수 있다. 거기에는 치밀하게 계획된 살인사건도 있고, '다른 누군가가 저지른 일'로 위장된 살인사건도 있다. 페틀러(2016)는 몇 가지 역사적 사건을 제시했다. 1514년 감옥에서 목을 매 사망한 리처드 헌Richard Hunne은 사망 당시 양쪽 손이 등 뒤로 묶여 있었음에도 불구하고 자살로 처리되었다. 그 후 조사에서 목을 매기 전부터 그의 목은 이미 부러져 있었던 것으로 밝혀져, 그의 자살 혐의에 대해 무죄판결이 내려졌다.

경찰의 수사를 따돌린 사건들은 범죄로 집계되지 않기 때문에, 실제로 얼마나 많은 위장사망사건이 발생했는지에 대해 정확한 통계치를 산출하는 것은 어렵다. 슐레진저 등(Schlesinger, Gardenier, Jarvis, & Sheehan-Cook, 2014)은 위장사망사건을 8% 정도로 추정했지만, 다른 연구자들은 이보다 좀 더 적을 것으로 보고 있다.

위장사망의 가장 일반적 유형에 대한 일치된 연구결과는 거의 없다. 슐레 진저 등(2014)은 79건의 살인사건을 분석하여, 방화가 가장 흔한 은폐행동 임을 발견했다(25%). 약 8%는 살인을 자살로 위장한 행동이었고, 피해자의 3/4은 가해자와 아는 사이였다. 퍼거슨(Ferguson, 2014)은 위장사망사건 115건 과 범인 188명을 분석했는데, 시체를 처음 발견하여 경찰에 신고한 사람에 게 특히 주의를 기울일 것을 권고했다. 시체를 '발견'한 사람이 종종 범인이었 기 때문이다. 3건의 허위 자살유서를 분석한 한 연구에서는 살인범의 이름이 유서에 언급되어 있었는데, 보통 긍정적인 의미를 담고 있었다. 사건현장에 타당한 이유 없이 나타난 사람들은 사건과 연루된 사람일 가능성이 높았다. 67%는 단독으로 살인을 위장한 사건이었다. 79%는 범인이 남성이었고, 14% 는 살인을 자살로 위장한 사건이었다. 98%는 가해자와 피해자가 아는 사이 였는데, 대부분은 애인이나 부부 관계였고, 4명 중 1명은 직장동료 또는 친구 관계였다.

어떤 연구자들은 위장사망사건에서 시체의 상처 분석을 가장 중요하게 여 기는 반면, 다른 연구자들은 물리적 증거, 특히 흉기의 처리방식이나 피해 자에 대한 철저한 조사를 강조한다. 퍼거슨과 페더릭(Ferguson & Petherick, 2016)은 위장행동을 범인이 범죄로부터 자신을 멀어지게 하기 위해 사용하는 '사전방지 조치'라고 설명했다. 그들이 연구한 위장사망사건의 범인들은 수 사 초점을 빗나가게 하기 위해 범행현장에 어떤 장치를 해 두었다(예: 허위 자 살유서, 외부 침입 흔적, 강도 흔적, 고의적 자해). 대부분의 피해자(75%)는 자신 의 집에서 발견되었고, 가해자가 피해자를 '발견'한 경우가 전체 사건의 절반 에 이르렀다. 피해자의 56.3%는 총상으로 사망했고, 30%는 질식이나 목졸림 으로 사망했다. 위장사망사건에서 가장 공통적으로 나타나는 요소는 범행현 장에 흉기 및 시체의 재배치, 고의적 자해, 마약이나 유서 등을 추가하는 행 동이었다.

어떤 사건은 다소 기묘한 양상을 띤다. 2000년 11월, 크리스틴 로섬Kristen Rossum은 남편이 침실에서 자살했다고 경찰에 신고했다. 남성의 시신 주변에는 장미 꽃잎이 뿌려져 있었는데, 그녀는 이것을 남편의 '로맨틱한' 유서라고 했다. 그녀를 수상하게 여긴 경찰이 본격적인 수사를 시작하자 그녀는 남편의 시신을 화장하려고 했다. 독물학자인 크리스틴은 자신이 근무하는 검시관실의 상사와 불륜관계였고, 생명에 치명적일 수 있는 진통제인 펜타닐fentanyl을 손쉽게 입수할 수 있었다. 남편을 살해하기 전에 장미꽃을 구입한 그녀는 자신이 가장 좋아하는 영화 〈아메리칸 뷰티American Beauty〉의 한 장면을 모방하여 남편의 주검에 장미꽃잎을 뿌렸다. 정밀부검 결과, 남성의 사망원인은 펜타닐 중독으로 밝혀졌고, 크리스틴은 살인 혐의로 유죄판결을 받았다(Glatt, 2007).

살인을 자살로 위장하기 위해 유서를 사용한 더 놀라운 사건이 있다. 한 여성이 두 건의 살인을 저지르고 범인을 자신의 딸로 위장하기 위해 허위 유서를 작성한 것이다. 2007년, 20세의 애슐리 월러스Ashley Wallace는 자살시도가 의심되는 약물 과다복용으로 병원에 실려 왔다. 이내 의식을 되찾은 그녀는 어머니 스테이시 캐스터Stacy Castor가 자신을 친부와 계부의 부동액 중독antifreeze poisoning 사망의 가해자로 연루시킨 뒤 자살유서를 작성한 범인이라며 경찰에 신고했다(Chambers & Meyersohn, 2009). 경찰은 캐스터가 자신의 딸을 독살하기 전에 보험금을 타기 위해 두 남편도 모두 독살했다는 사실을 확인했다. 유서에는 '부동antifreeze'의 철자가 '반자유antifree'로 4번이나 잘못 쓰여 있었는데, 캐스터가 경찰 조사 중에 이 단어를 계속 '반자유'로 발음했다는 점도 그녀의 범행 사실을 뒷받침했다. 그녀가 세 번째 피해자로 딸을 살해하는 데 성공했다 해도, 애슐리가 자신의 두 아버지를 살해했다고 믿는 사람은 없었을 것이다. 좀 더 치밀하게 수사를 진행했다면 캐스터의 결혼생활에 문제가 있었음을 진작 밝혀낼 수 있었을 것이다. 재판에서 애슐리와 여동생은 어머니의 범행 사실에 대해 증언했고, 스테이시 캐스터는 2급 살인 혐의로 유죄판결을 받았다.

2007년 앨버트 페레즈Albert Perez는 전 여자친구와 그녀의 5세 딸을 목 졸라 살해한 다음, 그녀가 목을 매기 전 딸을 살해한 것처럼 보이도록 범행현장을 위장했다("Prosecutors to seek", 2008). FBI의 문체분석stylistics analysis 방법을 통해 페레즈와 여자친구가 작성한 글의 샘플에 나타난 독특한 표현을 자살유서와 비교 분석한 결과, 해당 유서는 여자친구보다 페레즈가 작성했을 가능성이 더 높은 것으로 나타났다.

하지만 유서가 컴퓨터로 작성되었다면 어떻게 해야 할까? 법언어학자 캐럴 샤스키는 이런 사건을 맡은 적이 있다. 한 남성이 침대에서 사망한 채 발견되었고, 그의 룸메이트가 911에 신고했다. 그는 리도카인 등의 혼합약물 투여로 인해 사망한 것으로 밝혀졌다. 시신 주변에서 주사바늘이 발견되지 않은 점으로 볼 때 의학을 전공한 룸메이트가 리도카인을 입수해 투여했을 가능성이 있었다. 그런데 사망자의 컴퓨터에서 유서가 발견되었다. 수사결과, 남성이 사망하기 전 룸메이트와 크게 다투었던 것으로 드러났다. 샤스키는 자신이 개발해 과학적 검증을 받은 소프트웨어 프로그램을 통해 양 당사자의 글 샘플과 자살유서를 분석하여, 룸메이트가 해당 유서를 작성했을 가능성이 더 높다는 결과를 도출했다. 룸메이트는 실수로 그에게 편두통 치료제를 투여했는데 그가 사망하자, 자신이 자살유서를 작성했다고 자백했다 (Chaski, 2005).

4. 살인으로 위장된 자살

자살을 살인으로 위장하는 주된 이유는 자살에 의한 사망을 금지하는 보험계약에서 보험금을 지급받기 위해서이다. 그러나 보험 계약서가 사건현장에서 발견되면, 사망 의도가 금방 탄로날 것이다. 노스캐롤라이나주에서 한 청년이 자택 차고의 차 안에서 다리와 팔이 묶여 사망한 채 발견된 사건이 있었다. 집 안에는 그가 인질로 잡혀 있다는 메모가 있었다. 그의 휴대폰은 부서져 있었고 창문은 굳게 닫혀 있었다. 청년은 차량 운전대에 묶여 일산화탄소에 중독된 것처럼 보이도록 조작되어 있었다. 그러나 독성학 분석toxicology analysis에서 일산화탄소 반응이 나타나지 않았다. 경찰은 식탁에 놓인 보험서류를 통해 가능한 시나리오를 유추할 수 있었다. 청년은 자신이 누군가에 의해 인질로 붙잡혀 있다가 살해된 것처럼 보이게 하려고 시도했지만, 그의 죽음은 보험금을 타내기 위해 살인사건으로 위장한 자살로 밝혀졌다.

2009년 9월, 주간보호시설day-care program에서 일하는 빌 스파크맨Bill Sparkman이 출근하지 않자, 동료들은 걱정했다. 그는 3개의 부업을 하면서도 정규직으로 할 만한 다른 일을 찾고 있었을 정도로 근면한 사람이었기 때문이다. 실종 신고 이틀 후, 스파크맨의 시신은 켄터키주 클레이 카운티의 작은 가족묘지 근처에서 발견되었다. 그는 입에 재갈이 물린 채 나체로 결박되어 나무에 목을 맨 상태였지만 발은 땅에 닿아 있었다. 그의 가슴에는 'Fed'라는 단어가 휘갈겨 쓰여 있었는데, 이것이 당시 인구조사를 위해 집집마다 방문하는 일을 하던 그를 어떤 반정부 집단이 폭행한 것은 아닌가 하는 추측을 낳았다. 그의 목에는 인구조사 신분증 끈이 휘감겨 있었다. 인구조사원을 폭행한 사건은 드물었지만 전례가 없는 것은 아니었다. 많은 사람은 증오로 가득 찬 반정부성 발언을 쏟아 내는 토크쇼와 블로그를 비난했다. 어떤 이들은 스파크맨이 무심코 불법 마약소굴에 들어갔다가 변을 당한 것 같다고 추측했다(Morello & O'Keefe, 2009).

스파크맨의 아들은 아버지의 차에서 노트북을 포함한 몇 가지 물건이 없어졌다고 진술했다. 그는 또한 평소 아버지에게 우울증이나 불안한 태도를 전혀 느끼지 못했다고 했다. 아버지가 부업을 3개씩 하면서 즐거워하지는 않았지만 못 견디게 힘들어하지도 않았다는 것이다.

그러나 스파크맨의 몸에는 방어흔이나 타박상이 없었고, 목을 맬 올가미를 붙잡고 스스로 손을 묶을 수 있을 만큼 움직이는 것이 가능했던 것으로 확인되었다. 그가 일을 하다가 살해당했다면 그의 가족은 정부로부터 1만 달러를 받을 수 있었다. 게다가 그는 2개의 생명보험에 가입한 상태였는데, 둘 다 최근에 가입한 것이었으며 보험금이 총 60만 달러에 달했다. 수혜자인 그의 아들은 실직 상태로 경제적 어려움에 처해 있었다.

수사결과, 스파크맨의 사망은 치밀하게 계획된 보험사기로 밝혀졌다. 그는 아들의 경제적 안정을 위해 스스로 목숨을 끊은 것이었다. 'Fed'라는 글자는 그와 마주 보고 서 있는 사람이 썼다고 보기 어려웠으며, 오히려 그가 아래에서 위로 썼을 가능성이 높았다. 이 사건에 다른 사람이 연루되어 있다는 증거는 없었다. 또한 스파크맨은 똑바로 서 있기만 했어도 목에 걸려 있는 올가미의 압박을 벗어날 수 있었다. 사실 그는 암으로 투병 중이었다. 한 지인은 그가 삶을 끝내려 한다고 이야기한 적이 있으며, 특정 지역 주민들이 인구조사원에게 적대적인 태도를 보인다는 사실을 알고 있었다고 경찰에 진술했다. 스파크맨은 자신이 살해당한 것처럼 위장하기 위해, 주거지역을 사수하고 있는 변두리 주민들의 사연을 이용한 것이었다(Jonsson, 2009).

5. 허위 사망

1998년 7월, 미국에서 재정 고문으로 일하고 있던 메디슨 루더폴드Madison Rutherford는 주변 사람들에게 희귀 품종의 개를 한 마리 얻으러 멕시코에 간다고 하고서 돌아오지 않았다. 그는 운전 중 제방을 들이받고 차량 화재로 사망했는데, 뼈조각 일부를 제외하고 차가 완전히 전소되었다. 그가 엄청난 금액의 생명보험에 가입해 있었기 때문에, 해당 생명보험사는 조사팀을 현장에 파견했다. 조사팀에는 시체농장Body Farm이라고 알려진 법인류학센터Forensic Anthropology Center의 창립자인 법인류학자 빌 배스Bill Bass 박사가 포함되어 있었다. 그는 사고현장의 파편들을 수집해서 두개골의 상부조각을 찾아냈다. 그런데 차량의 앞면이 거의 손상되지 않은 것에 비해, 화재의 파괴력이 지나치게 컸다. 이 사건은 보험사기를 위한 위장사고로 의심되었다.

현장에서 수집한 온전한 치아를 분석한 결과, 그것은 부유한 34세 백인남성의 것이라고 보기 어려웠다. 그것은 오히려 그보다 나이가 많은 멕시코인의 치아와 일치했다. 배스 박사의 보고서는 보험사가 사립탐정을 고용할 필요가 있다는 점을 뒷받침했고, 고용된 탐정은 멀쩡히 살아 있는 루더폴드를 찾아냈다. 자신의 죽음을 위장해서 생명보험금을 타내기 위해 그는 멕시코의 한 묘지에서 시체를 훔쳤다. 그리고 시체를 차에 싣고 충돌한 후 불을 지르고 도망쳤다. 결국 그는 유죄선고를 받고 교도소에 수감되었다(Bass & Jefferson, 2003; Kohn, 2002).

어떤 사람들은 범죄를 저지르고 도주하거나 교도소에 가지 않기 위해 자신이 사망한 것처럼 위장한다. 또 어떤 사람들은 채권자나 스토커, 골치 아픈 누군가를 피하기 위해 그런 행동을 취한다. 행동분석가들은 시체가 사라졌거나 실종자가 사망한 것으로 추정되는 사건의 경우, 항상 그 잠재적 이유를 확인해야 한다고 조언한다. 그린우드(Greenwood, 2016)는 그의 저서 『허위사망Pseudocide』에서 사람들이 자신의 죽음을 어떻게 위장하는지에 대해 포괄적으로 설명했다.

6. 기타 위장사망사건

행동을 분석하는 수사관들은 확률분석을 따르기 때문에, 확률을 벗어나는 이상치outliers에 해당하는 사건들에 대해 알고 있어야 한다. 일반적으로 위장사망사건이 바로 그러한데, 이것은 요행이나 수사관의 예리한 관찰에 의해서만 발견되곤 했다.

2008년 3월 15일, 뉴멕시코주의 산타로사 인근에서 토머스 히크먼Thomas Hickman의 시신이 발견되었다. 근처에서 발견된 그의 차량은 기름이 바닥난 상태였고, 그의 입에는 접착테이프가 붙여져 있었으며, 머리에는 총상이 있었다. 그가 텍사스주에 소재한 한 회사의 임원으로 확인되자 경찰은 그가 납치살해된 것으로 추정했다. 그러나 사건현장과 그리 멀지 않은 곳에서 선인장에 걸린 한 묶음의 헬륨가스 풍선이 발견되었는데, 거기에는 스미스 웨슨 권총 한 정이 매달려 있었다. 그 총의 손잡이는 제거되어 있었고 안전장치는 훼손된 상태였으나, 그것이 히크먼을 사망에 이르게 한 무기로 판명되었다. 그 총은 그에게서 멀리 떨어져 있어야만 하는 것처럼 보였다. 총이 발견되지 않았다면, 수사관들은 이 사건을 살인사건으로 판단했을 것이다.

히크먼이 텍사스에서 풍선과 총을 구입한 후, 총을 더 가볍게 만들기 위한 작업을 했다는 단서가 포착되었다. 한 수사관이 그와 비슷한 행동을 전에 TV 프로그램에서 본 적이 있다고 한 것이다. 실제로 2003년 10월에 방영된 범죄드라마 〈CSI〉에서 이와 유사한 에피소드가 확인되었다. 한 저택의 정원에서 총과 헬륨 풍선이 발견되었는데, 수사를 해 보니 마을에서 발생한 한 사망사건에 그 총이 사용되었다는 내용이었다. 히크먼이 그 드라마를 봤다는 것을 증명할 수는 없었지만, 심리부검 결과 그에게 우울 징후를 발견할 수 있었다. 그의 아내는 중병에 걸려 있었고, 그는 주식에서 상당한 경제적 손실을 보았다. 경찰은 히크먼이 자살한 사실을 아내가 알아채지 못하게 하기 위해 자신의 죽음을 살인으로 위장한 것으로 보았다. 결국 사건은 자살로 종결되었다 (Ellis, 2008).

2004년 영국에서는 15세 소년이 14세 친구의 가슴과 배를 칼로 찔러 경찰이 수사에 착수한 사건이 있었다. 두 소년은 온라인에서 만난 한 여성 스파이에게 호감을 가지고 있었는데, 그녀가 가해소년에게 친구를 죽이라고 명령했다고 한다. 그러나 조사결과 그런 여성은 실제로 존재하지 않았다. 경찰은 두 소년이 주고받은 이메일과 메시지들을 컴퓨터로 분석하여, 피해소년이 가해소년을 꼬드겨 자신을 좋아하도록 만든 후 칼로 찔러 죽이도록 유도했다는 사실을 밝혀냈다. 피해소년은 살아남았고, 이 사건은 살인에 의한 자살미수 사건으로 처리되었다("Web friend conned," 2004).

법의병리학자 시릴 웩트Cyril Wecht는 동기부여 연설가였던 제프리 로커 Jeffrey B. Locker 사망사건에 대한 법정 증언을 요청받았다. 52세에 엄청난 빚을 지게 된 로커는 여러 개의 생명보험에 가입하여 총 1,800만 달러의 보험금을 탈 수 있었다. 2009년 7월, 그는 이스트 할렘 지역에 세워 둔 자신의 SUV 차량에서 칼에 찔려 사망했다. 범인으로 검거된 케네스 마이너Kenneth Minor는 조력자살을 위해 범행을 저지른 것이라고 주장했다. 로커는 가족이 보험금을 지급받을 수 있도록 하기 위해, 이스트 할렘에서 돈을 받고 자신의 목숨을 끊어 줄 사람을 찾았다고 한다. 마이너는 처음에 그의 요구사항을 듣고 거절했지만 결국엔 하기로 결정했다고 진술했다. 웩트는 재판에서 마이너의 진술과 시신의 상처가 일치한다고 증언했다(Wecht & Kaufman, 2014).

사우스캐롤라이나주에서는 처음에는 명백한 자살로 보였으나 수사를 하면서 살인으로 위장된 듯한 흔적이 발견된 사건이 있었다. 사망자는 자신의 차량 트레일러에서 22구경 소총 위에 엎드린 상태였다. 탄흔이 그의 오른쪽 관자놀이와 입 안, 그리고 트레일러 천장에서 각각 하나씩 발견되었다. 그러나 그는 총에 두 번 맞았고, 2개의 총알만 발견되었다. 게다가 트레일러 입구 계단, 거실의 TV 리모컨 주변, 카펫, 거실에서 욕실로 가는 길, 욕실 벽과 바닥, 의자 위에 비옷, 부엌 등 트레일러 곳곳에서 혈흔이 발견되었다. 몇 군데에서는 혈액이 고여 있었는데, 이는 부상당한 피해자가 그 위치에서 어느 정도 시간을 보냈음을 나타냈다.

소총에 유서를 테이프로 붙여 놓은 것을 제외하면, 이 사건은 살인 또는 살인으로 치밀하게 위장된 자살처럼 보일 수 있다. 보통 살인사건에서 범인은 범행현장의 혈흔을 청소하거나 혈흔이 묻은 범행도구를 제거하기 때문에, 이 사건이 자살로 위장한 살인일 가능성은 낮았다. 혈흔 패턴과 탄피를 근거로 경찰은 사망자가 의자에 앉아 입안에 총을 쏘았지만, 사망에 이르지는 않았다고 판단했다. 그는 피를 흘리며 트레일러 안을 돌아다녔고, TV를 보았을 수도 있으며, 베란다에 앉아 목에서 나는 피를 뱉어내며 담배도 피웠을 것으로 추정되었다. 경찰은 결국 그가 다시 거실로 돌아와 자신의 관자놀이에 총을 쏘고 자살한 것으로 결론지었다(Mayo, 2007).

7. 수사 실패사례

심리학자 데이비드 캔터(David Canter, 2005)는 1992년 차고에서 목을 매 사망한 폴라 길포일Paula Gilfoyle의 유서를 분석했다. 당시 그녀는 임신 8개월 차였지만, 자살유서가 발견되어 사건현장이 제대로 조사되지 않았다. 하지만 폴라의 지인들은 그녀가 행복했으며 자살하지 않았을 것이라고 단언했다. 용의자로 남편 에디Eddie Gilfoyle가 떠올랐고, 그는 아내 살인 혐의로 기소되었다. 그러나 유서가 폴라의 필체로 판명되자, 경찰은 에디가 아내를 속여 유서를 그가 원하는 대로 받아 적도록 했을 뿐만 아니라 그녀가 사다리를 타고 올라가 머리를 올가미에 집어넣도록 만들었다고 추정했다. 재판에서 에디가 자신은 의료 분야에서 자살을 연구하고 있기 때문에 사건 재현을 위해 아내에게 도움을 요청한 것뿐이라고 주장한 것에 대해 검찰은 사악한 조종자의 변명에 불과하다고 일축했다. 그러나 그가 분명히 만졌을 것으로 추측되는 밧줄에 대해서는 DNA 검사가 이루어지지 않았다.

캔터는 우선 검찰의 주장에 동의했지만, 일부 법언어학자의 주장과 달리 어떤 사람이 사용한 특정 단어나 구절이 그의 특성을 명확하게 반영한다는 과학적 증거는 없다고 지적했다. 그는 폴라와 에디가 각각 쓴 더 많은 글 샘플을 분석하여, 두 사람의 글에 일반적으로 나타나는 주제를 발견했다. 또한 캔터는 양측의 친인척 면담을 통해 보다 세심한 피해자 조사를 실시한 후, 폴라가 우울 증세가 있었고 자살할 가능성이 있다는 결론을 내렸으며, 검찰이 주장한 것처럼 에디가 교활하리만치 계산적인 사람이 아니라는 의견을 제시했다.

3장에서 소개한 접착테이프에 휘감겨 사망한 청년의 사건에서, 자기 스스로 테이프를 온몸에 감는 것이 불가능해 보였기 때문에 청년은 살해된 것으로 추정되었다. 특히 테이프의 끝 부분 중 몇 군데가 그의 팔이 닿을 수 없는 지점에 붙어 있는데다, 다리보다 팔이 먼저 테이프로 감긴 것으로 보였기 때문이다. 그러나 자신의 외로움이 어떻게 그런 식으로 스스로를 테이프로 휘감을 수 있게 만들었는지에 대해 청년이 작성한 컴퓨터 기록과 함께 사건현장에서 몇 가지 단서가 발견되고 나서야 그의 죽음이 쾌락을 추구하다 안타까운 사고를 당한 것임이 밝혀졌다.

36세의 재니스 존슨Janice Johnson은 노바스코샤주 셸번에 위치한 자택 지하 계단 바닥에서 숨진 채 발견되었다. 그녀는 이웃과 전화통화를 하다가 딸을 데리고 오는 친구를 만나기 위해 서둘러 전화를 끊었다. 남편 클레이튼Clayton Johnson은 출근한 후였고, 오기로 했던 친구가 그녀의 시신을 발견했다. 그녀는 차 키를 손에 쥐고 얼굴은 정면을 바라본 채 누워 있었다. 튀어나온 콘크리트 벽 조각과 그녀의 머리 주위에는 피와 머리카락이 엉켜 있었다. 시신 근처에 하이힐이 벗겨져 있는 점으로 보아, 그녀는 계단 위에서 균형을 잃고 추락한 것으로 추정되었다. 경찰은 이 사건을 불행한 사고로 보고, 현장 사진조차 찍지 않고 종결했다. 이웃들은 도움을 주기 위해 그녀의 집에 달려와 집 안에 남아 있는 혈흔을 모두 닦아 주었다.

몇 달 후, 그녀의 남편이 스무 살 연하의 여성과 데이트를 하기 시작했고 그가 보험금으로 12만 5천 달러를 지급받자, 경찰은 이 사건을 재수사하기로 했다. 이번에는 수사관들과 법의학자가 살인 가능성에 무게를 두고 증거들을 분석했고, 일반적으로 사람들이 계단에서 떨어지는 방법처럼 재니스도 얼굴부터 떨어졌다면 그녀의 머리에는 열상lacerations이 나타나지 않았을 것이라고 판단했다. 목격자들의 진술에서도 바뀐 점이 있었다. 그들은 당시 벽에 상당히 많은 피가 튀어 있었다고 재진술했는데, 이것은 사건 초기에는 아무도 언급하지 않았던 부분이었다. 클레이튼은 아내를 살해한 혐의로 체포되어 재판을 통해 유죄판결을 받았다. 그는 과학 전문가들로 구성된 강력한 변호팀을 구성해 재심에서 승소하기까지 6년을 교도소에서 보냈다.

변호 측은 재니스가 계단에서 뒤로 떨어졌을 때 머리에 열상이 생길 수 있다는 점을 입증하기 위해(초기 수사에서는 제기되지 않았던 시나리오), 인체 모형을 이용해 사건을 재현했다. 그 결과, 재니스의 머리 상처와 일치하는 외상이 모형에도 나타났다. 또한 재니스에게는 누군가 공격했을 때 자신을 방어하기 위해 나타나는 방어흔도 없었다. 친구가 그녀의 시신을 발견했을 당시 클레이튼은 주유소에 있었기 때문에, 그가 아내를 살해하기 위해 집으로 돌아갔다는 가설은 성립하지 않았다. 결국 노바스코샤 항소법원의 심리로 열린 항소심 공판에서 클레이튼은 무죄판결을 받았다(Makin, 2002).

이 사건은 확률분석의 위험성을 보여 준다. 계단에서 떨어지는 사람들의 대다수는 얼굴을 먼저 내밀기 때문에 이 시나리오를 재현한 것은 합리적이었다. 그러나 초기 수사에서 이 시나리오의 가능성을 완전히 배제한 것이 문제였다. 발생 가능성은 낮지만 여전히 유효한 시나리오를 적용할 때, 사건의 실마리가 좀 더 효과적으로 풀릴 수 있다. 이 사건은 또한 편향성의 영향을 보여 준다. 경찰은 처음에는 사고사로 결론을 냈지만, 클레이튼이 훨씬 더 젊은 여성과 데이트를 하자 그를 의심하기 시작했다. 그러고는 목격자들의 왜곡된 기억을 의심하기보다 무언가 딱 들어맞지는 않지만 새로운 정보와 일치하는 목격자들의 추가적 진술을 적극적으로 받아들이면서 사건을 남편의 범행으로 몰아갔다. 이 사건은 수사에서의 인지 왜곡을 설명할 수 있는 좋은 예시이다.

사망현장에서 자살유서로 보이는 어떤 글이 발견되면, 사건이 자살로 빠르게 종결될 수 있는 위험성이 발생한다. 2001년 캐나다 오타와 경찰은 존 코넬리John Connelly의 부모에게 아들이 스스로 목숨을 끊었다고 알렸다(Guilli, 2010). 유서에는 "앞으로 행운을 빌어요. 나의 가족과 나의 사랑, 나는 항상 당신과 함께 할 거예요."라는 글과 함께 맨 아래에 사망자의 이니셜이 휘갈겨 쓰여 있었다. 그러나 유가족은 이것이 존의 유서라고 믿지 않았다. 그들은 존이 평소 이렇게 형식적이거나 모호한 말을 하지 않는다고 주장했지만, 경찰

표 4-3	위장사망사건 평가를 위한 수사 요령

- 수사 과정을 단축시키는 개인적 추정에 주의한다.
- 사망위장자의 대다수는 사망자와 연관된 사람임을 상기한다.
- 사망자와 연관된 사람은 전·현 배우자 또는 애인일 가능성이 가장 높다.
- 사망위장자가 시체를 발견하거나 실종신고를 하는 경우가 많다.
- 시체 발견자가 현장에 있는 이유는 타당해야 한다.
- 사망위장자는 '도움을 주겠다'며 수사에 관여할 수 있다.
- 사망위장자는 경찰이 봤으면 하는 자살유서나 다른 증거들을 '발견'한다.
- 911에 신고를 한 사망위장자는 '죄책감을 보이는 유형'과 '결백을 주장하는 유형'처럼 공통적으로 나타나는 독특한 요소가 있다.
- 사망위장자는 범행현장을 위장하는 것뿐만 아니라 진술도 조작하여 위장의 신빙성을 보강할 수 있다.
- 사망위장자는 자신이 수사대상이 되지 않도록 하기 위해 적절한 해명을 준비한다.
- 위장사망사건에서 발견된 자살유서에는 실제 자살유서에서는 거의 나타나지 않는 요소들이 자주 발견될 만큼 자살의 발생 맥락에 대해 잘 모르는 특징이 드러난다.
- 추측하기보다 실제 자살유서에서 나타나는 특징적 항목을 숙지한다.
- 위장사망사건에 대한 언론 보도나 진술을 모방한 점이 있는지 확인한다.
- 사망자의 평소답지 않은 행동을 찾는다.
- 유서에 가까운 지인이 언급되어 있다면, 용의선상에 올리는 것을 고려한다.
- 사망위장자는 남성일 가능성이 높다.
- 자살로 위장한 사건에는 대부분 총기가 포함된다.
- 사건현장에서 총기가 너무 완벽한 위치에 놓여 있거나, 혈흔이나 탄피의 위치가 일치하지 않는 곳에서 발견되는 것은 위장사망을 의심할 수 있는 지표가 된다.
- 위장사망사건은 자택과 같이 사망자에게 친숙한 장소에서 가장 많이 발생한다.
- 유가족이나 목격자 등과 면담 시에는 그들의 예상치 못한 행동에 주의를 기울인다.
- 사건의 진술과 증거를 대조한다.
- 수사에서 쟁점을 강조할 수 있도록 대립가설을 수립한다.

은 이 사건을 재수사하지 않았다.

필자는 그동안 수많은 사망사건에 대한 행동분석을 하면서, 수사관들을 위한 위장사망 수사 요령을 〈표 4-3〉과 같이 구성했다.

8. 심리부검의 법과학적 가치

이와 같은 위장사망사건들 중 일부는 결국 재판에 넘겨진다. 심리부검에는 과학적 방법론에서 요구되는 일정한 특성이 다소 결여되어 있다. 여기에서는 증거능력admissibility에 영향을 미친 판결들을 살펴보고, 심리부검의 증거능력을 인정한 판례들에 대해 설명하도록 한다. 증거능력 문제는 다음 장에서 나올 프로파일링의 행동분석 방법에서도 등장한다.

1923년 미국에서는 과학적 증거능력의 기준을 세운 최초의 판결이 내려졌다. 살인죄로 유죄판결을 받은 제임스 프라이James T. Frye는 항소심에서 재판부가 혈압을 이용한 거짓말탐지기lie detector의 검사결과를 증거로 인정하지 않았다고 주장했다. 컬럼비아 항소법원은 유죄판결을 확정하고, "전문가에 의한 추론은 해당 전문분야에서 일반적 승인general acceptance을 얻기에 충분히 확립된 것이어야 한다."라는 증거능력 기준을 명확히 판시했다(Frye v. U.S., 1923).

그 후 전문가의 지식, 훈련, 기술, 경험을 중시하는 미연방증거규칙Federal Rules of Evidence 제702조를 포함하여 프라이 기준을 판결에 적용하려는 움직임이 일어났고, 이 기준은 1993년까지 미 전역의 법원에서 우세하게 적용되었다. 법적 책임을 다투는 사건에서는 증거능력을 뒷받침할 수 있는 명확한 요인이 요구되었는데, 머렐 다우 제약사가 생산한 약을 놓고 이와 관련한 분쟁이 발생했다. 소송 당사자 양측은 이 약이 선천적 기형을 야기하는지의 여부를 전문가를 통해 입증하고자 했고, 원고가 패소하여 이 사건은 연방대법원에 회부되었다. 연방대법원은 연방관할권에 따른 증거능력의 요건을 다음과 같이 판시했다. 즉, "'과학적'이라는 것은 특정 분야에서 일반적으로 수용될 수 있을 정도로 충분히 확립된 과학적 방법과 절차에 대한 근거를 갖춘 것을 의미한다."

재판부 판사들은 이러한 과학적 증거능력을 판단하기 위해, 해당 증거에 대한 결론이 아닌 다음과 같은 방법론에 주목했다. 즉, ① 그 이론의 신뢰성을 과학적으로 검증할 수 있는지, ② 오차율(또는 잠재적 오차율)이 알려져 있는지, ③ 관련 과학계의 동료들이 그 방법을 검토하고 수용했는지, ④ 알려진 기준과 방법이 있는지, ⑤ 해당 증거가 분쟁 중인 특정 사건과 관련이 있는지에 대해 판단했다. 그 밖에 또 다른 판단 요건으로 해당 분야의 운용을 규제하는 기준이 존재하는지가 제시되었다(Daubert v. Merrell Dow Pharmaceuticals, 1993). 이러한 도버트 기준Daubert standrad은 연방 기준이 되었고, 많은 주정부에서 프라이 기준을 대체하여 사용되고 있다. 두 가지 기준을 조합해서 사용하고 있는 주정부들도 있지만, 약 75%의 주정부가 도버트 기준을 적용하고 있다(Bernstein & Jackson, 2004).

이와 관련된 두 가지 사건, 즉 1997년 제너럴 일렉트릭 대 조이너 사건 General Electric Co. v. Joiner과 1999년 금호타이어 대 카마이클 사건Kumho Tire Co. v. Carmichael은 사실심 판사의 역할을 명확히 보여 주었다. 그들은 전문가의 기술적 전문지식을 포함한 기타 특화된 지식에 도버트 기준을 적용했다. 그러나 실상은 도버트 기준의 가이드라인이 모호하고, 이에 대한 판단이 판사마다 다른 문제점이 나타났다. 해당 전문가가 자격증이 있고 경험이 많으며 편파적이지 않는 한, 판사들은 그들이 제시한 증거를 신뢰할 만하다고 보는 경향이 있었다. 대다수의 판사는 과학에 대한 교육훈련을 받지 않으므로 오차율의 산출 방법을 이해하기 어려웠고, 일부 판사는 이러한 의무를 완전히 무시하기도 했다(Shelton, 2009, 2011).

심리부검의 표준 정의, 교재, 방법론의 미흡함과 더불어 신뢰성 및 타당성

연구의 부족은 이 분야의 고민거리이다. 미국자살학회AAS가 심리부검 교육 및 전문자격 프로그램을 제공하고 있지만, 재판에서 증거능력을 쉽게 인정받 지 못하고 있다. 주정부 대 거스리 사건State v. Guthrie에서 판사는 AAS의 한 자 살학자가 실시한 심리부검 결과를 증거로 채택하지 않았다.

1999년 5월, 빌 거스리Bill Guthrie는 아내 섀런Sharon Guthrie이 욕조에서 숨져 있는 것을 발견했다. 그녀의 죽음은 처방약에서 비롯되었는데, 그중 하나인 신경안정제 테마제팜temazepam은 빌이 처방받은 것이었다. 그녀는 테마제팜 스무 알을 복용한 후 의식을 잃고 익사했다. 빌은 아내가 몽유병 증상을 보이 는 사이 우발적으로 약을 과다복용한 것으로 보인다고 진술했다. 그러나 경 찰의 추가 조사를 통해 빌의 범행임이 밝혀졌다. 그에게는 내연녀가 있었고, 아내가 죽기 직전 두 곳의 약국에서 처방약을 구입했으며, 컴퓨터로 약물 과 다복용의 영향에 대해 몇 차례 검색한 기록이 확인되었다. 수사관들은 그녀 의 사망 전 몇 달 동안 집에서 이상한 사고들이 잇따라 발생한 사실과, 사망 현장에서 몇 가지 수상한 점을 발견했다. 빌은 경찰에게 사건 당시 자신이 욕 조에서 아내를 꺼냈다고 진술했지만 그의 옷은 젖어 있지 않았고, 자신이 일 을 마치고 집에 막 도착했다고 했지만 그는 맨발 상태였다. 또한 결혼생활에 전혀 문제가 없었다는 그의 진술과는 달리, 딸은 아빠가 이미 이혼을 결심했 다고 했다.

경찰 수사에 압박감을 느낀 빌은 한 예배서의 책갈피에서 아내의 유서 한 장을 발견했다고 하며 경찰에 제출했다. 그 유서는 컴퓨터로 작성되어 있었 고 서명도 없었다. 그는 6월경 해당 유서를 변호사에게도 제출했다고 했다. 최초 조사에서는 빌의 컴퓨터와 교회 내 컴퓨터에서 아무것도 찾지 못했으 나, 수사관들은 이내 그의 보조 컴퓨터에서 해당 유서를 발견했다. 그것은 섀 런이 사망한 지 3개월이 지난 후 작성되었으며, 그녀가 작성자로 등록된 두 번째 유서였다. 빌은 자신이 그것을 작성했다고 시인하면서도, 순전히 트라 우마를 극복하기 위한 습작이었을 뿐이라고 주장했다.

결국 그는 체포되어 재판을 받게 되었고, 검찰은 섀런의 자살 가능성을 평가하기 위해 전문가에게 심리부검을 의뢰했다. 당시 심리부검은 AAS의 회원이자 임상의였던 앨런 버먼Alan Berman 박사가 실시했다. 버먼 박사의 자격을 평가하기 위해 열린 도버트 심리Daubert hearing에서는 그의 인상적인 경력을 인정하고 법정 증언을 허용했다. 그는 사망기록, 경찰 면담, 대배심 증언 등의 자료들을 검토하고, 자신이 개발에 참여했던 심리부검 프로토콜을 가지고 유가족 면담을 실시했다. 재판에서 그는 자살자들의 특성을 설명하고, 섀런에게는 그러한 자살요인이 거의 나타나지 않았으며 특히 욕조에서 자살했다는 것을 뒷받침할 만한 증거를 발견하지 못했다고 증언했다. 그는 욕조에서 익사하는 방법으로 자살하는 여성은 단 2% 미만에 불과한데, 섀런은 그럴 가능성이 낮으므로 자살이 아니라고 결론 내렸다. 이에 대해 피고 측은 심리부검에 대한 타당성 연구의 부족을 근거로 심리부검 방법이 비과학적이라고 반박했다.

항소에서 피고 측은 버먼 박사의 심리부검이 핵심적인 문제를 부적절하게 다루었다고 주장하면서 그의 증언 허용에 이의를 제기했다. 재판부는 자살자의 전형적 특성에 대해서는 인정하면서도 그것을 이 사건의 사망자에게 구체적으로 적용하는 것은 과도하다고 판시했다. 버먼 박사의 일부 증언은 증거로 채택되지 않았지만 그것이 재판결과에 영향을 미치지는 않아, 결국 유죄판결이 확정되었다(State v. Guthrie, 2001).

심리부검은 임상적 평가에 크게 의존하고 있으나, 보편적으로 인정받는 권위 있는 기관이 존재하지 않는다. 다행히도 지난 10여 년 동안 전 세계의 많은 연구자가 이 점을 심각하게 받아들이기 시작하여, 개선방안을 전개하고 있다. 심리부검의 증거능력이 인정된 사례는 1930년대까지 거슬러 올라가, 주로 민사소송 판례에서 찾아볼 수 있다. 반면 형사소송에서는 심리부검의 증거능력이 대개 인정되지 않거나 제한되어 왔다.

1989년 잭슨 대 플로리다 사건Jackson v. Florida에서 항소법원은 심리부검의 증거능력을 인정한 판결을 내렸다. 1986년 티나 만치니Tina Mancini라는 한 10대 소녀가 총기로 자살한 채 발견되었다. 티나의 어머니는 출생 신고서를 조작하여 그녀의 나이를 18세로 바꾸고, 집세를 내기 위해 그녀가 스트립 댄서로 일하도록 강요했다. 티나는 그 일을 그만두고 싶었지만 어머니는 허락하지 않았다. 모녀는 이 문제를 두고 자주 언쟁을 벌였다. 이 사건의 심리부검을 담당한 더글라스 제이콥스Douglas Jacobs 박사는 티나의 학교 및 의료 기록, 부검 사진, 그녀의 13세 이전 자살시도에 대한 사건경위서, 친구의 증언 등을 검토하여, 어머니의 정서적 학대가 그녀를 자살하게 만든 유력한 요인이라고 분석했다. 그리고 그녀의 어머니 안드레아 힉스 잭슨Andrea Hicks Jackson은 아동학대 혐의로 유죄판결을 받았다. 이러한 배심원 평결verdict에 대해 피고 측은 심리부검 방법은 신뢰할 수 없다고 반박하며 항소를 제기했다. 그러나 항소법원은 프라이 기준을 적용하여 심리부검 방법이 관련 전문가 집단에서 일반적으로 수용되고 있으며, 심리부검을 실시한 제이콥스 박사가 자살평가 경험을 가지고 있다는 점을 인정했다. 재판부는 심리부검이 임상적 책임능력 평가clinical sanity evaluation와 유사한 절차임을 고려하여 그 신뢰성 문제를 배심원단의 판단에 맡기는 것이 최선이라고 판시했고, 배심원단은 유죄 평결을 확정했다(Jackson v. State, 1989).

  심리부검을 반드시 필요로 하는 사망사건들도 있는데, 이는 심리부검을 하지 않고는 그 사망사건을 이해하기 어렵기 때문이다. 일례로, 심리부검은 다음과 같은 사건에서 실시될 수 있다. 유타에서 16세 소녀가 자살하기로 마음 먹고, 친구인 타이렐 프지비첸Tyerell Przybcien을 통해 밧줄과 환각성분이 있는 스프레이를 구입했다. 프지비첸은 평소 누군가 죽는 모습을 보고 싶어 했기 때문에, 소녀가 바위 위에서 목을 매달았을 때에도 이를 제지하거나 중단시키지 않았다. 그는 자신의 휴대폰으로 그 장면을 촬영했으며, 심지어 그녀가 죽었는지를 확인하는 자신의 모습도 촬영했다. 한 사냥꾼의 신고로 현장에 출동한 경찰에게 그는 자신이 한 짓을 거리낌 없이 이야기했다. 경찰은 그를 살인방조 혐의로 체포했다(Folley, 2017).

불리스(Bullies, 2012)는 조금 다른 접근법으로, 심리부검의 방법을 정교하게 수정하기보다 법정에서 이미 사용하고 있는 내러티브 방식에 눈을 돌렸다. 그는 내러티브가 자백에서부터 변호인의 변론, 목격자 증언, 판사의 설시 instructions에 이르기까지 법률체계의 모든 부분에 토대를 형성하고 있다고 보았다. 그러므로 그동안 심리부검이 다양한 영역에서 광범위하게 실시되어 왔고, 이러한 질적 분석이 평가자 간 신뢰도 검사를 통과했다면 법정에서 허용되어야 한다는 것이다. 이는 사회과학 데이터 분석에서 오랫동안 수용되고 있는 방법이다. 진짜 문제는 표준개발을 위한 인증기관이 없다는 것이지만, 이 분야의 전문가들은 이미 내적 일관성, 프로토콜 준수성, 완전성, 타당성을 추구하고 있다.

오머로드(Ormerod, 2001)는 영국 잉글랜드 지역에서 심리부검이 증거로 채택된 몇 가지 소송사건을 소개했다. 그는 유가족들에게 민감한 정보를 수집하는 심리부검 방법에 있어서, 그 데이터의 특수성에 대한 문제가 제기될 수 있다고 지적했다. 면담 프로토콜이 개발되었음에도 불구하고, 이러한 정보 수집 방식에는 여전히 논란의 여지가 있다. 따라서 심리부검을 통해 수집된 증거가 재판에서 허용되기에는 충분하지 않을 수 있다. 이러한 결함이 있음에도, 심리부검 방법은 관련 전문가 집단에게 일반적으로 수용되고 있으며, 윤리적 요건도 충족하고 있다. 오머로드는 또한 법적 맥락에서 심리부검이 가장 도움이 될 수 있는 두 가지 이점은 어떤 사망사건이 자살 기준에 부합되는지를 판단하고, 사망 원인을 이해하는 것이라고 보았다. 이러한 정보는 검시관 심리로 이루어지는 형사 재판 및 판결뿐만 아니라, 생명보험 청구, 유언 분쟁, 의료사고 소송, 교정기관의 사망사건에 대한 직무 위반 등에서 활용될 수 있다.

9. 요약

자살학자들이 제공할 수 있는 전문적 정보의 가치는 사망사건 조사를 통해 어느 정도 증명되었다. 범죄사건 수사에 대한 대중의 관심과 지적 수준이 갈수록 높아짐에 따라 위장사망사건에 대한 철저한 수사가 더욱더 요구되고 있다. 심리부검이 재판에서 일반적으로 허용될 수 있는 수준에 도달할 수 있을 것인지는 좀 더 두고 봐야 한다. 법률 영역에서는 심리부검 방법에 대한 많은 문제점이 제기되고 있다. 그러나 AAS와 같은 전문단체가 자살(시도)자의 심리상태 등에 대한 데이터를 지속적으로 수집·분석하고 있으므로, 향후 인증된 전문가가 제시한 의견의 오차율을 감소시키고 보다 정확한 자문을 제공할 수 있을 것으로 기대한다.

10. 참고문헌

Bass, B., & Jefferson, J. (2003). *Death's Acre: Inside the legendary forensics lab, the Body Farm, where the dead do tell tales.* New York: Putman.

Bernstein, D. E., & Jackson, J. D. (2004). The Daubert trilogy and the states. *Jurimetrics,* p. 44. Retrieved from https://www.researchgate.net/profile/David_Bernstein9/publication/228158634_The_Daubert_Trilogy_in_the_States/links/56603a6908aefe619b28cb6d.pdf

Bullis, R. K. (2012). Narrative approaches in psychological autopsies: Suggestions for methodologies. *Journal of Forensic Psychology Practice, 12,* 124-146.

Canter, D. (2005). Suicide or murder? Implicit narratives in the Eddie Gilfoyle case. In L. Alison (Ed.), *The forensic psychologist's casebook: Psychological profiling and criminal investigation* (pp. 315-333). Devon, UK: Willan Publishing.

Chambers, A., & Meyersohn, J. (2009, April 23). Exhumed body reveals Stacy Castor's first husband 'didn't just die': Exclusive look inside anti-freeze murder mystery. *ABC News*. Retrieved from http://abcnews.go.com/2020/story?id=7394363

Chaski, C. E. (2005) Who's at the keyboard? Recent results in authorship attribution. *International Journal of Digital Evidence, 4*(1). Retrieved from www.ijde.org

Daubert v. Merrell Dow Pharmaceuticals, Inc. 113 S. Ct 2786 (1993).

Ellement, J. (2006, March 10). Witnesses tell of grisly Quincy murder. *Boston Globe*. Retrieved from http://archive.boston.com/news/local/articles/2006/03/10/witness_tells_of_grisly_quincy_murder/

Ellis, T. M. (2008, July 18). CSI-like suicide ruled in death of Red Lobster exec Thomas Hickman. *Dallas Morning News*. Retrieved from http://articles.orlandosentinel.com/2008-07-18/news/hickman18_1_lisa-hickman-thomas-hickman-anglada

Fanning, D. (2014). *Under cover of the night*. New York: Berkley.

Ferguson, C. E. (2014). Staged crime scenes: Literature and types. In W. Petherick (Ed.), *Serial crime: Theoretical and practical issues in behavioural profiling*, 3rd ed., (pp. 141-164). Boston, MA: Andersen.

Ferguson, C. E., & Petherick, W. (2016). Getting away with murder: An examination of detected homicides stages as suicides. *Homicide Studies, 20*(1), 3-24.

Folley, A. (2017, May 9). *Utah man arrested for murder of teen girl after filming her suicide*. Retrieved from https://www.aol.com/article/news/2017/05/09/utah-man-arrested-for-murder-of-teen-girl-afterfilming-suicide-hanging-from-tree/22078436/

Frye v. U. S. DC Circuit. 293 F. 1013. No. 3968. (DC Cir. 1923).

Geberth, V. (1996). The staged crime scene. *Law and Order Magazine, 44*(2), 45-49.

General Electric Co. V. Joiner, 522 U.S. 136 (1997).

Glatt, J. (2007). *Deadly American beauty*. New York: MacMillan.

Greenwood, E. (2016). *Playing dead: A journey through the world of death fraud*.

New York: Simon & Schuster.

Guilli, K. (2010). What if it wasn't really suicide? *Maclean's, 123*(21), 60–61.

Harpster, T., & Adams, S. (2016). *Analyzing 911 homicide calls: Practical aspects and applications.* Boca Raton, FL: CRC Press.

Harpster, T., Adams, S., & Jarvis, J. P. (2009). Analyzing 911 homicide calls for indicators of guilt or innocence: An exploratory analysis. *Homicide Studies, 13*(1), 69–93.

Hollandsworth, S. (1996, July). Poisoning Daddy. *Texas Monthly.* Retrieved from http://www.texasmonthly.com/articles/poisoning-daddy/

Hueske, E. E. (2010, September). An unusual indicator of scene staging. *Evidence Technology Magazine,* pp. 22–24.

Jackson v. State. (1989). *So. 2d.* Vol. 553; 719.

Jonsson, P. (2009, November 24). Census worker Bill Sparkman staged his suicide. *The Christian Science Monitor.* Retrieved from https://www.csmonitor.com/USA/Society/2009/1125/p02s05-ussc.html

Kohn, D. [Correspondent] (2002, March 13). Dead men talking. *CBS.* news.com. Retrieved from http://www.cbsnews.com/news/dead-men-talking/

Kumho Tire Co. v. Carmichael, 526 U.S. 137 (1999).

Makin, K. (2002, February 19) Wrongly convicted man cleared in wife's death. *Globe and Mail.* Retrieved from http://www.theglobeandmail.com/news/national/wrongly-convicted-man-cleared-in-wifes-death/article25292029/

Mayo, K. (2007). It's suicide··· isn't it? *Evidence Technology Magazine, 5*(1), 12–15.

Morello, C., & O'Keefe, E. (2009, September 26). Slain census taker warned of job dangers. *The Washington Post,* p. A3.

Ormerod, D. (2001). Psychological autopsies: Legal implications and admissibility. *The International Journal of Evidence and proof, 5*(1), 1–31.

People v. Fletcher (2004). 229092. Retrieved from http://caselaw.findlaw.com/mi-court-of-appeals/1354865.html

Pettler, L. G. (2012). *Crime scene behaviors of crime scene stagers* (Doctoral dissertation). Retrieved from Proquest (2251577601).

Pettler, L. (2016). *Crime scene staging dynamics in homicide cases.* Boca Raton, FL:

CRC Press.

Prosecutors to seek death penalty for Bernville killing. (2008, June 20). *Reading Eagle*, p. 1.

Schlesinger, L., Gardenier, A., Jarvis, J., & Sheehan-Cook, J. (2014). Crime scene staging in homicide. *Journal of Police and Criminal Psychology, 29*(1), 44-51.

Shelton, D. E. (2009). Twenty-first century forensic science challenges for trial judges in criminal cases: Where the "Polybutadiene" meets the "Bitumen." *Widener Law Journal 18*(2), 309-396.

Shelton, D. E. (2011). *Forensic science in court: Challenges in the 21st century*. New York: Rowman & Littlefield.

State of New Jersey v. Denofa. (2006). Retrieved from http://caselaw.findlaw.com/nj-supreme-court/1101897.html

State v. Guthrie. (2001). *SD 61, 627 NW 2d. 401.*

Web friend conned into murder bid. (2004, May 28). *BBC News.* Retrieved from http://news.bbc.co.uk/2/hi/uk_news/england/manchester/3758209.stm

Wecht, C., & Kaufman, D. (2014). *Final exams.* Seattle, WA: Rule Publications.

2부

범죄 프로파일링

5장
역사 및
목적

 1888년 8월 31일, 메리 앤 폴리 니콜스Mary Ann Polly Nichols는 돈을 벌기 위해 거리로 나왔다. 이 45세 여성은 화이트채플이라는 런던 동부지역에 살고 있었다. 당시 그녀와 비슷한 처지의 많은 여성은 생계를 위해 몸을 팔았다. 그러나 그날 니콜스는 끔찍하게 살해된 채 길거리에서 발견되었다. 그녀의 목과 복부에는 깊게 베인 상처가 있었다. 3주 전에 또 다른 매춘부 마사 태브럼Martha Tabram이 그와 멀지 않은 곳에서 난도질당해 사망한 일이 있었지만, 이번 사건과 별다른 관련성이 없어 보였다. 그것은 위험한 동네에서, 특히 한밤중에 벌어진 사건일 뿐이었다.

 그로부터 일주일 후인 9월 8일, 목이 절단된 애니 채프먼Annie Chapman의 시신이 발견되었고, 이번에는 살인범의 범행이 더 심각해졌다. 남성으로 추정되는 범인은 그녀의 내장을 꺼내고 방광과 자궁을 제거했다. 이러한 범죄로 인해 시민들은 불안에 떨었지만 경찰은 단서가 없었다. 목격자들을 조사했지만 이것이 동일범의 소행이라는 것을 암시하는 증거는 찾지 못했다. 3주후, 또다시 2명의 매춘부가 같은 날 밤에 살해되는 사건이 발생하자, 화이트채플의 심각한 위험성을 알리는 기사들이 신문에 대서특필되었다. 살해된 엘리자베스 스트라이드Elizabeth Stride의 목은 메리 니콜스처럼 깊게 베였지만, 캐서린 에도우즈Catherine Eddowes의 목은 애니 채프먼과 비슷하게 절단되어 있었다. 에도우즈의 뱃속에서 꺼낸 내장은 그녀의 어깨 위에 놓여 있었고, 자궁과 신장은 잘려 있었으며, 그녀의 얼굴은 기이하게 훼손되어 있었다. 피해여성들은 모두 밤거리에서 몸은 파는 여성들로, '사악한 1/4마일'이라고 불리는 홍등가에서 칼로 살해된 후 유기되었다.

얼마 지나지 않아, 화이트채플 자경단장 앞으로 '지옥으로부터from Hell'라고 적힌 편지 한 통과 알코올 중독자에게서 적출한 것으로 보이는 신장 반토막이 동봉되어 왔다. 발신자는 앞으로 이런 일이 더 있을 것이라고 예고했다. 그러나 이런 지독한 편지를 보낸 자의 정체는 확인되지 않았다. 설상가상으로, 경찰과 신문사에 수많은 모방 편지가 쏟아졌는데, 특히 그중 누군가가 보낸 '잭 더 리퍼Jack the Ripper'라고 서명한 편지가 대중에 알려지면서 이 이름이 유명해지게 되었다. 그러나 그 편지를 진범이 쓴 것인지는 알 수 없었다. 많은 신문기자도 살인범을 잡기 위해 경찰에 정보를 제공했다.

경찰은 범인의 살인 패턴 주기로 볼 때 다음 범행일을 10월 8일로 예상하고 화이트채플 지역의 순찰을 늘렸지만 범행은 발생하지 않았고, 월말까지 조용히 지나갔다. 그러나 11월 8일, 다섯 번째 피해자인 메리 켈리Mary Kelly가 자신의 월셋방에서 토막 살해를 당한 후, 내장까지 적출된 끔찍한 사건이 발생했다. 범인은 마치 광란에 빠진 것처럼 그녀의 시체를 난도질해 방 안 여기저기에 내던져 놓았다. 그동안 발생한 살인사건이 모두 동일범의 소행이라면, 범행이 갈수록 훨씬 더 심각해지고 있음을 나타냈다. 사방에 그녀의 잘려진 유방과 위 내용물, 토막 난 다리들이 널려 있었으며, 심장은 제거된 상태였다. 사건현장에 도착한 의사는 이 미치광이가 약 2시간 동안 시신을 토막 내고 훼손한 것으로 추정했다. 야만성의 극치를 보여 준 이 사건으로 인해 경찰은 범인이 또 다른 범행을 저지르기 전에 반드시 체포해야 한다는 압박을 받았다.

경찰은 수많은 용의자를 조사했지만 결국 아무도 체포하지 못했다. 잭 더 리퍼가 누구이든 간에, 오늘날까지도 많은 사람은 이 5건의 살인사건이 관련되어 있는지, 범인이 살인을 더 저질렀을지, 그리고 어떤 유형의 사람이 이런 범죄를 저지를 수 있는지를 밝히려고 시도하고 있다. FBI 프로파일러들도 이 살인사건의 미스터리를 풀어 보려고 했다(Evans & Rumbelow, 2006). 거론된 용의자들로는 정신병적 섹스광부터 의사, 시인, 예술가에 이르기까지 다양하다.

이 무렵부터 범죄 프로파일링이 시작된 것으로 보인다. 당시에는 FBI가 없었고 법집행기관에서 프로파일링을 시작한 것도 아니었다. 범죄자에 대한 공식적인 사후postcrime 심리적 묘사방법은 한 외과의사의 예측에서 시작되었다. 이 장의 뒷부분에서 그의 범죄자 프로파일링 작업과 몇 년 후에 범죄행동 연계에 초점을 맞춘 또 다른 프로파일링에 대해 살펴볼 것이다. 여러 전문가는 FBI가 자체 방법론을 도입하여 실행하기 전부터 범죄를 해결하기 위한 도구로 활용되었던 행동분석 방법에 관심을 가졌다.

범죄 프로파일링을 FBI만 실시한 것은 아니지만, FBI의 방법이 가장 눈에 띄었다. 이것은 당시 수사대상이 된 특정 연쇄살인범들이 유명세를 얻으면서 세상에 알려지게 되었다. 이 장에서는 그동안 범죄 프로파일링을 위한 행동분석이 어떻게 발전되어 왔는지, FBI의 행동과학부BSU가 어떻게 창설되었으며 누가 초기 멤버로 활동했는지, 그리고 이 부서가 어떻게 연쇄살인에 대해 자문을 제공하는 엘리트 수사지원팀으로 발전했는지에 대해 포괄적으로 설명할 것이다.

1. 프로파일링 이전의 연쇄살인범

잭 더 리퍼는 세계 최초의 연쇄살인범이 아니며, 경찰의 관심을 끌었던 최초의 범죄자도 아니다. **행동 프로파일링**은 연쇄범죄나 살인에만 국한되는 것은 아니지만 범죄현장의 연계분석에 더 자주 사용된다.

연쇄살인범에 대한 최초의 기록은 고대 로마에서 찾을 수 있는데, 대부분은 독극물을 이용한 살인범이었다(Ramsland, 2005). 여기에는 황제의 비호 아래 독살 훈련소를 운영한 것으로 유명했던 여성도 있다. 로마 후기에는 소수의 귀족이 부와 권력을 이용하여 자신들의 범죄를 옹호했다. 그중 일부는 체포되어 형을 선고받았다. 1573년에서 1600년 사이에는 여러 명의 남성과 일가족이 자신들을 늑대인간이라고 하면서 살인을 저질러 동물화망상lycanthropy 혐의로 재판을 받았다. 어떤 사람들은 스스로를 동물 강박증animal compulsion의 저주에 걸렸다고 여기기도 했는데, 그 당시 식인증cannibalism, 흡혈행위vampirism 또는 시체성애증necrophilia과 관련된 사건들은 그리 드문 일이 아니었다.

독살은 중세시대에 만연했고, 17세기 이탈리아에서는 기울리아 토파나Giulia Tofana라는 여성이 수백 건의 독살사건에 연루된 것으로 알려졌다. 당시 일부 부유층은 권력이나 상속에 장애물이 되는 인물을 은밀하게 독살하도록 사주했기 때문에, 체포되거나 기록되지 않은 연쇄독살범이 더 많았을 것이다. 19세기에는 법독성학자들forensic toxicologists이 인체 조직에서 비소를 탐지하는 기술을 개발하여 연쇄독살범들을 식별하고 체포하는 데 기여했다.

과학의 발명, 산업 기술, 의학적 발견은 점점 더 고도화된 반면 종교의 지배력은 약화됨에 따라, 의사들은 질병에 대한 지식을 발전시키고 인체해부학을 실습하기 위한 시체를 필요로 했다. 이에 따라 무덤 도굴이 성행했는데, 소위 시체사업가들necro-entrepreneurs 중 일부는 연쇄살인을 저지르기도 했다. 스코틀랜드의 윌리엄 버크William Burke와 윌리엄 헤어William Hare는 팔로 목을 조르거나 가슴 위로 올라타 코를 틀어막는 방법으로 사람들을 살해했는데, 이는 외상 흔적이 없어 가장 비싼 값에 시체를 팔 수 있었다. 그들은 1828년 체포되기 전까지 16명을 살해했다.

당시에는 아이들조차 냉혈한 살인마가 되어 갔다. 미국에서는 '보스턴의

악마 소년Boston Boy Fiend'이라고 불린 14세의 제시 포머로이Jesse Pomeroy가 2명의 아동을 살해하고 시신을 훼손한 사건이 발생했다. 교회 관리인이었던 토머스 파이퍼Thomas Piper는 자신이 4건의 잔혹한 성적 살인sex murders을 저질렀다고 자백하면서, 아편이 그를 그렇게 만들었다고 진술했다.

잭 더 리퍼 사건이 발생하기 3년 전인 1885년, 미국 텍사스주 오스틴에서는 '하녀 연쇄살인마Servant Girl Annihilator'가 세간을 떠들썩하게 했다. 이 사건의 범인 역시 신원이 확인되지 않았다(Ramsland, 2005). 일부 관계자는 이 사건과 잭 더 리퍼 사건의 범인이 동일인물이 아닌가 하는 의문을 제기했지만, 두 사건의 범행방식과 피해자 유형이 사뭇 달라서 연관성이 배제되었다.

2. 개념 정의

최근 FBI는 범죄수사분석CIA이라는 용어를 선호하고 있는데, 이는 프로파일링의 인기가 다소 식기도 했고 프로파일링에 대한 연구자들의 비판이 어느 정도 작용했기 때문으로도 보인다. 그러나 범죄수사분석은 범죄 프로파일링보다 더 넓은 영역의 법집행 활동을 포괄하므로, 이 장에서는 프로파일링의 역사와 발전에 대해서만 살펴보고자 한다. 프로파일링은 그동안 여러 가지 방식으로 사용되었기 때문에 그 용어가 다소 혼란스러운 부분이 있다.

1990년대 FBI 행동과학부BSU를 이끌었던 존 더글라스John Douglas가 저서 『마인드헌터Mindhunter』를 발간한 것처럼, BSU의 일부 초창기 요원은 그들의 수사 방식을 세상에 알렸다. 그들이 정립한 '어떻게+왜=누구'라는 범죄 공식은 사람의 성격은 행동에 영향을 미친다는 가정에 기초하는데, 이는 곧 범죄자가 자신의 독특한 특성 및 행동 패턴을 드러내는 단서를 남길 것이라고 보는 것이다. 이에 따라 범인은 범죄행동 간의 일관성을 유지할 것이므로, 수사관은 그러한 특성을 파악하기 위한 프로파일링을 실시할 수 있다. 중요한 것은 범죄현장에 나타난 범인의 행동을 해석함으로써 용의선상을 좁히는 것이다. 즉, 프로파일러는 범죄현장의 행동을 '읽는다'.

하지만 언론에서는 '연쇄살인범에 대한 프로파일링'을 연쇄살인범들의 일반적인 모습인 것처럼 다루기 시작했다. 그것은 연쇄살인에 나타난 행동을 단순히 묘사하는 것과는 다르다. FBI는 연쇄살인범에 대한 일반적인 묘사를 제시한 적이 없었고 그에 대해서도 반대하는 입장을 취했다. 그러나 사실 FBI가 예측적 프로파일prospective profile을 제시하는 것은 어렵지 않았다. '여자 친척과 함께 사는 25세에서 40세 사이의 외톨이 백인 남성 범죄자'라는 FBI의 프로파일 자체가 이미 범죄자에 대한 일반적인 인상을 내포했기 때문이다.

예측적 프로파일은 직장에 불만을 품은 중년의 대량살인범mass murderer이나 공통적 특성을 나타내는 보건의료직 연쇄살인범과 같이 유사한 방식으로 범행을 저지르는 범죄자 유형에만 적용될 수 있다. 이에 대해서는 8장에서 다룰 것이다. 그러나 대다수의 연쇄살인범, 특히 국가마다 다른 연쇄살인범들에게 체크리스트 기반의 프로파일을 적용하는 것은 사건마다 너무 많은 차이점이 있기 때문에 적합하지 않다. 즉, 예측적 프로파일을 연쇄범죄 수사에 사용하는 데는 상당한 한계가 있다.

프로파일링에 대한 또 다른 오해는 프로파일을 위험 평가의 한 형태로 사용하는 것이다. 행동 프로파일링에는 신원미상의 범죄자에 대한 폭력 위험성 평가가 포함되지만, 이것은 본질적으로 예측도구가 아니다.

프로파일링은 셜록 홈즈Sherlock Holmes가 누군가를 처음 만날 때마다 하는 것처럼 사람들을 '판독'하는 것을 의미하기도 한다. 그러므로 프로파일러는 범죄현장에서 수상한 행동을 '감지'하는 것뿐만 아니라 한눈에 어떤 사람을 꿰뚫어 볼 수 있는 예리한 능력을 가진 것으로 기대된다. 그래서 FBI 프로파일러들을 소재로 한 인기 TV 드라마에서는 주요 등장인물들끼리 서로 '나를 프로파일링하지 말라'고 경고하는 장면이 나오기도 했다.

프로파일링이 어떤 인물의 특징을 파악하기 위해 그의 행동을 해석하는 활동이기는 하지만, 이미 알려진 인물을 대상으로 하는 것과 '신원미상자UNSUB' 를 대상으로 하는 것은 상당히 다르다.

예를 들어, 한 프로파일링에서는 아돌프 히틀러Adolf Hitler의 자살 가능성을 평가하기 위해 제2차 세계대전 동안 그의 행적을 분석하기도 했다. 정신분석학자 월터 랭거Walter C. Langer는 히틀러가 전쟁에서 패배할 것이라고 믿었다면 어떤 일이 일어났을지를 '원격' 추정했다. 그는 히틀러가 항복하느니 차라리 스스로 목숨을 끊었을 것이라고 보았다. 그러나 그의 분석은 잭 더 리퍼가 누구인지 알아내는 것과는 다르다.

이 책에서는 프로파일링을 신원미상자인 범인의 특성 및 추정 행동을 묘사하기 위해 그의 단일 또는 연쇄적 범죄에 대한 후향적 행동분석을 실시하는 것이라고 규정했다. 예외적인 경우로서, 신원이 확인된 연쇄살인범에 대한 프로파일링은 8장에서 다루었다.

3. 초기 범죄 프로파일링

다시 잭 더 리퍼 사건으로 돌아가 보자. 외과의사 토머스 본드Thomas Bond 박사는 화이트채플에서 정체불명의 범죄자에게 살해된 피해자들에 대한 수사보고서를 검토하고 부검에 참여했다(Evans & Rumbelow, 2006). 그는 특히 메리 켈리가 살해된 후, 어떤 유형의 사람이 그러한 범죄를 저지르는지 알고 싶어 했다. 그는 초기 정신의학에 관심을 갖고 있었는데, 그 무렵 의학 저널에는 과거 수십 년 동안 범죄를 저지른 정신이상자들의 심리상태를 다룬 연구논문들이 실렸다.

당시에는 범죄연계분석을 하는 연구자들이 없었고, 화이트채플 지역에서 매춘부만 살해당한 것도 아니었다. 오늘날 잭 더 리퍼 사건에 대한 행동분석을 한다면, 다른 피해자들보다 훨씬 더 잔인하게 살해된 메리 켈리는 연관성이 배제되는 반면, 다른 피해자들과 비슷한 패턴으로 8월 8일 살해된 마사 태브럼과의 연관성이 인정되었을 수 있다. 또한 엘리자베스 스트라이드도 목만 잘렸기 때문에 연관성이 배제되었을 것이다. 그러나 당시 경찰은 5건의 살인사건만 연관성을 인정했는데, 이는 '5건의 공식사건canonical five'으로 알려져 있다.

메리 켈리 살인사건이 발생한 직후, 본드 박사는 그러한 범죄를 저질렀을 가능성이 높은 인물 유형에 대한 프로파일을 제시했다. "각각의 사건에서 시신의 훼손mutilation은 과학적 또는 해부학적 지식이 없는 사람의 소행이다……." 그는 범인의 체력이 강하고 침착 대담하며, 단독범행일 가능성이 높다고 추정했다. "본인의 소견으로, 범인은 살인과 성에 대해 억누르기 힘든 충동을 주기적으로 느끼는 남성임에 틀림없을 것으로 보인다…… 그는 조용하고 악의가 없어 보이는 외모를 가지고 있고, 중년에 단정하고 점잖은 옷차림을 하고 다닐 가능성이 매우 높다. 아마도 그는 고독하고 괴상한 습관을 가지고 있으며, 일정 직업이 없는 사람일 것이다"(Evans & Rumbelow, 2006: 187).

본드 박사는 해당 남성을 아는 사람들로부터 제보를 받을 수 있도록 경찰에게 신고포상금을 제안했다. 분명히 누군가는 이런 사람을 알아챘을 것이기 때문이다. 그는 이 남성이 1889년 또 다른 피해자인 앨리스 맥켄지Alice McKenzie를 살해했을 것으로 보았다. 그러나 아무도 체포되지 않았기 때문에 그의 프로파일링이 얼마나 정확했는지는 알 수 없다.

스코틀랜드의 저명한 외과의사 조셉 벨Joseph Bell도 수사 및 부검 보고서를 검토한 후 자신의 소견을 적어 우편으로 보냈지만, 송달과정에서 분실되었다. 그는 메리 켈리 살해사건이 발생한 후 자살한 한 젊은 의사를 범인으로 지목한 것으로 알려졌다.

6년 후, 2명의 프랑스 치안판사에 의해 또 다른 프로파일링이 고안되었다. 프랑스에서는 1894년부터 일련의 강간살인사건이 발생했지만 사건이 전국의 여러 지역에서 발생했기 때문에 처음에는 연관성이 없어 보였다. 대부분의 사건이 시골에서 발생했고 신문에도 보도되지 않았다. 또한 살인사건마다 피해자도 달랐다. 범인은 혼자 걷고 있거나 양떼를 몰고 있는 젊은이들을 표적으로 삼았다. 영국의 연쇄살인사건을 접한 프랑스의 일부 기자는 잭 더 리퍼가 영국 해협을 건너와 살인을 저지른 것이라는 기사를 내보냈다(Starr, 2010).

1895년, 치안판사 루이-알베르 퐁프레드Louis-Albert Fonfrède는 관할지역에서 발생한 17세 소녀 폭행치사사건을 조사했다. 그는 이 사건의 수사보고서를 비롯하여 다른 지역에서 발생한 유사사건의 서류 일체를 수집했고, 여러 범죄현장 인근에서 어떤 부랑자를 보았다는 목격자들의 증언이 있었음을 알게 되었다. 그러나 목격자들 중 누구도 그 부랑자를 범인으로 지목하지 않았을뿐더러, 그와 여러 살인사건 간의 연관성을 입증할 수 있을 정도로 진술이 일치하지 못했다.

치안판사 에밀 포케Émile Fourquet도 이 사건 소식을 듣고 퐁프레드의 조사 서류를 검토하여, 범행의 공통점을 발견했다. 즉, 피해자는 모두 젊고 혼자 있을 때 살해되었으며, 대다수가 양치기였다. 또한 피해자 모두 칼과 같은 예리한 도구로 시체가 훼손되었으며, 사망 당시 항문성교를 당했다. 이 사건은 잭 더 리퍼 사건과의 연관성을 일축시킬 만큼 전혀 다른 양상을 띠었다. 피해자들의 목에 난 상처는 범인이 뒤에서 공격했다는 것을 나타냈다. 목격자들은 부랑자의 비뚤어진 입과 처진 눈, 정신적으로 불안정해 보이는 이상한 행동을 언급했다(Starr, 2010).

포케는 2개의 표를 고안해 냈는데, 하나는 피해자들이 살해된 방법과 관련된 것이었다. 8건의 살인사건은 피해자들의 상처 패턴과 범죄 정황, 시체 처리에 있어서 확실한 연관성을 보였다. 다른 하나의 표는 범죄자의 프로파일에 관한 것이었다. 그는 목격자 진술서를 검토하면서, 범죄자의 행동에 주목했다. 범인은 범행 시 특정한 성적 의식sexual ritual을 취했는데, 이는 그만의 시그니처signature가 있음을 의미했다. 즉, 그는 혼자 있는 젊은이들을 노렸고, 그들을 재빨리 공격해서 살해하기 위해 뒤에서 목을 찔렀다. 범인은 또한 항문 성교를 하면서 그들이 죽어 가는 것을 느끼고 싶어 했고, 시체를 훼손한 뒤 은닉했다. 포케는 발견되지 않은 피해자들이 더 있을 것으로 추정했다. 범인 은 용의주도하지만, 자신이 하고 있는 일을 계속해야 한다는 강박적인 욕구 를 가지고 있는 중독적 성향이 뚜렷했다.

포케는 이 표와 지도가 포함된 보고서를 작성해 프랑스 전역의 치안판사 들에게 전달하면서, 검은 머리와 검은 눈을 가진 30세가량의 혼자 여행하는 외지인을 주시하라고 촉구했다. 범인은 위협적인 태도와 짜증나는 듯한 찌 푸린 얼굴을 하고, 혼자서 젊은이들을 물색하기 위해 돌아다닐 가능성이 높 았다.

몇 명의 살인피해자가 더 발생하고 나서야, 범인은 아드레슈 지역에서 체 포되었다. 범인이 마을의 한 여성에게 접근했는데 그녀는 도망치며 비명을 질렀고, 그녀의 남편이 달려와 그를 붙잡았던 것이다. 경찰에게 체포된 그의 이름은 조세프 바셰Joseph Vacher였다. 누더기를 걸친 29세의 범인은 축 쳐진 눈과 비뚤어진 입술을 가지고 있었고, 성미가 고약했다. 포케는 그를 직접 면담했고, 그 과정에서 자백을 이끌어 냈다. 예상대로 피해자는 알려진 것보 다 더 많았다.

군대에서 불미스러운 일들로 불명예 제대한 바셰는 자신이 확인된 여러 건 의 살인사건의 진범임을 인정했고, 시체를 우물에 유기한 살인사건에 대해 서도 추가 자백했다. 그는 14세 때부터 참을 수 없는 살인 충동에 시달렸다고 주장했는데, 재판에서 정신이상을 인정받으려는 수작처럼 보였다. 결국 '프 랑스판 리퍼'라고 불린 바셰는 여러 건의 살인 혐의로 유죄판결을 받고 사형 되었다(Starr, 2010).

4. 법의학자의 기여

1929년 2월 9일, 독일 뒤셀도르프에서 출근 중이던 남성들이 칼에 찔려 불에 탄 소녀의 시신을 발견했다. 부검을 맡은 칼 버그Karl Berg 박사는 소녀의 시신에서 이상한 범행 징후를 발견했다. 소녀의 왼쪽 가슴에서 13개의 일직선 모양의 기묘한 자상이 발견되었는데, 그중 5개는 심장을 관통해 있었다. 상처는 가위날처럼 둔하고 두꺼운 물체로 낸 것이었다(Berg, 1945). 버그 박사는 이 사건이 5일 전에 발생한 폭행사건과 관련이 있을 것으로 보았다. 한 남성이 길 가던 노파를 예리한 도구로 찔렀는데, 노파와 소녀의 상처가 똑같아 보였기 때문이다. 그로부터 일주일 만에 술에 취한 정비공이 이와 비슷한 도구에 찔려 살해당한 사건이 발생했다. 버그 박사는 이 세 가지 사건을 놓고, 지리적 위치, **범행수법**, 발생 일시, 의심되는 범행도구 및 범행동기 등에 대해 분석했다. 범인은 공통적으로 피해자의 뒤에서 기습공격하는 방법을 사용했고, 공격하기 다소 어려운 피해자의 관자놀이를 찔렀다. 범인은 살인 그 자체보다 다른 무언가를 노린 듯했다.

8월 21일 밤, 세 사람이 누군가에 의해 각각 한 차례씩 예리한 도구에 찔린 사건이 발생했는데, 피해자들은 모두 생존했다. 버그 박사는 이 사건의 범행도구와 앞선 살인사건들의 범행도구가 다르다고 판단하여, 또 다른 범인의 소행일 것으로 추정했다. 그게 아니라면, 동일한 살인범이 범행도구를 바꿨을 가능성이 있으며, 이 사건에서는 단검이 사용된 것으로 보았다.

다시 며칠 지나지 않아, 시장 근처 공원에서 소녀의 시체 2구가 발견되었다. 버그 박사는 겨우 5세밖에 되지 않은 어린 소녀의 목은 거의 절단되었고, 14세 소녀는 등을 찔려 사망한 것을 확인했다. 같은 날, 한 여성이 칼에 찔렸지만 목숨을 건진 사건이 발생했는데, 이번에는 목격자가 있었다. 피해여성이 자신에게 추근대던 남성이 범인이라고 진술한 것이다. 그는 잘생겼고 악의가 없어 보였지만, 어느 날 그녀를 강간하려고 하면서 관자놀이를 세 번, 목을 두 번 칼로 찔렀다. 범인은 그녀의 등도 찔렀는데, 부러진 칼날 조각이 등에 꽂힌 상태였다. 버그 박사의 추측대로, 범행도구는 단검이었다.

범인이 자신의 범행 실패 후 잠시 은신이라도 한 것처럼, 그 후로 두 달 동안 유사 범행이 발생하지 않았다. 그리고 이내 어떤 하녀의 시신이 발견되었다. 그녀는 강간을 당하고 약 30m를 끌려가 성적인 자세를 취한 상태로 버려져 있었다. 그녀의 정수리 부위에는 원형의 상처가 있었다. 버그 박사는 부검을 통해 동일범이 이번에는 다른 범행도구를 사용했다는 점을 발견했다. 그것은 바로 사각형 망치였다. 그 후 2주 만에 범인은 이전 사건과 비슷한 방식으로 또다시 살인을 저질렀다. 폐가 근처의 잡초밭에서 5세 소녀가 목이 졸려 사망한 채 발견되었는데, 시신에는 칼에 찔린 상처가 36군데나 있었으며 두개골에서도 상처가 확인되었다.

이와 같은 범죄가 계속되자, 지역사회는 불안에 떨었다. 경찰은 피해자들의 진술에도 불구하고 단서를 찾지 못했다. 버그 박사는 '시그니처'라는 범죄 용어에 대해서는 몰랐지만, 동일범이 범행도구나 범행일시, 피해자 유형을 바꾸면서 범행을 저지르고 있다고 보았다. 다만 공통적으로 피해자들의 두개골 부위의 상처가 매우 특이했기 때문에 중요한 범죄행동 징후로 여겼다.

그러던 중 지역 신문사에 살인범으로부터 한 통의 편지가 배달되었다. 그는 확실히 세간의 관심을 끌고 싶어 했다. 범인은 피해자들의 시신이 유기된 장소를 이곳저곳 지목했다. 그가 지목한 곳에서 암매장된 한 구의 여성 시신을 발굴했는데, 버그 박사는 시신의 왼쪽 관자놀이와 목에 뚜렷한 자상이 있는 것을 확인했다. 범인의 이러한 의사소통 시도는 긍정적인 신호였다. 얼마 지나지 않아 범인은 실수를 저지르고 말았다. 피해여성을 자신의 집에 데려갔다가 살려 보낸 것이다. 그녀의 신고로, 경찰은 그곳이 피터 퀴르텐Peter Kürten의 거주지임을 파악했다.

버그 박사는 교도소에 수감된 퀴르텐을 면담했다. 그는 이 살인마가 저지른 범행에 대해 최대한 상세하게 알아보고자 했다. 특히 이처럼 기이한 범죄를 저지른 동기가 무엇인지 자세히 듣고 싶어 했다. 퀴르텐은 자신의 범행을 순순히 인정하며 모든 부분에 대해 자세하게 진술했다. 버그 박사는 그와 긴밀한 면담을 통해 범행에 대한 검증과 수정을 반복하여, 초기 범죄학에서 가장 통찰력 있는 범인 프로파일 중 하나를 제공했다.

퀴르텐이 자신의 소행이라고 시인한 수많은 범죄를 나열하자, 총 79건의 사건 목록이 작성되었다. 그중 13건은 살인이었다. 그는 1913년 첫 번째 살인을 시작했다. 강도질을 하려고 한 여관에 들어갔는데, 침실에서 자고 있는 소녀를 보고 칼로 그녀의 목을 베었다. 피가 뿜어져 나오자 그는 입으로 받아 마셨는데, 이때 그는 성적 쾌감을 느꼈다고 한다. 그 후, 그의 갈망은 점점 더 커져 갔다. 얼마 동안 교도소에 들어갔다 나온 후 그는 살인을 다시 시작했다. 그는 사람의 관자놀이를 찌르면 다량의 피가 나온다는 점을 이용하여 범행을 저질렀고, 피해자들의 피를 마시면서 성적 희열을 느꼈다. 다수의 범죄혐의에 대해 유죄판결을 받은 퀴르텐은 1931년 처형되었다(Berg, 1945). 버그 박사는 퀴르텐의 연쇄살인에 대한 자신의 해석을 책으로 발간했는데, 이는 현재까지 성도착적 시그니처 살인paraphilic signature murder에 대한 가장 길고 상세한 내용을 담고 있는 저서이다.

5. 정신의학자의 지원

그로부터 몇 년 후, 미국의 정신의학자가 충격적인 3건의 살인사건에 대한 프로파일을 제시했다. 조셉 폴 드 리버Joseph Paul de River 박사는 법집행기관의 범죄수사를 지원한 최초의 정신과 전문의로 알려져 있다. 많은 사람은 제임스 브뤼셀James Brussel에 대해서는 들어 보았겠지만, 그보다 훨씬 전에 활동했던 드 리버에 대해서는 생소할 것이다. 그는 LA 경찰청 성범죄국LAPD Sex

Offense Bureau의 창설자이자 초대 국장이었으며, 성적인 요소가 포함된 범죄현장에 대한 자문을 수행했다(King, 1949). 그는 1937년 6월 26일, 캘리포니아 잉글우드에서 실종된 소녀 3명이 살해된 채 발견된 사건의 자문 요청을 받았다. 피해소녀들은 7세 매들린 에버렛Madeline Everett, 9세 멜바 에버렛Melba Everett 자매와, 친구인 8세 지넷 스티븐스Jeannette Stephens로, 센티넬라 공원에서 한 남성과 이야기하고 나서 같이 떠나는 것이 목격된 후, 볼드윈 힐스 협곡에서 주검으로 발견되었다. 소녀들은 모두 목이 졸려 살해되었으며, 성폭행까지 당한 것으로 확인되었다.

드 리버는 범죄현장 주변과 현장 사진 및 시신의 상태를 확인했다. 소녀들은 엎드린 자세로 서로 가까이 눕혀 있었고, 치마는 위쪽으로 끌어올려져 있었으며, 벗겨진 신발은 나란히 놓여 있었다. 그는 경찰이 어떤 유형의 사람을 찾아야 하는지 알 수 있도록 범인에 대해 다음과 같은 프로파일을 작성했다. 즉, 범인은 미혼이고, 꼼꼼하며, 신앙심이 깊고, 양심의 가책을 느끼는 20대의 가학적 소아성애자sadistic pedophile일 가능성이 높다. 그는 특히 아동과 관련된 체포 및 전과 기록이 있을 수 있다. 이 사건은 계획된 범죄로 보인다. 소녀들에게 쉽게 다가가서 어딘가로 함께 이동한 점으로 볼 때 범인은 믿음직해 보이는 사람이며, 소녀들과 아는 사이일 수도 있다(King, 1949).

이러한 프로파일은 실종된 소녀들을 수색할 때 도우러 온 학교 교통안내원 앨버트 다이어Albert Dyer와 일치하는 듯했다. 그는 경찰이 자신을 조사하려는 이유를 알아보기 위해 경찰이 요청도 하기 전에 경찰서에 자진 출두했다. 드 리버는 그와 면담을 해서 곧 자백을 받았다. 그러나 프로파일이 정확하게 일치하지는 않았다. 다이어는 32세의 기혼자였고, 범죄기록도 없었으며, 양심의 가책도 느끼지 못하는 것 같았다. 그는 자신이 토끼에 대한 가짜 이야기로 소녀들을 어떻게 유인했는지 설명했다. 그는 소녀들을 따로 분리시키고 1명씩 빨랫줄로 목을 졸라 살해한 뒤, 사망한 소녀들을 계곡에 눕혀 놓고 강간했다. 그리고 소녀들의 신발을 모두 벗겨 나란히 놓고 기도했다. 이 사건의 해결을 통해 드 리버는 큰 영예를 얻었지만, 이후 그의 여러 가지 스캔들로 인해 가려졌다(Ramsland, 2010).

그로부터 20년이 지나, 제임스 브뤼셀 박사는 FBI 방식의 프로파일링 개발에 영향을 미친 한 사건을 심리분석했다. 1956년 뉴욕 경찰은 정체불명의 매드 바머Mad Bomber에 대한 분석을 브뤼셀에게 요청했다. 이 범죄자는 1940년부터 맨해튼 주변에 폭탄을 설치하고 여러 공공기관에 불만을 토로한 편지를 보냈다. 범인의 편지들과 수사보고서를 전달받은 브뤼셀은 폭파 사진을 검토하고 그가 보낸 모든 편지의 내용과 필체를 분석하여, 자신의 임상 경험을 토대로 그에 대한 세부적인 심리적 특징을 제시했다. 즉, 범인은 첫 번째 편지를 민간기업인 '컨솔리데이티드 에디슨Consolidated Edison'에 보냈기 때문에, 브뤼셀은 그가 이 회사에 앙심을 품은 전직 직원일 것이라고 추정했다. 그는 자신이 정당하게 대우받지 못했다고 생각했을 가능성이 컸다. 또한 폭탄을 유일한 무기로 선택했기 때문에 유럽 이민자 출신의 남성으로 의심되었는데, 이것은 그가 로마 가톨릭 신자일 가능성이 높다는 것을 암시했다. 편집증적인 편지 내용으로 볼 때, 그는 40세에서 50세 사이의 독신에 깐깐한 성격을 가지고 있으며, 아마도 그를 수발해 주는 여자 친척이 있을 것으로 유추되었다. 편지가 종종 웨스트체스터 카운티에서 발송되었기 때문에 그는 도시 인근의 이주민 거주지역에 살고 있을 것으로 보였다. 그리고 그는 구두쇠에 구식 양복, 특히 단추가 두 줄 달린 더블 슈트를 입고 다녔을 것으로 예상되었는데, 편집증적인 사람들이 통제력을 유지하기 위해 대개 그렇듯, 그도 양복 단추를 모두 채우고 다녔을 가능성이 높았다(Brussel, 1968).

브뤼셀은 자신의 프로파일을 신문에 게재하여 시민들의 제보를 받아 범인에 대한 더 많은 정보를 얻으려 했다. 신문기사를 내자 범인에 대한 제보가 쏟아진 것은 사실이었지만, 대부분은 잘못된 단서와 정보들이었다. 그러던 중 범인 스스로 신문기사의 일부 오류를 수정하고 싶다며 편지를 보내 왔는데, 그는 자신을 그토록 분노하게 만든 한 사건이 발생한 날짜를 무심코

드러냈다. 컨솔리데이티드 에디슨사의 직원은 매드 바머가 회사에 보냈던 편지에서 사용한 독특한 문구와 신문사에 보낸 편지의 문구가 일치하는 것을 확인했다. 경찰이 코네티컷주 워터베리에서 54세의 조지 메테스키George Metesky를 체포했을 때, 단추를 모두 채운 더블 슈트를 입고 있었던 점을 포함하여 그는 브뤼셀의 프로파일과 상당히 일치했다.

브뤼셀은 그 당시의 경험을 풀어낸 회고록을 집필했다. 그는 또한 1964년 '보스턴 교살자Boston Strangler'에 대한 프로파일을 제시했고, 범인으로 체포된 앨버트 드살보Albert DeSalvo를 면담했다. 그는 자신의 임상 경험과 함께 과학과 직관을 혼합해 사용했으며, 연구 데이터와 확률분석을 통해 자신의 직감을 검증했다. 그는 또한 범죄자의 생각을 파악하기 위해 정신적 몰입에 들어가기도 했다. 이것을 그는 다음과 같이 설명했다. "정체불명의 범죄자에 대해 오랫동안 생각할 때, 그에 대해 알려진 모든 사실을 수집하고 머릿속으로 그것들을 파헤치고 뒤흔든다면 그가 보이기 시작할 것이다"(Brussel, 1968: 39). 당시 범죄현장에서 FBI 수사관들을 지원하기 위한 연계분석과 범죄자의 심리적 요인의 적용을 고려하고 있던 하워드 테튼Howard Teten은 브뤼셀의 회고록을 읽고, 그의 프로파일링 방법에 대해 함께 논의하게 된다.

6. FBI 범죄 프로파일링

1972년 5월, FBI 행동과학부BSU는 당시 증가하고 있는 살인율, 특히 비면식범에 의한 범죄에 대응하기 위해 설립되었다. 연쇄살인사건 역시 증가하고 있었는데, 이를 위해서는 특별한 교육훈련이 필요했다. FBI의 범죄 프로파일링에 관한 최초의 발간서는 BSU의 초기 멤버였던 특수 요원들에 대해 다루었다. BSU는 현재 **행동분석팀**BAU으로 명칭이 바뀌었다. 하워드 테튼은 FBI의 범죄 프로파일링 교육 프로그램을 개발했다. FBI로 발령받기 전에, 그는 살인사건 수사를 좀 더 체계화시키기 위한 연구를 수행했다. 그는 하나의 범죄현장 또는 관련 가능성이 있는 일련의 범죄현장을 관찰하여 해당 범인을 파악할 수 있는 정확한 감각을 수사관들에게 제공하고자 했다. 프로파일링이라는 용어가 사용되기 전부터 그는 프로파일링 연구를 했던 셈이다.

테튼은 범죄학에 있어 미국에서 가장 진보적인 곳으로 알려진 캘리포니아 대학교(UC버클리)의 범죄학부에서 수학했다. 범죄심리학에 매료된 그는 학문적으로 배운 것과 경찰로서 범죄현장에서 경험한 것을 비교하기 시작했다. 그는 칼 버그의 심층 논문을 포함하여 어거스트 볼머August Vollmer, 한스 그로스Hans Gross, 월터 랭거 등이 집필한 관련 저서들을 탐독했다. 또한 잭 더 리퍼에 대한 본드 박사의 글도 읽었다. 그는 프로파일링 방법에 대한 몇 가지 가설을 개발했고, 이를 검증하기 위한 실험을 준비하고자 지역 경찰기관과 캘리포니아 신원확인 담당관협회California Identification Officers Association로부터 살인사건 정보를 수집했다. 그는 범죄현장 정보를 범죄자 정보와 구분해서 정리한 다음, 범죄현장 데이터를 통해 범인으로 추정되는 인물 유형에 대한 세부적 특징을 분석했다. 그리고 유죄판결 받은 사람들의 정보를 확인하여, 자신의 분석과 부합하는 사람이 있는지 검토했다. 그의 연구는 순조로웠지만, 다양한 정신질환과 성격장애에 대해 이해하기 위해 2명의 정신과 의사에게 자문을 얻었는데, 그 과정에서 그는 FBI에 합류하게 되었다(Personal interview, 2010).

1969년 테튼은 FBI에서 경찰 관리Police Management에 대한 교육을 담당했다(DeNevi & Campbell, 2004). 워싱턴 DC의 FBI 본부로 자리를 옮긴 후 그는 지역 경찰기관의 교육팀에 합류하여 연구를 계속해 나갔다. 1970년 그는 응용범죄학Applied Criminology 강의를 맡게 되었고, 범죄현장을 분석하는 독특한 접근방식을 포함한 교육내용으로 경찰교육생들에게 좋은 평가를 받았다. 그는 교육생들이 사건에 대한 조언을 구할 때마다 의미 있는 시사점을 제공해 주었고, 몇 가지 범죄사건을 해결하는 데 도움을 주면서 명성을 쌓아 갔다.

강의에 심리학 석사학위를 소지한 패트릭 멀라니Patrick Mullany가 참여하면서, 테튼은 범죄에 대한 설명을 맡고 멀라니는 정신질환에 대한 이해를 도왔다. 새로 설립된 BSU의 핵심 교육과정이 된 응용 범죄학은 심리학적 범죄학Psychological Criminology 또는 심리적 프로파일링Psychological Profiling으로 발전되었다.

마침내 테튼은 브뤼셀 박사의 회고록인 『범죄 정신의학자의 사례집Casebook of a Crime Psychiatrist』을 읽게 되었고, 그가 작성한 매드 바머 사건과 보스턴 교살자 사건의 프로파일에 대해 함께 논의해 보자고 요청했다. 브뤼셀은 적극적으로 응했다. 그들은 서로의 프로파일링 방법을 논의하면서 공통된 부분과 다른 부분을 파악했다. 테튼에게 심리학적 통찰력은 중요하지만 그것이 살인사건의 수사 경험을 대체할 수 없다는 점은 분명했다. 그는 다음과 같이 회상했다. "브뤼셀의 접근법은 특정 영역의 정신의학적 잠재성을 찾아, 그것을 조합해 프로파일을 도출하는 것이었다. 이는 범죄현장 전반을 바탕으로 범죄자의 심리상태에 대한 전체적인 인상을 도출하는 내 접근법과는 달랐다"(Personal interview, 2010).

프로파일링에 대한 테튼의 접근방식을 검증한 초기 사례 중에는 1974년 가족과 캠핑 여행을 하던 중 몬태나주에서 실종된 7세 소녀 수잔 예거Susan Jaeger 납치사건이 있다(Campbell & DeNevi, 2004). 납치사건에서 범인이 몸값을 요구하지 않는 것은 나쁜 징조이다. 그것은 범인이 돈이 아닌 피해자의 목숨을 원한다는 것을 의미한다. 수사관들은 최악의 상황에 대해 우려했다. 멀라니는 가해자가 현지 백인 남성이며, 피해소녀는 사망했을 가능성이 높다고 분석했다. 범인이 다시 범행을 저지를 수 있기 때문에, 그를 하루빨리 체포해야 했다.

데이비드 메이어호퍼David Meirhofer라는 남성에 대한 익명의 제보가 있었지만, 현지 경찰은 이 예의 바른 23세의 베트남 참전용사를 유력한 용의자로 간주하지 않았다. 그는 협조적이었고 교육을 잘 받은 청년이었는데, 경찰은 좀 더 거칠고 교육 수준이 낮은 사람이 범인일 것이라고 가정했던 것이다. 그러나 테튼과 멀라니는 그가 바로 범인으로 고려되어야 할 인물이라고 주장했다.

곧이어, 메이어호퍼와 연관된 한 젊은 여성의 불에 탄 시신이 그의 소유지 내의 낡은 술통 안에서 발견되었다. 그러나 정직한 답변을 유도하는 약물인 '진실 혈청truth serum'을 주입해도 메이어호퍼는 모든 혐의를 부인했으며, 폴리그래프polygraph 검사도 통과했다. 경찰은 다시 그를 용의선상에서 제외시켰지만, 테튼과 멀라니는 여전히 그가 범인임을 확신했다. 그들은 메이어호퍼가 거짓말을 손쉽게 할 수 있는 사이코패스psychopaths이며, 그에게 수잔의 납치일은 정서적 의미가 있기 때문에 그날을 기념하여 그녀의 부모에게 전화를 할 것이라고 예측했다. 예거 부인은 그들의 요청에 따라 전화기 옆에 녹음기를 놓아 두었다.

그들의 예상대로 한 남성이 부모에게 전화를 걸어 자신이 수잔과 함께 있다고 말했다. 예거 부인이 그를 용서했다고 하자, 그는 놀라며 울기 시작했고 이내 전화를 끊었다. 멀라니는 예거 부인에게 몬태나로 가서 메이어호퍼와 직접 만나 볼 것을 제안했고, 그녀는 조언에 따라 변호사 사무실에서 그와 대면했다. 긴장된 상황 속에서 메이어호퍼는 끝내 자신의 범행을 시인하지 않았다. 그 후 예거 가족에게 또 한 통의 전화가 걸려 왔는데, 예거 부인은 그것이 메이어호퍼의 목소리임을 확신했고, 경찰은 이를 근거로 수색 영장을 발부받았다. 그의 집에서 수잔과 다른 피해자들의 시신 일부가 발견되었고, 결국 그는 범행을 자백하고 얼마 지나지 않아 자살했다.

이 사건을 통해 테튼은 프로파일링의 정확성이 입증되었다고 보았다. 아무리 선하고 점잖아 보이는 사람도 냉혈한 살인마일 가능성이 있다. 이 시기에 악명을 떨친 연쇄살인범 테드 번디Ted Bundy 사건을 통해서도 이와 같은 교훈을 얻을 수 있었다.

테튼은 살인사건 수사에 대한 교육훈련의 중요성을 믿었기 때문에, 대도시

범죄현장에서 6개월간 인턴십을 거친 요원들이 BSU에 선발되어야 한다고
생각했다. 그러나 FBI 상부의 입장은 달랐고 범죄현장 수사 경험이 거의 없
는 요원들이 배치되었다.

신입요원들은 범죄 관련 전문영역을 조사하여 글을 작성했는데, 이를 엮어
『프로파일러Profilers』라는 책을 출판했다(Campbell & DeNevi, 2004). 이 책에서
로버트 헤이즐우드Robert R. Hazelwood와 리처드 올트Richard Ault는 법집행이 행동
과학을 통해 더 큰 발전을 모색할 수 있는 방법에 대해 설명했다. 헤이즐우드
는 존 더글라스와 함께 조직적 범죄자와 비조직적 범죄자로 구분하는 방식을
고안했는데, 이것은 오늘날에도 여전히 사용되고 있다(Douglas & Olshaker,
1995). 이에 대해서는 다음 장에서 더 자세히 다룰 것이다. 초장기에 BSU는
잭 커쉬Jack Kirsch를 책임자로 하여, 채용위원회가 행동분석에 소질 있어 보이
는 요원들을 총 11명 지정 선발하여 구성되었다(Jeffers, 1991).

1977년 BSU는 범죄현장 분석, 범죄 프로파일링, 협박 편지 분석이라는 뚜
렷한 목표를 세웠고, 이것은 범죄분석 및 범죄자 성격 프로파일링 프로그램
으로 정착되었다. 초기 프로파일러들은 법집행기관에서 신중하게 도입해야
하는 독특한 접근방식을 개척했다. 그들은 가장 잔인하고 극단적인 형태의
인간 행동을 더욱 잘 이해할 수 있도록 돕는 엘리트 전문가 집단으로 인식되
었다. BSU는 오늘날 행동분석팀BAU이 되었고, 지역 경찰기관의 수사팀이나
현장 부서를 적극적으로 지원할 수 있도록 역할이 확대되었다. 이들은 강의
실에서 사건에 대해 브레인스토밍하는 것뿐만 아니라, 범죄현장에 직접 출동
하여 가해자의 행동 증거들을 면밀히 관찰하는 것이 사건 해결에 큰 도움이
된다는 것을 깨달았다.

7. 요약

범죄현장에서 물리적 단서를 찾는 형사들처럼 행동과학부 요원들은 범죄현장의 상태와 범죄자의 독특한 행동 징후가 나타나는 범행 방식을 관찰한다. 그들은 범죄현장의 물리적 증거와 일치하는 범인의 행동을 분석함으로써 범죄를 저지르는 사람의 특성과 행동을 파악하고, 향후 범죄 가능성을 예측하며, 사건 해결을 지원하는 것을 목표로 한다. 최근 법집행 영역에서 프로파일링은 더 큰 임무에 활용되고 있지만, 이러한 원래의 목표는 유지되고 있다. 다음 장에서는 그동안 논의된 프로파일링의 방법과 비판, 그리고 개선방안에 대해 살펴볼 것이다.

8. 참고문헌

Berg, K. (1945). *The sadist: An account of the crimes of serial killer Peter Kürten: A study in sadism.* London: Heineman.

Brussel, J. (1968). *Casebook of a crime psychiatrist.* New York: Grove Press.

Campbell, J. H., & DeNevi, D. (2004). *Profilers: Leading investigators take you inside the criminal mind.* Amherst, New York: Prometheus.

DeNevi, D., & Campbell, J. H. (2004). *Into the minds of madmen: How the FBI Behavioral Science Unit revolutionized crime investigation.* Amherst, NY: Prometheus Books.

Douglas, J., & Olshaker, M. (1995). *Mindhunter: Inside the FBI's elite serial crime unit.* New York: Scribner.

Evans, S., & Rumbelow, D. (2006). *Jack the Ripper: Scotland Yard investigates.* Phoenix Hill, England: Sutton.

Jeffers, H. P. (1991). *Who killed Precious?* New York: Dell.

King, B. (1949). The strange case of Dr. de River. In B. King (Ed.), *The Sexual Criminal* (pp. xxxii–xxxix). Springfield, IL: Charles C. Thomas; reprinted by Bloat Books, 2000.

Ramsland, K. (2005). *The human predator: A historical chronicle of serial murder and forensic investigation*. New York: Berkley.

Ramsland, K. (2010). *The mind of a murderer: Privileged access to the demons that drive Extreme violence*. Santa Barbara, CA: Praeger.

Starr, D. (2010). *The killer of little shepherds: A true crime story and the birth of forensic science*. New York: Knopf.

6장
방법론

　1986년 캘리포니아주 새크라멘토 인근에서 한 어부가 관개수로에 빠져 있는 젊은 여성의 시체 한 구를 발견했다. 경찰은 피해여성이 그곳으로 끌려와 여러 차례 구타를 당한 후 끈으로 목이 졸려 살해된 것으로 보았다. 현장에서 발견된 정액은 이 사건이 성범죄임을 나타냈다. 피해자는 19세의 스테파니 브라운Stephanie Brown으로 확인되었다. 남자친구의 진술에 따르면, 그녀는 자신의 집에 오기로 했지만 나타나지 않았다. 그녀의 버려진 차에서 특별한 기계적 결함이 발견되지 않았기 때문에, 그녀는 5번 주간고속도로(I-5)에서 잘못된 길로 접어들었던 것으로 추정되었다. 운전석의 창문이 내려진 것을 보고 그녀의 부모는 밤에 낯선 사람이 접근했다면 딸아이는 절대 그런 행동을 하지 않았을 것이라고 단언했다. 또한 운전석의 팔걸이가 부러진 상태였는데, 이는 마치 그녀가 차에서 억지로 끌려가지 않으려고 그것을 꼭 붙잡고 있었던 것처럼 보였다(Henderson, 1998).

　수사관은 스테파니의 사진을 보고 뭔가 달라졌음을 감지했다. 그녀는 원래 긴 머리였는데, 시신의 머리카락은 짧았다. 부모는 그녀가 머리카락을 자른 적이 없다고 말했다. 이것은 범인의 시그니처를 암시했다. 즉, 범인이 그녀의 머리카락을 자른 것이다. 그녀가 입고 있던 파란색 탱크톱의 어깨 끈도 이유 없이 잘려 있었다. 현장 주변을 수색하는 과정에서 큰 가위 한 자루가 발견되었는데, 이것은 두 가지 중요한 범죄행동을 시사했다. 범인이 '살인도구'를 가지고 있었다는 것과, 그가 성도착자라는 것이다. 그는 살인에 중독된 공격자로, 이번 사건 전후로 그의 피해자들이 계속 나타날 가능성이 높았다.

한 달 후, 허허벌판의 5번 주간고속도로 한가운데에서 26세의 샤메인 사브라Charmaine Sabrah와 그녀의 어머니가 몰던 차가 고장 났다. 그때 2인승 스포츠카를 탄 한 남성이 도움을 주겠다며 다가왔는데, 그의 옆자리에는 1명만 탈 수 있었다. 그는 곧 돌아오겠다며 샤메인을 태우고 떠났지만 다시 나타나지 않았고 그녀는 실종됐다. 그녀의 시신은 약 80km 떨어진 곳에서 발견되었다. 스테파니처럼 그녀도 목이 졸려 살해되었고, 브래지어 끈과 팬티의 일부분이 잘려 있었으며, 머리카락도 한 움큼 뽑혀 있었다. 수사관들은 동일범의 소행으로 추정했다.

그러던 중 스테파니의 시신이 발견된 장소 근처에서 또 다른 피해자의 시신이 발견됐다. 로라 히딕Lora Heedick 역시 비슷한 방법으로 살해당했고, 입고 있던 탱크톱도 알 수 없는 이유로 잘려 있었다. 목격자는 샤메인의 어머니가 묘사한 것과 같은 소형 스포츠카에 로라가 타는 것을 보았다고 진술했다. 이 3명의 피해자는 그무렵 FBI가 정의한 연쇄살인의 조건을 충족시켰다. 즉, 최소한 3곳에서 발생한 3건의 사건에서 3명의 피해자가 발생했으며, 사건 사이에 냉각기cooling off가 존재했다. 어떤 사람들은 이 연쇄살인범을 'I-5 교살자I-5 Strangler'라고 불렀다. 다른 성범죄자들과 마찬가지로 그는 잡힐 때까지 살인을 계속할 것이 확실했다.

그 당시 연쇄살인은 이미 세간에 많이 알려져 있었다. 체포된 연쇄살인범 중에는 테드 번디, 존 웨인 게이시John Wayne Gacy, 힐사이드 교살자Hillside Stranglers, 샘의 아들Son of Sam, 애틀랜타 아동 살인범, '캔디맨' 딘 코일Dean Corll, 헨리 리 루카스Henry Lee Lucas가 있었다. 보통 이런 사건들에는 언론의 집중공

세가 뒤따랐다(Ramsland, 2005). 경찰은 범인을 반드시 잡아야만 했다.

교통 위반으로 47세의 로저 키베Roger Kibbe를 정지시킨 순찰경찰관은 그가 이번 사건의 범인 몽타주와 비슷하게 생겼다는 것을 눈치챘다. 미심쩍게도 키베의 동생은 I-5 연쇄살인사건의 수사를 담당한 형사였다. 경찰 조사에서 그는 성매매를 하려고 했던 점과 피해자들에게 접근하기 위해 몇몇 장소에 갔다는 점만 시인했다. 그러나 이러한 혐의만으로 그를 체포할 수는 없었다.

I-5 교살자의 범행이 다시 시작되었다. 1987년 6월, 5번 주간고속도로 근처에 버려진 캐런 핀치Karen Finch의 차량이 발견되었다. 그녀의 시신이 곧 발견되었는데, 착용한 옷이 이상하게 잘려져 있었다. 그다음 피해자인 데브라 구피Debra Guffie는 그녀의 비명소리를 듣고 달려온 순찰대의 구조로 무사할 수 있었다. 그녀를 공격한 사람은 키베였다(Smith, 2008). 그의 차에서 가위, 접착테이프, 수갑, 머리고무줄, 땜질용 나무 조각, 흰색 나일론 자투리 끈 등이 발견되었다. 이러한 증거들 외에도 그의 범행 특징은 연쇄살인사건과의 연관성을 충분히 증명할 수 있을 만큼 일관되게 나타났다. 또한 그는 수사 진행 상황에 대해 동생에게 여러 차례 물어보면서 범행을 계속할 수 있었다(Lindeloff, 2008).

키베는 특정 물건을 통해 성적 쾌감을 느끼는 페티시fetish가 있었다. 그는 어렸을 때부터 여자 옷을 조각조각 자르기 시작했다. 15세 때에는 빨랫줄에 널린 옷을 훔쳐서 체포되기도 했는데, 그는 옷을 훔치면서 성적 흥분을 느꼈다고 진술했다. 이번 연쇄살인사건과 관련 있는 범인의 시그니처 행동은 피해자들의 옷을 이유 없이 가위로 자른 것이었다.

이러한 증거들은 그의 유죄를 뒷받침했다. 수사를 통해 키베의 범행수법이 밝혀졌다. 그는 외딴 5번 주간고속도로를 정기적으로 다니면서 자신의 관심을 끄는 여성 운전자를 물색했다. 그리고 그녀의 차를 주시하다가 앞질러 간 후, 자신의 차를 갓길에 주차하여 도움이 필요한 척했다. 대부분의 여성은 차를 멈추었다. 그는 발각되지 않고 피해자를 데려갈 수 있는 고속도로 주변 지역에 대해 잘 알고 있었다. 그러나 그 지역에서 경찰의 순찰이 강화되면서 그는 결국 체포되었다(Henderson, 1998).

　행동적 또는 심리적 프로파일링이라고도 불리는 **후향적 범죄 프로파일링** retrospective criminal profiling은 기존의 범죄사건과 특정 단독 또는 일련의 범죄사건 간의 유사한 범행 패턴을 파악하기 위해 개발되었다. 이것의 목적은 범인의 특성을 파악할 수 있는 범행수법, 물적 증거, 시그니처 행동 등의 핵심 사항을 분석하고, 사건들 간의 연관성 및 사건과 범죄자 간의 연관성을 검증하는 것이다. 수사 경험과 범죄 데이터베이스에 기반한 총체적 분석은 법집행기관이 용의선상을 좁히고 수사 자문이 필요한 영역을 파악하는 데 유용한 정보를 제공한다. 그러므로 범죄 프로파일링은 범죄행동의 해석에 대한 전문성을 토대로 복잡한 범죄수사를 보다 효율적으로 실시하도록 만드는 것이다. 이는 또한 특정 범죄를 저질렀을 가능성이 있는 인물 유형을 추정하는 것이기도 하다(Douglas & Olshaker, 1995; McCrary & Ramsland, 2003; Ressler & Shachtman, 1992; Scherer & Jarvis, 2014a). 이 장에서는 범죄 프로파일링 개발을 위한 자문의 배경과 여기에 필요한 정보 유형, 개발과정, 수사지원 방법, 지리적 분석방법, 그 밖의 여러 사건에서 프로파일링의 역할에 대해 설명하도록 한다.

1. 추론분석

　프로파일링은 현재 범죄수사분석CIA의 한 분야로 자리 잡았다. 최근 문헌에서는 프로파일링의 유형을 다음과 같은 세 가지로 설명하고 있다(Scherer & Jarvis, 2014b). 즉, 범죄수사적 프로파일링, 임상적 프로파일링, 통계적·경험적 프로파일링이다. 이 중 앞의 두 가지 유형은 경험에 크게 의존하고 사건의 세부정보에 중점을 둔다. 범죄수사적 접근법은 5장에서 설명한 FBI 프로파일링 방법에서 파생되었다. 세 번째 유형은 통계적 산술을 통한 글로벌 패턴 및 경향 분석에 초점을 맞춘다. 현재 프로파일링은 첫 번째 유형을 강조하면서 세 가지 형태를 모두 포괄한다. 사망사건의 세밀한 조사, 특히 사망자의 심리상태가 나타나는 행동 징후는 경찰기관에서 정기적으로 교육훈련을 하지 않기 때문에, 보통 자격을 갖춘 전문가에게 자문을 요청한다. FBI가 이를 지원할 수도 있고, 이 분야에 익숙한 심리전문가들의 도움을 받을 수도 있다. 행동심리 전문가들이 사망사건 수사에 대한 요구도를 잘 이해하고 조사를 수행하는 한, 이들과의 협업은 강화될 것이다.

범죄수사분석은 단계적으로 진행된다(McCrary & Ramsland, 2003; Scherer & Jarvis, 2014a). 요원들은 먼저 범죄가 실제로 발생했는지를 확인해야 한다. 간혹 허위신고가 발생하거나 사건이 잘못 접수되기도 하기 때문이다. 이것이 첫 번째 단계이다. 범죄가 확실히 발생했다면, 범죄 유형을 구분하는 두 번째 단계로 넘어간다. 주로 살인, 강간, 방화, 폭파, 인질 납치사건 등으로 분류된다. 해당 사건에 대한 행동분석을 해야 할 필요성이 충분하다면, 행동 증거를 검토하여 범인일 가능성이 높은 인물 유형에 대한 아이디어를 제시하는 세 번째 단계로 진입한다. 간접적 성격 평가indirect personality assessment, 면담 전략, 수사 자문, 수색영장 지원 및 중요 사건 분석과 마찬가지로, 심리부검도 현재 범죄수사분석의 일부가 되었다. 필요시, 요원들은 재판 전략에 대한 자문이나 법정 증언을 제공하는 네 번째 단계를 실행할 수 있다.

쉬러와 자비스(Scherer & Jarvis, 2014a)는 프로파일링에 대한 표준화된 보편적 정의가 없다는 문제점을 지적하면서, 범죄수사분석의 최근 모범사례들을 소개했다. 2005년부터 FBI는 연쇄살인에 대한 최초 정의를 수정하여 피해자 수를 줄이고 개념을 단순화시켰다. 어떤 살인범은 피해자들을 자신의 집(하나의 장소)으로 데려갔기 때문에, 여러 다른 장소에서 살인사건이 발생해야 한다는 조건이 제외되었다. '냉각기'라는 개념도 너무 모호하여 수정된 정의에서는 이를 삭제했다(Morton & Hilts, 2005). 그러나 이처럼 간결한 정의는 부분적으로 너무 단순하거나 너무 광범위하여, 이것을 바탕으로 두 가지 살인 사건을 하나의 뚜렷한 범행동기로 연결시킬 수 있는 공통점을 찾기는 어려웠기 때문에 일반적으로 적용되지는 못했다. '연쇄살인범'이 하나의 범죄자 유형은 아니지만 그들의 범행동기, 연령 및 성격이 너무 다양하기 때문에, 연쇄살인의 정의에 그들만의 약탈적 습성에 대해 규정할 필요가 있어 보인다.

쉬러와 자비스(2014b)는 1980년대 발생한 히치하이커 살인사건에서 관련성이 없어 보였던 2건의 살인사건에 대해 FBI가 피해자 분석 및 연계분석을 어떻게 실시했는지를 설명했다. FBI는 또 다른 피해자가 있을 가능성을 대비해 위협 평가도 실시했다. 우선 FBI 분석요원들은 이러한 범죄를 저질렀을 법한 용의자의 특성을 열거했다. 예를 들어, 범인은 현지인이고 범행지역의 지리에 익숙할 것으로 추정되었다. FBI는 이와 같은 용의자 정보를 대중에게 알리기 위해 언론기관에 보도 지침을 제공하는 한편, 미끼 작전(효과가 있었음)에 대한 자문과 수색영장 청구를 뒷받침하는 데이터를 제공했다. 또한 네 번째 피해여성을 살해한 혐의로 검거된 용의자에 대해 간접적 성격 평가를 실시하고 면담 전략을 제시했다. 검찰 측에는 범행현장을 재현해 보이고 범행동기를 설명하는 한편, 재판 전략도 제시했다.

유능한 프로파일러가 되기 위해서는 법집행에 대한 심층교육, 수사 경험, 그리고 심리학의 여러 하위분야, 특히 성격이론, 법심리학legal psychology, 임상심리학 또는 정신의학에 대한 지식이 필요하다(Campbell & DeNevi, 2004). 범행동기를 평가하려면 범죄행동에 나타나는 정신병리학psychopathology적 측면도 이해해야 한다. 즉, 범인의 정신질환과 성격장애가 범죄현장에서의 행동에 어떻게 영향을 미쳤을지를 평가해야 할 필요가 있다. 프로파일러는 또한 위장된 범죄현장을 포함하여 다양한 범죄사건에 대한 경험이 있어야 한다(Douglas, Burgess, Burgess, & Ressler, 1992; Scherer & Jarvis, 2014b). 그들은 범죄사건에 연루된 피해자의 행동과 관련하여 종합적인 피해자 분석을 실시할 수 있어야 한다. FBI에서 행동분석팀BAU에 합류하는 요원은 수사 경험이 풍부하고 상당한 심층 교육훈련을 받아야 하며, 범죄학의 최근 연구들에 대해서도 충분히 알아야 한다(DeNevi & Campbell, 2004).

쉬러와 자비스(2014b)는 FBI에서 범죄수사분석을 담당했거나 관련 교육훈련을 받은 40명의 요원(남성 87%)을 대상으로 연구를 수행했다. 이들은 모두 15년 이상의 법집행 경력을 가지고 있었다. 이들의 범죄수사분석에 대한 이해도를 평가하기 위해 반구조화된 면담semi-structured interview을 실시했는데, 그 결과 몇 가지 특정 영역에 대한 해석이 다양하고 표준 정의가 결여된 것으로 나타났다. 이로 인해 범죄수사분석이 하나의 방법으로서 얼마나 효과적인지를 입증하기는 어려웠으나, 실무에서 유용하게 사용되고 있는 것으로 나타났다.

이와 마찬가지로 심리부검에서도 고려해야 할 또 다른 문제는 인간 행동에 대한 해석이 확률분석에 근거한다는 것이다. 즉, 특정 행동은 발생 빈도 및 발생 가능성과 그로부터 도출된 추론에 따라 가중치가 적용된다. 인간의 행동은 복잡하고 항상 보이는 것이 전부는 아니기 때문에 오류의 여지가 있다(Cresswell, 2009). 데이터를 기반으로 하는 통계분석은 오차율을 산출하거나 가설이 기각될 가능성을 수치화시킬 수 있다. 간단히 말해서, 참인 귀무가설을 기각하는 1종 오류와 거짓인 귀무가설을 채택하는 2종 오류가 발생할 확률을 산출하는 것이다. 범죄행동 데이터를 통해 도출된 프로파일은 일종의 귀무가설로, 기각될 가능성이 큰 가설에 대한 진술이다(예: 이러한 방식으로 피해자를 살해한 범인은 같은 방법으로 살인을 저지르지 않을 것이다). 모든 잠정적 추론에는 이 두 가지 유형 중 하나의 오류가 발생하기 쉬운데, 이는 추론의 결함에 의해 발생하거나 한 집단의 가능한 모든 구성원(예: 모든 강간범)을 포함시키는 것이 불가능한 데서 발생한다. 한 유형의 오류를 줄이면 다른 유형의 오류가 발생할 가능성이 높아진다(Cox, 2006). 이상적인 것은 이 두 가지 오류를 만들지 않는 것이다.

　　정확성을 위해 두 가지 오류 가능성이 적을수록 좋다. 통계적 결론의 타당도는 변인들 간의 관련성에 근거하여 얻어진 결론의 정확성 또는 최소한의 합리성의 정도를 말한다. 이것은 일반적으로 질적 추론에 의존한다. 해석은 적절한 표본 추출과 신뢰할 수 있는 연구방법에 어느 정도 기반한다(Cozby, 2009). 이 부분에 있어서 프로파일링은 다소 소홀했다. 최근에서야 FBI는 수사관들의 경험적 연구에 근거한 보고서를 발표했는데, 연쇄살인범들이 피해자에게 접근하고 시체를 처리하는 방식에 있어서 상황적 요인을 분석한 것이었다(Morton et al., 2014). 이 연구결과가 실제로 수사에 활용될 수 있는지의 여부는 검증되지 않았다.

　　피해자에 대한 세부정보는 사건분석에 영향을 줄 수 있다. 예를 들어, 실종된 여성의 차가 주차장에 후면주차된 상태로 발견된 경우, 이것은 그다지 이상해 보이지 않을 수 있다. 그러나 그녀의 남편이 아내가 평소 후면주차하는 것을 싫어했다고 진술했을 때, 다른 누군가가 그녀의 차를 운전했거나 그녀에게 강제로 시켰을 가능성이 높다고 추정할 수 있다. 프로파일링에서는 피해자가 우선이다.

　　편견은 잠재적으로 부정적인 영향을 미칠 수 있다. 범죄학자 킴 로스모(Kim Rossmo, 2008, 2011)는 수사 실패가 일반적으로 인지 편향, 조직적 함정, 확률 오류의 세 가지 영역에서 발생한다고 지적하면서, 특히 역치 진단, 터널 시야, 친숙함(직감)에서 비롯된 가설에 대해 설명했다. 그는 사람들이 정보를 구성하고 처리하는 방법에 초점을 맞춘 사회적 인지 연구에서 통찰력을 이끌어 냈다. 앞 장에서 언급했듯이, 이는 특히 연쇄살인으로 추정되는 사건의 범인을 잡아야 한다는 압박감이 심할 때 나타날 수 있다. 판단능력이 제한되는 상황에서 인간은 휴리스틱heuristics이라고 하는 효율적인 정신적 속기mental shorthand를 사용하는데, 이것은 복잡한 문제를 간단한 규칙으로 축소시키는 인지적 지름길cognitive shortcuts이라고 할 수 있다(Kebbell, Muller, & Martin, 2010). 휴리스틱은 정보를 처리하는 동안 자동으로 형성되어 일반적으로 유익하기는 하나, 심각한 오류로 이어질 수도 있다.

인지심리학에서 지각적 갖춤새perceptual set는 기대에 따라 무언가를 지각할 준비가 되어 있는 것을 말하는데, 이는 역치 진단과 확증 편향을 유발할 수 있다. 수사관의 과거 경험, 문화, 교육 및 사회적 맥락은 이러한 지각적 갖춤새에 영향을 미쳐, 어떤 자극의 특정 측면에 선택적으로 초점을 맞추고 다른 측면은 차단하도록 만든다(Gilovich & Griffin, 2002; Stelfox & Pease, 2005). 수사관들은 결정을 내릴 시간이 별로 없다는 것을 알고 있는 상태에서 어떤 조치를 취할 준비를 하고 범죄현장에 도착하게 되는데, 여기에는 특정한 지각적 갖춤새가 포함되는 것이다. 인간의 두뇌는 불확실성에 익숙하지 않기 때문에, 압박과 흥분 상태에서 자신의 생각을 비판적으로 검토하는 노력을 하기 어려울 수 있다(Rossmo, 2009). 따라서 수사관들은 무슨 일이 벌어졌고 누가 그것을 저질렀는지를 가능한 한 신속하게 알아내려 한다.

케벨 등(Kebbell et al., 2010)은 수사 실패를 가져올 수 있는 일반적인 인지적 지름길로서 다음과 같은 개념들을 설명했다. '가용성 휴리스틱availability heuristic'은 떠올리기 쉬운 예시를 통해 어떤 사건의 발생 가능성을 판단하는 것이다. '대표성 휴리스틱representative heuristic'은 한 개인과 그가 속할 수 있는 특정 계층을 인지된 유사성으로 판단하는 것이다. '기준점 휴리스틱anchoring heuristic'은 처음에 '기준점'을 정해 두고 판단을 내리며, 새로 나타난 정보에 따라 그 기준점을 조정하지 못하는 것이다. 이 밖에도 인지적 지름길과 관련된 개념들은 더 많다. 인간의 사고는 효율적으로 작동한다. 자동적으로 빠른 결정을 내리지만, 이로 인해 오류가 발생할 수 있다(그러므로 수사팀에는 신속한 판단을 내릴 수 있는 사람과 좀 더 신중하고 분석적인 사람을 함께 배치하는 것이 이상적일 것이다. 이들 간의 논쟁이 발생할 수는 있지만, 최소한 팀원들이 서로의 사고과정에 대해 점검하도록 할 수 있다).

또한 수사 실패에는 서사적 힘이 작용한다. 페닝턴과 헤이스티(Pennington & Hastie, 1992)는 단순한 구조의 이야기가 어떻게 이야기의 요점에 빨리 도달하도록 하는지를 설명했다. 사람들은 이야기에 잘 반응하며, 이야기 형식으로 전달했을 때 그 내용에 대한 세부사항을 더욱 잘 기억한다. 이야기의 전체적인 틀을 통해, 그것이 어떻게 전개되고 어떻게 끝날 것인지에 대한 사람들의 기대감이 형성된다. 이야기 사이에 공백이 발생하면, 청자들은 이야기를 좀 더 쉽게 이해할 수 있도록 스스로 세부사항을 추가할 것이다(Kahneman, 2013). 이것은 자연스러운 인간의 사고과정이지만, 수사관들에게는 문제를 일으킬 수 있다. 그러므로 수사관들이 대안적 시나리오를 고려하고 자동적인 사고과정을 점검하는 방법에 대한 교육훈련이 필요하다.

인간의 보편적 인지과정 이외에 문화적 서사도 문제를 야기할 수 있는데, 그것이 특히 행동 프로파일링과 관련된 뉴스, 소셜 미디어 등을 통해 전달될 때 더욱 그렇다(Scherer & Jarvis, 2014b). 2005년 FBI의 모튼Morton과 힐츠Hilts는 연쇄살인을 주제로 한 국제 심포지엄에서 논문을 발표했는데, 여기에서 〈표 6-1〉과 같은 몇 가지 문화적 신화를 제시했다.

표 6-1 연쇄살인범에 대한 신화
1. 연쇄살인범은 모두 문제가 있는 외톨이이다.
2. 연쇄살인범은 모두 백인 남성이다.
3. 연쇄살인범의 범행동기는 오직 성적 쾌락에 있다.
4. 모든 연쇄살인범은 고속도로를 타고 여러 지역을 배회한다.
5. 모든 연쇄살인범은 미쳤거나 사악한 천재들이다.
6. 연쇄살인범은 검거되기를 원한다.

게다가 일부 영화와 TV 드라마는 범죄 프로파일링에 대해 잘못 묘사했으며, 그 방법도 실제와 크게 달랐다. 특히 프로파일링의 목적은 사건을 해결하는 것이 아니다. 프로파일러는 범죄를 분석하고 자문을 제공할 뿐, 형사의 역할을 하지는 않는다. 행동분석을 활용하기 위해서는 균형적인 시각을 유지해야 한다. 연쇄살인범을 포함해서 모든 유형의 범죄자에게 딱 들어맞는 '만

능' 프로파일은 없다(Morton & Hilts, 2005). "이 자는 우리 프로파일과 맞지 않아."라고 소리 지르는 드라마 속의 형사는 프로파일링의 과정과 결과물이 무엇을 의미하는지 이해하지 못한 것이다.

또한 프로파일링은 수사팀에게 제공받는 정보의 유형과 질에 의해 제한된다. DNA 분석을 통해 아프리카계 미국인 데릭 토드 리Derrick Todd Lee가 배턴루지 연쇄살인범Baton Rouge serial killer으로 밝혀졌던 사건에서, 프로파일링을 위해 FBI에 범죄정보를 제공한 경찰관들은 무의식적 편견을 갖고 있었다. 피해자가 실종되기 직전 피해자의 집 근처를 배회하는 흑인 남성을 목격했다는 진술이 담긴 수사보고서가 있었지만, 당시 경찰은 연쇄살인범은 모두 백인일 것이라고 가정했기 때문에 해당 보고서를 제외시켰다. 그 결과 프로파일링이 정확하게 도출되지 않았다.

2. 피해자 분석

심리부검과 마찬가지로 피해자에 대한 배경지식은 정확하고 유용한 프로파일을 작성하는 데 매우 중요하다. 여기에는 피해자의 성격과 행동적 측면이 포함된다. 피해자의 위험요인은 물론, 피해자와 가해자가 잠시라도 만난 적이 있는지에 대한 잠재적 관계를 파악해야 한다. 피해자가 폭행, 납치, 살해된 때와 장소는 그의 연령 및 직업과 마찬가지로 위험성 정도를 파악하는 데 도움이 된다. 저위험 피해자는 폭력적인 범죄를 당한 뒤에도 자신의 집에서 정상적으로 잘 살아가는 경향이 있지만, 고위험 피해자는 약물 남용, 성매매, 성적 역할극sexual role-playing, 위험한 단체 가입, 스트립댄서와 같은 탈선행동을 자처한다. 피해자 분석victimology에는 사건 이전에 확인된 피해자의 동선에 대한 타임라인이 포함되는데, 이를 위해 〈표 6-2〉에 제시된 자료원들을 가능한 한 많이 수집해야 한다(Douglas & Olshaker, 1995; McCrary &

<table>
<tr><td>표 6-2</td><td>피해자 관련 자료원</td></tr>
</table>

표 6-2	피해자 관련 자료원

- 소셜 미디어 활동
- 피해자가 작성한 일지, 이메일 또는 편지
- 통화기록(유선 및 휴대전화)
- 송/수신 문자
- 사진
- 피해자가 읽은 서적
- 취미와 현 직업
- GPS 기록, 휴대전화 사용 기록, 고속도로 톨게이트 사용 기록
- 수사 및 부검 보고서
- 목격자 진술서(특히 마지막 목격 당시)
- 취업 기록
- 최근 구매품
- 회원 가입한 단체
- 주변인 진술서
- 다툼이나 싸움에 의한 경찰 신고 기록
- 피해자와 관련된 과거 경찰 보고서 또는 체포 기록
- 문신 분석(피해자가 문신이 있는 경우)
- 정신질환 병력
- 피해자 주변의 CCTV 영상
- 피해자와 관련된 쓰레기

Ramsland, 2003; Michaud & Hazelwood, 1998; Ressler & Shachtman, 1992).

　가장 중요한 것은 피해자가 누군가에 대한 두려움이나 스토킹 피해 혹은 결별 등과 관련해서 자신의 심경을 나타낸 의사표현을 한 적이 있는지를 파악하는 것이다. 피해자의 세부정보를 확인하여 최대한 많은 정보를 바탕으로 타임라인을 작성하고 나면, 범죄현장과 범행방법을 어떻게 범주화하는 것이 최선인지를 판단해야 한다. 사람의 성격은 그의 행동과 결정에 상당한 영향을 미친다는 가정에 기초하여(Douglas & Munn, 1992), 수사관들은 범죄자가 계획적으로 범죄를 준비하고 저질렀는지 아니면 기회를 포착하고 충동적으로 범행을 저질렀는지를 평가할 수 있다(일부 학자는 성격 특성과 행동 간의

관계에 대한 이 같은 가정을 부정하기도 하고, 기본 개념은 인정하나 논리가 지나치게 단순하다고 보기도 한다).

피해자 분석의 일례로, 한 17세 소년이 여름방학 일자리 건에 대해 어떤 남성과 의논하고 곧장 집으로 가겠다는 말을 어머니에게 남기고 실종된 사건이 있었다. 소년이 만나려고 했던 그 남성의 트럭에 함께 타고 있는 것을 보았다는 목격자가 나타났다. 피해자 분석 결과, 소년은 이미 일자리를 가지고 있었고, 여자친구가 있었으며, 학교 성적도 좋아서 대학에 지원을 한 상태였고, 가족과도 원만했다. 또한 체포나 전과 기록도 없고, 약물에 손을 댄 적도 없는 것으로 확인되었다. 그는 친구들과도 돈독했고 주위에 원한관계도 없었다. 실종 당일은 어머니의 생일이어서 생일파티를 위해 가족들은 소년이 집에 오기만을 고대하고 있었고, 그도 어서 집에 가고 싶어 했다고 한다. 소년이 만나려고 했던 남성은 이전에 그가 고용한 청년들 몇 명이 실종되었다는 사실이 확인되어, 경찰 조사를 받았다. 아무래도 실종된 소년이 갑자기 가출을 결심했을 가능성보다 어떤 일을 당했을 가능성이 훨씬 더 커 보였다(결국 소년은 일자리를 미끼로 청년들을 트럭에 태우고 가서 살해한 연쇄살인범의 피해자 중 하나로 밝혀졌다).

3. 프로파일링 방법

프로파일링에는 원격 절차offsite procedure와 현장 절차onsite procedure가 포함된다. 두 가지 절차 모두 수사 및 부검 보고서와 더불어 물리적 증거, 현장 사진, 목격자 진술, 범죄발생 위치 지도, 시체 발견 장소, 증거 패턴, 그리고 현장에 있는 도구를 범행에 사용했는지(예: 전기 코드 또는 부엌 칼) 아니면 현장에 가져온 범행도구를 놓고 갔는지(예: 범인이 떨어뜨린 권총)의 여부와 같은 범죄현장 정보를 수집하기 위해 진행된다. 상처 분석을 위해서는 시체에 난 상처의 유형과 심각성, 부위와 개수를 확인하고, 상처가 (2개 이상인 경우) 어떤 식으로 났는지를 재구성한다. 이러한 정보들의 대부분은 원격으로 확인할 수도 있지만, 범죄현장을 방문해서 확인하는 것이 가장 바람직하다. 맥크레리와 램슬랜드(McCrary & Ramsland, 2003)는 캐나다 토론토의 한 고급주택가에서 발생한 연쇄강간사건에서 범인이 부모와 함께 그 지역에 살고 있을 가능성이 매우 높다고 분석한 바 있다. 범인은 그 지역의 호화로운 주택을 소유할 만큼 나이가 많지 않으며, 피해자나 목격자에게 낯선 외부인으로 여겨지지 않았다고 본 것이다(그들의 분석은 원격으로 진행되었음에도 수사결과와 일치했다).

범죄현장에서는 〈표 6-3〉과 같은 중요한 정보들을 수집해야 한다.

표 6-3 | 프로파일링을 위한 범죄현장 요소

- 범죄발생 추정 시간
- 범행 지속 시간
- 범행 중단 이유
- 범행계획 여부
- 당시 현장에서 어떤 사건이나 인물이 범인의 범행을 촉발시켰는지의 여부
- 범행 발생 장소(실내 또는 실외)
- 각각의 범죄현장에서 확인된 피해자의 수
- 잠재적으로 연관성이 있는 다른 범죄현장의 개수
- 한 사건당 주요 범죄현장이 한 곳인지 아니면 여러 곳인지의 여부
- 범죄발생 당시의 기상 조건
- 시체가 다른 곳으로 옮겨졌는지의 여부 및 이동 방법에 대한 세부정보
- 범죄현장의 주변 환경
- 유사한 사건이 인근에서 발생한 적이 있는지의 여부
- 범죄발생 지역의 인구통계
- 범죄발생 지역의 지리물리학적 특징

FBI 프로파일러들은 텍사스의 한 지역에서 발생한 강간살인사건을 조사하면서, 1평방 마일(약 2.6평방km) 이내에서 이와 상당히 유사한 사건을 포함해 꽤 많은 강간사건이 신고되었다는 사실을 발견했다. 이 사건의 범인이 체포된 후, 그가 신고된 강간사건의 상당수를 저지른 것으로 밝혀졌다(Michaud & Hazelwood, 1998).

범죄현장의 특정 요소는 범죄자가 생각하는 바를 좀 더 명확히 나타낸다. 다시 말해, 그들이 어떻게 범죄현장에 침입했고, 왜 특정 시간이나 장소를 선택했으며, CCTV 감시망을 어떻게 피했는지, 그리고 누구를 범행대상으로 삼았는지를 유추할 수 있다. 범행도구의 유형(또는 범행도구 없음), 피해자의 몸에 난 상처, 비정상적 또는 의례적 행동ritual behavior의 증거는 많은 단서를 제공해 준다. 레슬러와 샤흐트만(Ressler & Shachtman, 1992)이 프로파일링했던 한 살인범은 임신부의 내장을 제거하고 쓰레기통에 있는 요거트 컵으로 그녀의 피를 받아 마셨다. 텍사스의 '눈알 살인마Eyeball Killer'는 항상 자신이 살해한 여성의 눈을 수술로 제거했다(Matthews & Wicker, 1996).

프로파일러는 그들의 평가에 영향을 미치는 관련 없는 정보를 원치 않는다. 그들은 또한 정보의 정확성에 대한 확신도에 따라 등급을 매기기도 한다. 프로파일링은 상당히 주관적인 작업이 될 수 있으므로, 행동과학부BSU 요원들은 브레인스토밍 회의를 통해 일종의 동료 평가 및 평가자 간 신뢰도 측정을 하고자 했다.

범죄연계분석에서 고려되는 범인의 특성으로는 범행수법, 의례적 시그니처, 피해자 접근방식 등이 있는데, 이를 피해자 및 범죄현장 요인과 대조해 볼 수 있다. 이를 통해 시체 발견 장소와 시체 처리방법, 사건 발생 기간, 피해자 및 범죄자의 위험성 정도와 범죄현장에서의 역동성(그들이 각각 어떤 행동을 했고 어떠한 상호작용을 했는지), 침입수단(해당되는 경우), 사용된 범행도구, 범행계획성의 정도, 피해자의 사망과정에서 나타난 모든 행동을 분석할 수 있다.

　　범인의 의례적 행동과 더불어 핵심적 범죄행동은 크게 변하지 않지만, 좀 더 발전되거나 복잡한 형태로 진화될 수 있다. 예를 들어, 피해자를 결박하는 행위는 갈수록 더 정교해질 수 있다. 이러한 유형의 행동은 가해자의 연령과 경험을 유추하는 데 도움이 된다. 범인이 의례적 행동을 하게 되면 검거될 위험성이 커지며, 그러한 행동은 일반적으로 중독적이다. 피해자와 가해자가 더 오랫동안 상호작용하고 가해자가 더 일탈적인 행동(예: 범행 후 현장을 치우지 않고 방치하는 행위)을 할수록, 더 많은 행동 징후가 존재할 가능성이 높다 (McCrary & Ramsland, 2003).

　　프로파일러는 범죄현장 요소를 통해 범죄를 유발할 수 있는 범인의 행동적 측면을 유추할 수 있다. 예컨대, 범인의 정해진 행동 습관이나 범죄를 저지르는 특정 시간대, 범행에 사용하는 차량, 군 경력, 정규직 또는 비정규직 취업 여부 등이 여기에 해당된다. 이와 같은 프로파일링을 실시하여 1992~2003년 동안 배턴루지에서 활보한 연쇄살인범에 대해 연령, 신체 사이즈 및 체력, 사회경제적 여건, 여성들 주변에서의 행동, 이동의 용이성 및 이용 가능한 차량, 피해자 접근방식, 외모 등을 추정할 수 있었다. 범인과 대면했던 여성들의 진술에 따르면 그는 위험한 사람으로 보이지는 않았지만, 거절당하면 화를 냈고 격분하기까지 했다고 한다. 그는 자신이 범행대상으로 삼은 피해자의 집에 침입하는 위험까지 감수하면서 피해자에 대한 통제력을 느끼는 것을 좋아하고, 자신의 평정심이 무너지는 순간 폭력적으로 돌변하는 모습을 자주 보였을 것이다. 임무 지향적이고 거만한 성향을 가진 그는 자신이 수사하는 법을 '더 잘 안다'고 여기며 경찰 수사를 공공연하게 무시했을 가능성이 컸다. 또한 그는 피해자의 시신을 유기한 지역에 대해 잘 알고 있을 것이라고 추정되었는데, 이는 그가 그곳으로 시신을 운반하는 위험을 감수했기 때문이다. 시체가 발견되었다는 뉴스를 접했을 때에도 그는 큰 감정적 변화를 보이지 않았을 것이다. 그의 범죄행동이 명백히 중독적임을 감안할 때, 그는 실수를 저지를 가능성이 높았다("Serial Killer," n.d.). 그리고 실제로 그는 그렇게 했다.

범인이 범죄를 저지른 방법과 이유를 파악하기 위해서는 해당 사건을 다양한 측면에서 면밀히 조사해야 한다. 살인범이 피해자의 눈알을 제거했다면 이것은 무엇을 의미하는가? 여성범죄자가 노인들만 공격했다면 이는 무엇을 상징하는 것인가? 다음 피해자는 누구인가? 프로파일러는 범죄자가 교활함과 조작, 기습공격 또는 어떤 기회 등을 이용하여 피해자에게 접근하는 징후를 찾는다. 테드 번디는 도움이 필요한 척하거나 경찰로 가장하는 것과 같은 특정한 접근방식을 취했지만, 골목길을 혼자 걸어가는 소녀를 납치하는 등 기회를 틈타 범행을 저지르기도 했다. 범죄자가 피해자를 통제하는 방법도 중요하다. 허브 바우마이스터Herb Baumeister처럼 살해하기 전 성관계를 하기 위해 피해자를 자신의 집으로 초대할 수도 있고, 제프리 다머Jeffrey Dahmer처럼 피해자에게 약물을 쓸 수도 있다. 또한 피해자들을 결박한 후 잠시 동안 감금하거나, 즉시 살해할 수도 있다. 범인은 피해자의 시신을 처음에는 차에 싣고 다니다가 길가에 유기한 트럭 운전사일 수도 있고, 어떤 가정집에 침입해서 남편을 살해하고 아내를 강간한 파렴치범일 수도 있다.

더글라스와 헤이즐우드(Douglas & Hazelwood, 1980)는 조직적 범죄자와 비조직적 범죄자 간의 행태적 차이를 제시했다. 이는 그 당시 획기적으로 여겨졌지만, 지금은 살인범을 구분하는 수많은 기준 중 하나에 불과하다. 대부분의 연쇄살인범은 조직적 행동과 비조직적 행동이라는 이 양극단 요소를 모두 나타내는 '혼합형'에 해당된다. 조직적 범죄자는 교육 수준이 높고, 친사회적이며, 법집행 절차와 범행 흔적의 처리방법에 대해 알고 있고, 자기애적이며, 통제적이고, 범행을 계획하는 경향이 있다. 그들은 범죄현장을 치우고 피해자의 시신을 은폐하는가 하면, 범행의 쾌감을 되새기기 위해 피해자의 장신구나 의류 등을 전리품처럼 가져가곤 한다.

행태적 연속선상의 다른 한쪽 끝에 있는 비조직적 범죄자는 정신질환, 특히 정신병을 가지고 있거나 범죄에 미숙한 경향이 있다. 그들은 범행을 계획하지 않으므로 범행도구를 가져오기보다 범죄현장에서 발견한 흉기나 물건을 사용하며, 범행 흔적에 대해 무지하거나 의식하지 못한다. 그들은 심지어 범행을 후회하기도 하고, 시체를 훼손한 후 그 일부를 전리품처럼 가져가기도 한다. 이 두 가지 유형의 범죄자 모두 살인에 중독되어 실수를 저지를 수 있지만, 정신질환이 있는 범죄자일수록 대개 더 비조직적인 행동을 한다. 그들은 뚜렷한 시그니처를 남기거나, 시체 또는 시체의 일부를 소유하고 있을 가능성이 크다. 정신병자였던 에드 게인Ed Gein은 체포 당시 시체의 내장을 제거하고 머리를 자른 후 장식용 사슴 머리처럼 벽에 걸어 두었다. 그의 집에서는 훼손된 시체 일부가 다량 발견되었다. 그러나 이러한 이분형 기준을 벗어난 예외적 연쇄살인범도 있다. '눈알 살인마' 찰스 올브라이트Charles Albright는 조직적이고 똑똑했지만, 피해자들의 눈알을 수집하는 비조직적 행동을 했다(그러면서 그는 수집한 눈알들을 발견되기 어려운 비밀 장소에 보관하는 조직적 성향을 나타냈다). 살인범이 이러한 유형 중 어디에 속하든 간에, 그의 범행에서 의례적 습관이 나타난다면 프로파일링을 실시할 수 있다(Douglas & Munn, 1992; Keppel, 2000). 의례적 습관에는 피해자의 시신을 대상으로 깨물기, 꼬집기, 씹기, 특정 자세 취해 놓기, 변태적 가해piquerism, 결박, 신체의 일부분 적출, 배변, 속옷 등의 절도, 훼손(토막 내기) 등이 포함된다.

〈표 6-4〉와 같이, 프로파일링은 범죄자에 대한 기본 정보를 제공할 수 있다. 이러한 정보는 조사를 통한 추론에 기반한다. 프로파일링은 또한 향후 범행 가능성과 예상 범행일을 추정할 수 있다(Douglas & Olshaker, 1995; Michaud & Hazelwood, 1998).

숙련된 프로파일러는 범행 패턴에 대한 예리한 관찰력, 다양한 유형의 정보를 통합하는 능력, 팀의 일원으로서 기여하는 능력, 수사방법 및 기법에 대한 지식을 개발한다. 그들은 인지 편향을 경계하고, 그 영향을 최소화하기 위해 노력한다. 개방적 마인드와 의사소통 능력 또한 필요한 덕목이다. 그들은 집중하고, 경청할 수 있어야 하며, 범죄자의 기만행위 신호를 감지할 수 있어야 한다. 컴퓨터를 통해 몇 가지 범죄사건 간의 연관성을 분석할 수는 있지

표 6-4 프로파일링을 통한 범죄자 기본 정보

- 추정 연령
- 성별
- 인종
- 전형적 범행수법
- 지리적 안전지대
- 추정되는 위치를 포함하여 가능한 주거 상황
- 교육 수준
- 정규직일 가능성
- 근무시간
- 군 경력
- 이동 패턴
- 전과자 또는 정신질환자일 가능성
- 심리적 특성 또는 정신장애
- 강박적 성적 환상

만, 범죄현장에 대한 최초의 추정은 프로파일러의 경험과 분석능력에 달려있다. 앞서 언급한 전문가 40명을 대상으로 한 설문조사에서, 대다수는 프로파일러에게 강력범죄 수사 경험이 있어야 한다는 점을 강조했다. 또한 범죄학, 과학수사 방법, 면담 기술의 숙지도 요구되었다(Scherer & Jarvis, 2014b).

4. 범죄연계분석의 기초

범죄연계분석linkage analysis에서는 피해자 분석을 통해 도출된 세부정보와 함께 범행수법 및 시그니처와 같은 특정 형태의 범죄행동을 면밀히 검토한다. 맥크레리와 램슬랜드(2003)는 한 사건에서 맥크레리가 범죄연계분석을 실시한 방법에 대해 설명했다. 1989년 린드 존스턴Lynde Johnston 경감은 관할구역인 뉴욕주 로체스터에서 약 20건의 매춘부 살인사건이 발생하자, 이 가운데 연쇄살인범이 있는지를 확인하고자 했다. 그는 FBI BSU에서 이 문제에 대해 맥크레리와 논의한 후, FBI 국립 아카데미를 졸업한 뉴욕주 경찰 에드 그랜트Ed Grant 경위를 영입했다. 그들의 첫 번째 목표는 수사보고서를 검토하면서 범행 패턴에 대한 감을 잡는 것이었다. 그들은 사건자료를 여러 차례 읽고 세부사항에 대해 논의한 후, 각 사건들을 다음과 같은 세 가지 범주로 분류했다. ① 확실한 단독살인범에 의한 연쇄살인사건, ② 연쇄살인 가능성이 있는 사건, ③ 연쇄살인에 해당되지 않는 사건. 그리고 두 번째 범주로 분류된 몇 가지 사건을 포함하여, 총 7건에 대해 뚜렷한 범행 패턴을 파악하고, 나머지 사건들은 모두 제외시켰다.

이렇게 연관성 있는 사건들을 확인한 후, 그 사건들의 시체 유기 장소를 통해 살인범이 해당 지역을 잘 알고 있고, 그 지역에서 사냥이나 낚시를 할 가능성이 크다는 점을 유추했다. 그가 조깅이나 등산을 취미로 가졌을 수도 있지만, 그의 다른 특성을 고려할 때 그럴 가능성은 낮아 보였다. 그는 평범한 단골 손님 행세를 하며 살인을 계속 저지르고 다녔을 것이다. 실제로 그의 범행은 점점 더 대담해지는 듯했다. 피해자들의 인종으로 볼 때, 그는 백인일 가능성이 컸다. 그가 일을 한다면 기술이 필요하지 않은 직업일 것이고, 피해여성들을 잔인하게 다루었기 때문에 아마도 폭행 전과가 있을 것으로 보였다. 맥크레리와 그랜트는 그가 이미 경찰서에 여러 차례 드나들었을 것이라는 점에 동의했다. 범인이 시체 유기 장소를 다시 찾을 것으로 보고, 그들은 경찰에게 다음에 발견되는 시체 주변을 감시하도록 했다. 경찰이 헬리콥터로 또 다른 시체의 유기 장소를 발견했을 때, 범인 아서 쇼크로스Arthur Shawcross는 그곳에서 점심을 먹고 있었다. 그는 체포되었고, 얼마가지 않아 자백을 하여 유죄판결을 받았다(McCrary & Ramsland, 2003).

체계적인 행동분석을 통해 이 사건은 성공적으로 기소되었다. 보통 연쇄살인사건의 피해자들은 서로 모르는 사이이기 때문에 사건들 간의 세심한 행동분석이 필수적이다. 사건들 간에는 유사점과 차이점이 모두 발견되는데, 이러한 유사점과 차이점을 비교하여 사건들 간의 연계성을 도출한다. 연계 맹목linkage blindness은 수사관들이 쫓고 있는 범인이 연쇄살인범일 수 있다는 가정을 최소화하기 위해 차이점을 지나치게 강조할 때 발생한다. 특히 범인의 명확한 시그니처(예: 안구 적출)가 없을 때, 범죄행동의 연계성을 확인할 수 있는 공식 같은 것이 존재하지 않는다. 이러한 행동분석 기법은 일반적으로 수사관이나 프로파일러의 경험을 통해 향상된다.

5. 지리적 프로파일링

연쇄살인범들은 거주지와 상당히 가까운 지역에서 범행을 저지르곤 하는데, 이때는 보다 전문적인 분석방법인 지리적 프로파일링을 사용한다. 이 접근법은 피해자 유인 및 살해 장소, 범인의 가능한 이동 경로, 시체 유기 장소의 지리적 특징 등에 중점을 둔다. 이러한 분석은 용의자의 이동 습관이나 이동 범위 및 정도, 이동 방법 및 수단, 그리고 강이나 국경과 같은 물리적 경계를 넘나드는 방법에 대한 정보를 제공할 수 있다. 연쇄살인범의 대다수는 수사를 통해 쫓기지 않는 한, 스스로 안전하다고 느끼고 탈출 경로를 알고 있는 심리적 안전지대에 머문다. 프로파일러는 이들이 피해자를 물색하는 것 이외에 그 지역에서 일반적으로 하는 일(예: 집 안에 거주하거나 직장 다니기, 회의 참석, 사냥, 낚시 또는 정기적인 운동모임 참여 등)을 탐색한다. 그것이 무엇이든, 범죄자는 이러한 일상을 바탕으로 그곳에서 범행을 저지를 것이다. 'BTK 살인마' 데니스 레이더Dennis Rader는 한 이웃주민을 살해하기 위해 잠깐 집을 벗어난 적이 있기는 하지만, 북쪽으로 주간고속도로가 인접한 캔자스주 위치타의 주택가에 있는 자신의 집에 틀어박혀 생활했다(Ramsland, 2016). 테드 번디는 다른 주로 이동했을 때에도 대학 캠퍼스 주변에 머무는 것을 선호했다(Dekle, 2011).

몇몇 수사관이 개발한 지리적 분석기법이 있기는 하지만, 전 밴쿠버 형사 출신의 킴 로스모가 개발한 분석도구가 가장 정교하여 큰 주목을 받았다. 텍사스 주립대학교의 지리공간정보 연구센터의 소장인 그는 '범죄지리적 표적 화Criminal Geographic Targeting'라는 소프트웨어 프로그램을 개발하여 수많은 사건을 분석했다. 그는 이 프로그램을 활용하기 위해서는 최소 5건의 유사 범죄사건이 필요하다고 전제했는데, 이에 따라 일반적으로 범죄연계분석에 많이 활용되었다. 연계할 수 있는 범죄가 더 많이 발생하면 분석 결과도 수정될 수 있다(Rossmo, 2000).

일련의 범죄 데이터를 보유한 수사관들은 로스모의 프로그램에 범죄와 관련된 지리적 위치를 입력했다. 강과 다리, 도로와 같은 자연적인 물리적 경계를 나타내는 지역의 지도 위에 범죄발생 위치를 배치하는 것이다. 살인범이 자주 찾는 주요 지역은 3D 컬러 이미지로 나타냈다.

심리적 구성요소는 앞서 설명한 인지 지도mental maps 또는 지각적 갖춤새의 개념에서 파생된다. 예를 들어, 사람들마다 지역에 대한 인식이 다를 수 있는데, 어떤 사람들은 300km를 엄청나게 먼 거리라고 여기지만, 어떤 사람들은 차로 3시간 정도면 가는 거리라고 생각한다. 이 같은 사람들의 지각, 이동 능력과 의지, 이동 습관, 지역에 대한 친숙도가 그들의 인지 지도를 규정한다. 따라서 강간범, 방화범, 폭파범, 살인범들이 넓은 활동반경 내에서 이동하든, 지그재그로 이동하든, 직선 경로를 따라 이동하든 간에, 그들이 내린 선택을 통해 많은 정보를 얻을 수 있다.

로스모는 자신의 프로그램을 런던의 화이트채플 지역에서 발생한 잭 더 리퍼 사건에 적용해 보기도 했다. 5건의 공식적 살인사건은 서로 1.6km 이내의 거리에서 발생했고, 사건 발생 지역은 총 0.8평방km였다. 분석 결과, 오늘날 화이트채플가 북쪽에 있는 상점거리와 브릭 레인 사이의 한 지역이 지목되었다. 이 지역은 민박집이 밀집해 있고 단기체류자들이 많기 때문에, 특정 주거지를 정확하게 짚어 내기는 어려웠지만 살인범이 상점거리와 화이트채플가를 주로 이동한 것으로 나타났다. 로스모는 네 번째 피해자의 앞치마가 떨어져 있던 장소와 시신이 발견된 위치를 분석하여, 살인범이 집으로 가는 경로를 재구성했다(Rossmo, 2000). 주요 용의자 중 일부는 실제로 그 지역 내에 살았던 것으로 확인되었다.

지리적 프로파일러는 범죄자의 교묘함, 범행계획의 증거, 피해자의 위험성 수준을 파악하고자 한다. 또한 그들이 우려하는 것처럼 언론 보도로 인해 범죄자는 자신의 범행 패턴을 바꾸고 안전지대를 벗어날 수도 있다. 어떤 범죄자들은 다른 범죄자들보다 더 자주 자유롭게 이동하기도 한다. 또 어떤 범죄자들은 차를 가지고 이동하는 반면, 다른 범죄자들은 대중교통수단으로 이동하기도 한다. 일부 범죄자는 연고지를 중심으로 이동하지만, 다른 범죄자들은 사람들과 교류하지 않고 더 먼 낯선 지역으로 이동한다. 어떤 범죄자들은 특정 경로를 이동하는 트럭 운전사로 밝혀지기도 했다.

어떤 범죄분석이든, 범죄자의 이동 거리와 시간(알고 있는 경우), 사건 발생 일시, 시체 유기 장소 주변의 날씨, 일련의 범죄사건들 사이의 발생 경과 시간, 피해자 유형 및 가해자와 만난 장소, 범죄자의 공격 방식은 중요한 핵심 질문이 된다. 로스모는 특히 범죄자의 공격 방식을 〈표 6-5〉와 같이 네 가지 살인행동 패턴으로 분류했다.

피해자에 대한 스토킹이 있었을 가능성이 높은 지역에 대해 분석하면 가장 유력한 범행장소로 초점을 좁히는 데 도움이 되며, 그 지역에서 수사관은 신고되지 않은 유사한 범죄의 목격자나 피해자를 찾을 수도 있다. 범죄자들이 쇼핑하고, 일하고, 거주하고, 놀고, 여가활동을 하는 장소는 로스모가 칭한 '범죄 인식 공간crime awareness space'의 기준척도를 구성한다.

표 6-5 　로스모의 네 가지 살인행동 패턴

- 사냥꾼형은 자신의 안전지대에서 피해자를 공격한다.
- 밀렵꾼형은 외딴 지역에서 피해자를 공격한다.
- 낚시꾼형은 기회를 틈타 피해자를 공격한다.
- 올무꾼형은 피해자를 특정 장소로 유인해서 공격한다.

6. 프로파일링을 회피한 범죄자들

프로파일링 방법이 언론 보도와 서적을 통해 더 많이 알려질수록, 교묘한 범죄자가 경찰의 추적을 경계할 가능성이 커진다. 일부 범죄자는 범행 방식이나 식별 가능한 범죄 패턴을 의도적으로 바꿈으로써 수사를 피하고자 했는데, 캔자스주 위치타의 'BTK 살인마' 데니스 레이더와 워싱턴주 시애틀의 '그린 리버 살인마' 게리 리지웨이Gary Ridgway가 바로 그러했다(Ramsland, 2016; Smith, 2001). 리지웨이는 한 피해자의 시신을 생선과 같은 이상한 물건과 함께 포즈를 취해 놓았고, 레이더는 피해자들의 집에서 살인을 저지르고 시신을 방치하던 범행 방식을 바꿔 2명의 피해자를 집 밖으로 데려가 살해한 후 유기했다.

연쇄살인범 이즈라엘 키즈Israel Keyes는 특정 범행 패턴이나 피해자 유형을 드러내지 않기 위해 매우 섬세한 노력을 기울였다(Ramsland, 2014). 알래스카에서 건설 노동자로 일하던 34세의 키즈는 사만다 코닉Samantha Koenig 살해 혐의로 재판을 받는 과정에서 2012년 구금 중 스스로 목숨을 끊었다. 그는 버몬트주에서 커리어Currier 부부를 살해한 사실을 시인했으며, 최대 8명을 살해했다고 진술했다. 키즈는 테드 번디 사건을 탐구하고, 그처럼 주유비를 신용카드로 결제하는 실수를 피하려고 했다. 그는 아무런 연고가 없는 지역으로 이동해서 차량을 렌트하고, 위조 신분증을 사용했으며, 은행강도질을 했다. 그리고 2년 후에 전혀 모르는 사람을 살해하기 위한 계획을 세우고, 한 장소에 현금과 살인도구를 묻어 두었다. 따라서 그를 통해 식별 가능한 피해자 유형이나 피해자와의 연관성을 전혀 발견할 수 없었다. 그는 그저 살인을 위해 살인을 저질렀다. 그러나 그는 이러한 자신만의 원칙을 어겼다가 체포되었다.

프로파일러는 프로파일링이 더욱 정교해질수록 연쇄범죄자가 그 방법을 인식하고, 자신의 범행수법이나 시그니처에 의해 추적되는 것을 회피하려고 노력할 가능성이 더 커진다는 점을 명심해야 한다. 그렇게 되면 범죄연계분석이 상당히 어려워질 수 있다.

7. 실종자 프로파일링

범죄현장 외에 실종자가 발생한 장소를 프로파일링하는 것도 가능하다. 실종자의 마지막 행동을 통해 범죄와의 관련성을 판단하거나, 유괴를 저지를 위험성이 높은 특정 유형의 사람들을 추적할 수 있기 때문이다.

1978년 2월 9일, 플로리다주 레이크시티에 사는 12세 킴벌리 리치Kimberly Leach는 학교에서 발렌타인데이 여왕으로 선발되어 몹시 들떠 있었다(Dekle, 2011). 그녀는 교실에서 지갑을 잃어버렸는데, 누군가 그것을 돌려주겠다는 쪽지를 받고 교정 밖으로 나갔다. 이것이 킴벌리가 목격된 마지막 모습이었다. 부모는 딸이 귀가하지 않자, 심상치 않은 일이 생겼음을 직감했다. 게다가 그녀의 책이 길에서 발견되었는데, 책을 함부로 두는 것은 도무지 딸아이답지 않은 행동이었기 때문에 부모는 경찰에 실종신고를 했다. 경찰은 학교와 운동장, 근처 숲까지 수색을 했지만, 그녀를 찾지 못했다.

많은 실종사건이 그렇듯이, 이 사건도 서둘러 단서를 찾아야 한다는 압박에 의해 수사가 시작되었다. 경찰은 가능한 모든 목격자를 찾기 위해 탐문조사를 실시하고, 가족이나 친구들에게 12세 소녀가 했을지도 모를 어떤 계획에 대한 의견 진술을 받았다. 실종 당시 킴벌리의 심리상태는 특히 가출과 관련하여 매우 중요한 변수가 되기 때문이다. 그러나 그녀가 가출했을 가능성은 매우 낮았다. 종종 실종자로 신고된 사람이 다시 집으로 돌아와 사건이 해결되기도 하지만, 그렇지 않은 경우에는 신속하게 수사 인력과 자원을 투입해야 한다. 이 사건은 누군가 소녀를 납치했을 가능성이 높았다.

이러한 사건에서 행동 프로파일링 질문은 범죄사건이나 아동유괴사건을 수사할 때 실시하는 질문과 동일하다. 즉, 어떤 부류의 사람이 소녀를 유괴했는가? 이 범행은 계획적인가 아니면 우발적인가? 그녀의 가족에게 원한을 갖거나 위험한 지인이 있는가? 주변지역에 소아성애자가 살고 있는가? 헤어진 전 남자친구가 그녀에게 악감정을 품고 있는가? 자동차로 납치되었을 가능성이 있는가?

유괴범이 소녀나 주변지역에 전혀 알려져 있지 않은 완전한 비면식범이라면 단서를 찾기 힘들기 때문에, 최악의 수사 상황에 직면하게 된다. 몇몇 학생이 소녀가 어떤 차에 타는 것을 보았다고 제보했지만, 세부진술이 각각 달랐고 거기에서 아무런 단서도 얻지 못했다. 그러던 중 한 교사가 소녀를 마지막으로 보았을 당시 길 건너편에 갈색머리의 남성이 서 있었던 기억을 떠올렸다. 또한 주차관리인은 학교 주변의 도로에서 흰색 밴 차량이 서행하고 있는 것을 목격했다고 하면서, 그 운전자가 한 시간 동안 2번이나 주변을 돌면서 학교 쪽을 바라봤다고 진술했다.

킴벌리의 부모는 지역 뉴스를 통해 경찰의 철저한 수사를 호소했다. 한 지역방송 기자는 2월 15일 레이크시티에서 서쪽으로 약 160km 떨어진 탤러해시의 여학생회관에 한 남성이 침입해 성폭행을 저질러 체포되었다는 보도에 주목했다. 그 남성은 FBI의 지명수배 명단에 올라 있던 테드 번디였다. 그 사건의 수사기록에서 킴벌리가 실종되기 전날 밤, 그가 레이크시티의 인근 모텔에 묵었다는 사실을 확인할 수 있었다. 또한 테드 번디를 닮은 한 남성이 킴벌리의 학교와 멀지 않은 곳에서 또 다른 어린 소녀를 납치하려는 장면을 목격했다는 추가 제보가 들어왔다. 범인은 납치에 성공하지 못했다.

테드 번디가 경찰 조사에 비협조적으로 나오자 수사관들은 그의 범행수법을 분석해 보기로 했다. 피해자들은 주로 젊은 여성들로 킴벌리보다는 나이가 많았다. 그는 대낮에 여성들을 납치할 만큼 대담했으며, 이미 다른 지역에서 킴벌리만큼 어린 소녀들을 납치한 혐의를 받고 있었다.

뉴스에 공개된 그의 사진을 보고 90번 주간고속도로를 주행했던 한 여성이 그와 닮은 한 남성이 흰색 밴을 몰고 가는 것을 보았다고 제보했다. 그 흰색 차량이 탤러해시에서 도난당한 차량이라는 사실을 알고 있던 수사관들은 차량 절도범을 테드 번디로 추정했다. 또한 그가 묵었던 호텔 수건이 고속도로에서 발견되기도 했다. 경찰은 매장된 물질의 열을 탐지할 수 있는 적외선 카메라가 장착된 헬기로 주변지역을 수색했다. 심령술사뿐만 아니라 온갖 전문가들이 이 사건에 대해 조언을 하고 나섰다. 수사관들은 단서들을 종합해 볼수록, 그가 범인이라는 확신을 갖게 되었다. 그가 연쇄살인 혐의를 받고 있었기 때문에, 킴벌리는 사망했을 가능성이 높았다.

도난당한 흰색 차량의 주행기록은 수색 영역의 반경을 결정하는 데 도움이 되었다. 그 차량은 약 1,270km를 주행한 것으로 나타났다. 테드 번디는 피해자를 물색하기 위해 수많은 지역을 돌아다닌 것으로 알려져 있었다. 주행기록을 근거로 단순 계산해 보면, 그가 레이크시티를 벗어나 차로 갈 수 있는 가장 먼 거리인 약 160평방km에 이르는 방대한 지역이 수색 영역이 될 수 있다. 차량 내부의 카페트에서 채증한 모래를 가지고 지리적 분석을 실시한 결과, 범람원 지역인 수와니 밸리까지로 수색 범위가 좁혀졌다. 여기에는 그 지역에서 발견된 담배꽁초 더미가 일조했다.

이제 수사의 초점이 피해자에서 납치용의자에 대한 확률분석으로 바뀌었다. 번디는 범행을 모호하게 인정하기는 했지만, 시체의 위치를 말하지는 않았다. 수사관들은 범행 패턴을 파악하기 위해 그의 습관을 분석했다. 그는 주 경계와 가까운 지역에 거주하면서도 농산물검사소가 있는 지역은 피하는 경향을 보였으므로, 10번과 90번 주간고속도로 사이에 거점을 두고 있을 가능성이 높았다. 차량에서 발견된 담배꽁초들은 담배를 입에 무는 방식과 담뱃불을 끄는 방식 등에 있어서 범람원 지역에서 발견된 것과 일치했다. 행동의 유사성이 포착되자 수사관들은 담배꽁초들이 발견된 범람원 지역을 다시 수색했고, 붕괴된 한 돼지 축사 밑에서 킴벌리의 시신을 발견했다(Dekle, 2014).

이 사건은 물리적 증거들과 조합된 프로파일링 기법을 통해 해결되었다.

이처럼 행동분석에는 살인범의 유형과 더불어 범인의 흡연습관, 납치 및 시체 유기 방법, 선호하는 피해자 유형 등이 포함된다.

8. 미제사건과의 연계

실종사건과 더불어, 미제사건cold cases에서도 발생 당시에는 고려되지 않았던 일련의 사건들과 연관 지을 수 있는 행동분석이 유용하게 활용될 수 있다. 지난 10년 동안, 상당수의 미제사건이 유죄판결된 살인사건과 유사성을 보여 재수사가 검토되었다. 그중 일부 사건은 재수사를 통해 잘못된 유죄판결을 받은 사람들이 석방되는 결과를 가져오기도 했는데, 여기에는 DNA의 역할이 컸다. 이하에서는 범죄자의 행동적 측면에 좀 더 초점을 맞추기 위해 DNA 분석이 알려지지 않았던 당시의 한 사건에 대해 살펴보도록 한다.

FBI BSU의 초기 멤버였던 감독수사관 로버트 레슬러Robert Ressler는 1983년 네브래스카에서 발생한 13세 신문배달 소년 대니 에벌리Danny Eberle 살인사건을 지원하게 되었다(Ressler & Shachtman, 1992). 소년의 시신은 그의 자전거에서 약 6.5km 떨어진 곳에서 발견되었다. 소년의 입에는 재갈이 물려 있었고, 몸은 결박된 채 칼에 9곳을 찔린 상태였다. 속옷만 입은 소년의 발목은 특이한 밧줄로 묶여 있었다. 얼굴에는 구타를 당한 흔적이, 어깨에는 깨물린 흔적이 있었다. 범인은 물린 자국을 칼로 그어 흔적을 없애려는 시도를 한 듯 보였다.

레슬러는 범인이 소년의 시체가 발견되길 원했거나, 그 시체를 가지고 무언가를 하려 했던 조심스러운 계획이 실패로 돌아갔을 거라고 추측했다. 대니가 범인의 눈에 띄었을 때 그를 차에 태운 것은 성적 충동을 나타내는 고위험 행동이었다. 레슬러가 도출한 범인에 대한 프로파일링은 다음과 같았다. 즉, 범인은 10대 후반에서 20대 초반의 신원미상의 백인 남성일 것이고, 위협적으로 보이지 않으며, 살인 경험은 없지만 그 지역에 밝을 것이다. 별다른 기술이 필요 없는 직장을 다니고 있고 미혼일 가능성이 높으며, 뿌리 깊은 정서적 문제를 가지고 있을 것이다. 또한 보이스카우트 인솔자 또는 자원봉사자와 같이 주변에 소년들이 있을 가능성이 높은 곳에서 일하는 외톨이에 동성애 성향을 가진 인물일 것이다.

당시 대니와 같은 나이의 또 다른 소년이 유사한 방법으로 살해된 사건이 발생했다. 소년은 학교 가는 길에 아는 사이인 듯한 운전자가 모는 황갈색 차량에 올라탔다. 수사관들은 이러한 점으로 볼 때, 범인이 소년을 범행대상으로 삼고 여러 번 시도를 했을 가능성이 높다고 판단했다(Petit, 1990).

범행현장을 관찰한 레슬러는 범인이 소년에게 끌리는 자신에게 화를 내고 경멸스러워 했을 것이라고 추정했다. 그는 경찰에게 기계 만지는 일을 하는 남성들의 명단을 뽑아 달라고 했는데, 그의 직감은 적중했다. 범인이 세 번째 피해자를 물색하던 중 해당 황갈색 차의 차량번호가 경찰에 의해 확인되었다. 차량의 소유주는 네브래스카주 오펏Offutt 공군기지 사병이었던 20세 존 주버트John Joubert였고, 그는 곧바로 체포되었다. 그의 숙소에서는 피해소년들을 결박했던 것과 동일한 형태의 밧줄이 발견되었다. 그는 스카우트 단장의 보조원 역할도 하고 있었다. 주버트는 자신의 행동을 멈출 수 없었다고 진술했다. 범행이 충동적이었음을 주장한 것이다. 심리평가에서도 그는 끈으로 묶기와 깨물기를 포함한 성도착증과 함께 조현성 성격장애schizoid personality disorder를 가진 것으로 나타났다. 그는 어릴 때부터 연필이나 면도칼, 커터 칼 등으로 다른 아이들을 찌르는 행동을 즐겨 했다.

이 사건은 범인의 체포로 일단락되는 듯하다가, 메인주 경찰이 1982년 네브래스카에서 발생한 미제살인사건과 이 사건의 유사성을 발견하자 연쇄살인의 가능성이 제기되었다. 당시 11세였던 리키 스테트슨Ricky Stetson의 시신이 길가에서 발견되었는데, 소년은 칼에 찔린 상태였고, 운동복 하의는 엉덩이에 걸쳐져 있었으며, 상의는 벗겨졌다가 다시 입혀진 흔적이 있었다. 소년은 목이 졸려 있고 깨물린 자국이 있었다. 물린 자국을 칼로 그은 흔적이 역력했다. 범인의 시그니처인 것이다. 이 물린 자국은 주버트의 것과 일치했으며, 세 번째 살인으로 그를 기소하는 증거가 되었다(Petit, 1990).

레슬러는 주버트와의 면담에서 이 젊은 범죄자가 자신의 폭력적 환상에 상당히 심취해 있다는 점을 알게 되었다. 그는 소년이든 소녀든 아이들을 묶어놓고 칼로 찌르는 것을 좋아했다. 또한 그는 살인을 저지르기 직전 스트레스를 받는다고 진술하면서, 소년을 깨문 행동은 자신이 오래전부터 가지고 있었던 식인증에 대한 환상에서 비롯된 것이며, 그 상처를 없애려고 칼로 그은 사실도 인정했다. 그러나 그는 이런 흔적을 제거하려는 행동과는 달리 뚜렷한 시그니처 행동을 한 것에 대해서는 인지하지 못했다. 더불어 그는 어릴 적부터 탐정 잡지를 탐독하며 범죄에 대한 영감을 얻었고, 체포되지 않는 법을 배웠다고 진술했다.

9. 요약

연쇄범죄든, 실종사건이든, 미제사건이든 범죄사건의 행동 프로파일링은 범죄자들이 어떻게 행동하는지를 이해하는 능력을 필요로 하는데, 이는 부분적으로 특정한 성격적 측면을 이해하는 것과 관련된다. 성격이 행동을 결정한다는 것이 사실이든 아니든, 초기 FBI 프로파일러들이 주장한 것처럼 가학적 성도착증sadistic paraphilias, 기이한 의례적 행동, 정신장애, 그리고 계획적 범죄를 저지르는 조직적 범죄자와 기회적 범죄를 저지르는 비조직적 범죄자를 이해하는 것은 프로파일러들에게 유용하다. 무수한 범죄와 범죄자 면담을 통해 획득된 정보는 데이터베이스로 구축되고, 이것은 범죄자들의 향후 행동 예측과 이해를 향상시키기 위한 분석에 활용된다. 다음 장에서는 이러한 데이터베이스를 통해 범죄분석을 실시하는 구체적인 방법에 대해 살펴보도록 한다.

10. 참고문헌

Campbell, J. H., & DeNevi, D. (2004). *Profilers: Leading investigators take you inside the criminal mind.* Amherst, New York: Prometheus.

Cox, D. R. (2006). *Principles of statistical inference.* Cambridge, UK: Cambridge University Press.

Cozby, P. C. (2009). *Methods in behavioral research* (10th ed.). Boston, MA: McGraw-Hill Higher Education.

Cresswell, J. W. (2009). *Research design: Qualitative, quantitative, and mixed methods approaches* (3rd ed.). Los Angeles, CA: Sage.

Dekle, G. R. (2011). *The last murder: The investigation, prosecution, and execution of Ted Bundy.* Santa Barbara, CA: Praeger.

DeNevi, D., & Campbell, J. H. (2004). *Into the minds of madmen: How the FBI Behavioral Science Unit revolutionized crime investigation.* Amherst, NY: Prometheus.

Douglas, J., Burgess, A., Burgess, A., & Ressler, R. K. (1992). *Crime classification manual.* San Francisco, CA: Jossey-Bass.

Douglas, J., & Hazelwood, R. R. (1980). The lust murderer. *FBI Law Enforcement Bulletin, 49,* 18-20.

Douglas, J. E., & Munn, C. (1992). Modus operandi and the signature aspects of violent crime. *Crime Classification Manual.* New York: Lexington.

Douglas, J., & Olshaker, M. (1995). *Mindhunter: Inside the FBI's elite serial crime unit.* New York: Scribner.

Gilovich, T., & Griffin, D. (2002). Heuristics and biases: Then and now. In T. Gilovich, D. Griffin, & D. Kahneman (Eds.), *Heuristics and biases: The psychology of intuitive imagination* (pp. 1-18). Cambridge, UK: Cambridge University Press.

Henderson, B. (1998). *Trace evidence: The hunt for an elusive serial killer.* New York: Scribner.

Kahneman, D. (2013). *Thinking fast, and slow.* New York: Farrar, Straus, & Giroux.

Kebbell, M. R., Muller, D., & Martin, K. (2010). *Understanding and managing bias.* Canberra, Australia: ANU Press.

Keppel, R. D. (2000). Investigation of the serial offender: Linking cases through modus operandi and signature. In L. B. Schlesinger (Ed.), *Serial offenders: Current thoughts, recent findings* (pp. 121-133). Boca Raton, FL: CRC Press.

Lindelof, B. (2008, March 8). Murderer indicted as I-5 Strangler. *Sacramento Bee,* p. A1.

Matthews, J., & Wicker, C. (1996). *The eyeball killer.* New York: Pinnacle.

McCrary, G. (2003, October 31). Are criminal profiles a reliable way to find serial killers? *Congressional Quarterly.*

McCrary, G., & Ramsland K. (2003). *The unknown darkness: Profiling the predators among us.* New York: Morrow.

Michaud, S. G., & Hazelwood, R. (1998). *The evil that men do.* New York: St. Martin's.

Morton, R. J., & Hilts, M. A. (2005). *Serial murder: Multi-disciplinary perspectives for investigators.* Retrieved from https://www.fbi.gov/stats-services/publications/serial-murder

Morton, R. J., Tillman, J. M, & Gaines, S. J. (2014). *Serial murder: Pathways for investigations.* Retrieved from https://www.fbi.gov/file-repository/serialmurder-pathwaysforinvestigations.pdf/view

Pennington, N., & Hastie, R. (1992). Explaining the evidence: Tests of the story model for juror decision making. *Journal of Personality and Social Psychology, 62,* 189-206.

Petit, M. (1990). *A need to kill.* New York: Ivy.

Ramsland, K. (2005). *The human predator: A historical chronicle of serial murder and forensic investigation.* New York, NY: Berkley.

Ramsland, K. (2014). Building a mystery: Israel Keyes. *Serial Killer Quarterly, 1*(1), 48-61.

Ramsland, K. (2016). *Confession of a serial killer: The untold story of Dennis Rader, the BTK serial killer.* Lebanon, NH: University of New England Press.

Ressler, R. K., & Shachtman, T. (1992). *Whoever fights monsters: My twenty years of tracking serial killers for the FBI.* New York: St. Martin's Press.

Rossmo, K. D. (2000). *Geographic profiling.* Boca Raton, FL: CRC Press.

Rossmo, K. D. (2008). Cognitive biases: Perception, intuition, and tunnel vision. In K. D. Rossmo (Ed.), *Criminal investigative failures* (pp. 9-21). Boca Raton, FL: CRC Press.

Rossmo, K. D. (2009, October). Failures in criminal investigation. *Police Chief Magazine*, 44-50.

Scherer, A., & Jarvis, J. (2014a). Criminal Investigative Analysis: Practitioner perspectives (Part One). *FBI Law Enforcement Bulletin.* https://leb.fbi. gov/2014/june/criminal-investigative-analysis-practicioner-perspectives- part-one-of-four

Scherer, A., & Jarvis, J. (2014b). Criminal Investigative Analysis: Skills, expertise, and training (Part Two). *FBI Law Enforcement Bulletin.* https://leb.fbi. gov/2014/june/criminal-investigative-analysis-practicioner-perspectives- part-two-of-four

Serial killer: Revised profile (n.d.). WAFB, Retrieved from http://www.wafb.com/ story/ 1065571/serial-killer-revised-fbi-profile

Smith, C. (2001, December 16). Green River suspect fits FBI profile. *Seattle Times.* Retrieved from http://community.seattletimes.nwsource.com/archive/? date=20011216&slug=profiles16m

Smith, S. (2008, March 8). Believed to be 'I-5 Strangler,' Kibbe could face death penalty. *The Record,* Retrieved from http://www.recordnet.com/article/ 20080308/A_NEWS/803080327

Stelfox, P., & Pease, K. (2005). Cognition and detection: Reluctant bedfellows? In M. Smith & N. Tilley (Eds.), *Crime science: New approaches to preventing and detecting crime* (pp. 194-210). Cullompton, UK: Willan Publishing.

7장

범죄분석

1970년대 초, 3명의 살인범이 캘리포니아주 산타크루즈 언론의 헤드라인을 장식했고, 이 곳은 '세계적 살인 도시'로 빠르게 알려지게 되었다. 제일 먼저 '살인마 예언자Killer Prophet'로 불리는 존 린리 프레이저John Linley Frazier가 언덕 위에 있는 빅터 오타Victor Ohta의 집에 침입하여 5명을 살해한 사건이 발생했다. 프레이저는 하나님의 계시를 받아 사람들이 자원을 낭비하지 못하도록 하기 위해 이 같은 짓을 저질렀다고 했다. 편집성 정신분열중 환자인 그는 범행 당시 환각제를 복용한 것으로 확인되었다. 1972년 또 다른 정신병자 허버트 멀린Herbert Mullin은 4개월 동안 13명을 살해했는데, 그도 캘리포니아를 대형 자연재해로부터 구하라는 하나님의 계시를 받고 범행을 저질렀다고 진술했다. 그의 임무는 많은 생명을 희생시켜야만 달성할 수 있었다. 한편 같은 시기에 에드먼드 캠퍼Edmund Kemper는 대학 주변에서 히치하이킹을 하는 여학생들을 납치하여 살해했는데, 어떤 때는 한 번에 2명씩 살해하기도 했다. 그는 자신이 시체성애증과 식인증을 가지고 있다는 사실을 인정했다. 그는 15세 때 조부모를 살해했으며, 어머니와 그녀의 가장 친한 친구를 마지막으로 살해했다.

정신과 의사 도널드 룬드(Donald Lunde, 1976)는 이 세 가지 살인사건에 관여하면서 각각의 차이점을 구별하고, 생애발달적 요소와 개인적 내러티브를 통해 사건을 해석하는 독특한 방법을 제시했다.

프랑스의 병리학자 알렉상드르 라카사뉴Alexandre Lacassagne는 범죄자 전기 criminal autobiography라고 불리는 접근법을 고안했다. 이것은 자신의 삶과 범행 동기에 대한 상세내용을 자발적으로 제공하는 흉악범죄자extreme offender의 자기성찰에 초점을 맞춘 것이었다. 이를 위해 라카사뉴는 정기적으로 교도소를 방문하여 범죄자들과 면담을 하면서, 그들이 자신의 이야기를 들어 주는 것을 반긴다는 점을 발견했다. 그중 일부는 거짓말쟁이거나 관심종자들이었지만, 상당수는 면담을 진지하게 받아들였다. 특히 룬드의 경우 캠퍼와 멀린이 그에게 먼저 다가왔으며, 멀린은 지구의 균형을 회복하기 위한 자신의 중대 임무에 대해 광범위하고 구체적인 정보를 제공했다(Ramsland, 2011). 앞서 우리는 또 다른 범죄자 전기라 할 수 있는 피터 퀴르텐에 대한 버그 박사의 해석에 대해 살펴보았지만, 범죄자에 대한 이와 같은 상세한 설명은 1970년대까지도 매우 드물었다. 이것은 연쇄살인사건 수사를 지원하기 위한 최초 데이터베이스의 토대가 되었다.

이 장에서는 시그니처 및 범행수법이 유사한 범죄사건들 간의 연관성을 찾는 데 사용되는 미국의 국가 네트워크 시스템인 '폭력범죄 검거 프로그램 ViCAP'을 통해 범죄피해자로 의심되는 변사자의 신원을 어떻게 식별하고, 같은 사건의 범죄자와 피해자를 어떻게 파악하는지에 대해 설명한다. 이와 함께 'NamUs'와 같이 더 나은 디지털 자원으로 개발된 데이터베이스에 대해 이해하고, 보다 효과적인 수사를 실시할 수 있는 방안을 모색해 본다.

1. 초기 범죄분석

정신병원 원장이었던 리하르트 폰 크라프트—에빙(Richard von Krafft-Ebing, 1879/1928)은 범죄자들의 내러티브를 수집하여, 저서 『정신이상 및 정신병리학적 성욕: 법의학적 연구A Textbook of Insanity and Psychopathia Sexualis with Especial Reference to Antipathic Sexual Instinct: A Medico-Forensic Study』를 출간했다. 크라프트—에빙와 같은 정신의학자들이 당대 가장 악명 높았던 범죄자들의 진술을 통해 그들의 삶의 궤적을 정리한 문헌들은 범죄학 분야의 귀중한 자료가 되었다. 그의 저서에는 수많은 범죄자가 포함된 반면, 범죄자 1명에 초점을 맞춘 다른 연구는 그의 발달적 세부사항에 대한 더 많은 정보들을 제공했다.

범죄자들에 대한 데이터가 더 많이 축적될수록, 프로파일러가 필요로 하는 정보를 얻을 수 있는 근거기반이 더 탄탄해진다(일부는 추측성 정보로 인해 정확성이 떨어지긴 했지만 말이다). 1950년대 후반에는 연쇄살인범 찰스 스타크웨더Charles Starkweather에 대한 심층연구가 실시되었다. 교도소 정신과 담당의는 수감 중인 연쇄살인범 리처드 스펙Richard Speck을 매주 면담했고, 프레드릭 워덤Fredric Wertham 박사는 아동살인범 앨버트 피시Albert Fish에 대해 연구했다. FBI 행동과학부BSU가 출범하면서 이러한 연구가 점점 더 많아졌다. 1978년 체포된 테드 번디는 로버트 케펠Robert Keppel 형사와 심리학자 알 칼라일Al Carlisle을 비롯한 여러 명의 면담자에게 자신의 이야기를 각각 다른 버전으로 제공했다(Ramsland, 2011). 이것은 BSU 감독수사관 윌리엄 해그마이어William Hagmaier와의 서신 및 면담을 통해 드러났다. 번디는 '과학적 표본'으로서 자신의 가치를 증명하기를 원했다. 해그마이어는 1989년 번디가 사형될 때까지 4년 동안 그와 접촉을 지속했다.

이 무렵부터 일부 BSU 요원은 흉악범죄자들을 면담하기 위해 교도소를 방문하기 시작했다(Ressler & Shachtman, 1992). 그들은 '범죄자 성격 연구 프로젝트Crime Personality Research Project'를 통해 범죄자들의 범죄 전후 과정에서 나타나는 일련의 사고와 행동에 초점을 맞추고, 이와 관련된 정보를 데이터베이스에 입력했다. 여기에는 범죄자들이 어떻게 피해자를 물색하고 접근하며 위험을 최소화하는지, 자신의 범죄에 대해 어떻게 느끼는지, 그리고 시체를 어떻게 처리하는지에 대한 항목들이 포함되었다. 이 프로젝트를 통해 범죄자 면담을 위한 프로토콜이 설계되고 표준화 작업이 이루어졌으며, 118명의 피해자에 대한 세부정보가 수집되었다. 그러나 일부 면담은 시작부터 범죄자가 잘 기억하지 못하거나, 진술의 일관성이 떨어지거나, 협조하지 않아 실패로 돌아갔다. 100명의 범죄자와 면담을 수행한다는 당초 목표에는 훨씬 못 미치기는 했지만, 30명 미만의 연쇄살인범과의 면담이 성사되었다(Petherick, 2013).

　초기 면담은 존 린리 프레이저, 허버트 멀린, 에드먼드 캠퍼를 대상으로 진행되었지만, 캠퍼의 면담만 의미가 있었다. 또한 여성들을 살해하고 유방이나 발 등 시신의 일부를 잘라 자위를 했던 성도착자 제롬 브루도스Jerome Brudos, 범행현장에 립스틱으로 자신을 체포해 달라는 메시지를 남겨 '립스틱 살인마'라고 불렸던 윌리엄 하이렌스William Heirens, 1969년 자신의 추종자들에게 테이트−라비안카Tate−LaBianca를 살해하도록 지시한 찰스 맨슨Charles Manson도 면담했다. 이러한 면담 표본은 대표성이 없고 과학적이지도 않았지만 계속 진행되었다. 요원들은 연쇄살인범 및 사이코패스와의 자기보고식 면담self−report interviews에 근본적인 문제점이 있음을 깨달았다. 그들은 이야기하는 것을 좋아했지만 반드시 진실만 이야기하지는 않았다. 몇몇은 요원들과 미묘한 심리전을 벌이거나 자신의 악명을 자랑하고 과장하는 것을 즐겼다.

　이 프로젝트는 대표성이 없는 소규모 표본을 바탕으로 실시되었지만, 수집한 데이터를 통계분석하여 학술논문으로 게재했다. 연구성과의 반응이 꽤 좋아서, 연쇄살인범이 일반인보다 똑똑하다는 신화와 오해를 불러일으키기도 했다(특정 모집단에서 가장 눈에 띄는 집단이 나타나면, 아마도 그들이 가장 똑

똑한 사람들일 수 있다). 또한 1970년대 즈음에는 범죄자들이 이미 자신의 힘
겨운 삶에 대해 이야기하면서 범행 사실을 교묘하게 조작하는 법을 터득했기
때문에, 면담을 한 범죄자들의 일부는 자신의 범행에서 세부사항을 추가하거
나 과장했을 수 있다. 결과적으로 이 프로젝트의 면담대상자 중 1/3은 백인
이고, 모두 남성이며, 거의 절반은 한부모 가정에서 자랐고, 3/4은 학대 또는
심각한 방임을 당했으며, 대다수는 정신과 진단을 받았고, 3/4은 자신의 성
적 일탈행위sexual deviance를 인정한 것으로 나타났다.

몇몇 요원은 다른 기록들과 함께 이 데이터를 활용하여 법집행을 위한 포
괄적인 매뉴얼인 『범죄 분류 매뉴얼The Crime Classification Manual』을 작성했다.
그들은 살인, 방화, 성폭행으로 범주를 구분하고, 각 유형의 전형적인 범행
동기와 범죄행동에 대해 설명했다. 더 많은 자료가 수집될수록 그들은 이것
을 모두 취합해서 체계화시키는 정교한 방법이 필요하다는 점을 더욱 크게
깨달았다. 1980년대 중반 무렵, FBI는 연구비 조달과 더욱 향상된 데이터 관
리에 대한 압박을 받기 시작했는데, 이를 해결하기 위해 컴퓨터시스템의 도
입이 시급해졌다.

2. 미국 폭력범죄분석센터NCAVC

한 형사의 끈기와 몇 번의 운 좋은 회의 덕분에 현재의 FBI 데이터베이스가
탄생했다. 1950년대 후반 LA경찰국의 폭력범죄 부서장 피어스 브룩스Pierce
Brooks는 두 건의 살인사건을 수사 중이었는데, 그는 이 두 사건의 범인들이 이
전에도 살인을 저지른 적이 있다고 추정했다(DeNevi & Campbell, 2004). 그러
나 각 지역에서 보고되는 수많은 범죄보고서를 상세히 검토하는 일은 지루하
고 많은 시간이 필요했다. 그는 업무 외 시간에도 서고와 수사기록에서 유사
한 사건을 찾아 범죄자의 행동을 분석했다. 이 버거운 작업이 불가능해 보일

때도 있었지만, 그는 마침내 자신이 수사 중인 사건과 연관성이 있어 보이는 살인사건을 발견했다. 그의 직감은 적중했다. 두 사건에서 발견된 지문이 서로 일치한 것이다. 그 무렵, 그는 또 다른 살인사건을 맡게 되었다.

1957년 하비 글래트먼Harvey Glatman이 살인미수 혐의로 체포되었는데, 피해 여성은 그가 다른 사람들을 살해한 것처럼 자신도 죽이겠다며 협박했다고 진술한다. 경찰 조사에서 그는 3명의 여성을 결박하여 살해한 후, 사막의 얕은 구덩이에 암매장했다고 구체적으로 자백했다. 그가 범죄잡지의 사진작가라고 속이고 사진을 찍는 척했기 때문에, 모델 지망생이었던 피해여성들은 자신을 결박하는 데 동의했다고 한다.

이러한 사건을 통해 브룩스는 살인사건 간의 연관성을 간과하는 것이 얼마나 쉬운지를 깨닫고, 경찰국에 컴퓨터시스템을 도입할 것을 요청했다. 그의 상사는 값비싼 중앙 컴퓨터시스템을 구축할 자금과 공간이 부족하다는 이유로 요청을 거부했다. 그러나 그는 중앙집중식 데이터베이스를 구축하면 전국의 범죄수사에 큰 도움이 될 것이라고 생각했고, 이를 가능하게 할 방법을 계속 찾았다. 그는 로버트 레슬러에게 자신의 아이디어에 대해 이야기했고, 레슬러는 이를 실현할 수 있는 가장 완벽한 기관이 FBI라고 생각했다(DeNevi & Campbell, 2004).

1983년 살인율이 증가하고 비면식관계에서의 살인이 점점 더 많이 발생하자, 정치인들은 범죄에 대한 강경한 대응, 즉 더 많은 처벌과 더 높은 형량을 원하는 여론에 직면했다. BSU는 이러한 시대정신을 이용하여 몇 가지 충격적인 수치를 공개했다. 전년도에만 5,000명이 낯선 사람에게 살해당했고, 이러한 사건의 대부분은 여전히 해결되지 않았으며, 미국에만 35~50명의 연쇄살인범이 있는 것으로 추정되었던 것이다. 불안한 수치들이었다. BSU 부장인 로저 데푸Roger Depue는 테드 번디처럼 여러 지역을 자유롭게 이동하는 연쇄살인범이 저지른 범죄들 간의 연관성을 탐지하는 신뢰할 만한 수단이 없다고 판단했다. 그는 국가 컴퓨터 데이터베이스 구축에 대한 브룩스의 아이디어를 듣고, 이를 검토하기 위한 전담팀을 구성했다. 그것이 확실히 타당성이 있다고 판단되면, 정부에 자금지원을 요청하기로 했다.

미국 의회의 상원 소위원회 회의에서 브룩스와 동료들은 컴퓨터시스템에 대한 사례를 발표했다. 그는 범죄의 연관성을 찾는 방법이 지난 25년간 조금도 변함없이 유지되어 왔음을 강조했다. 그리고 '폭력범죄 검거 프로그램Violent Criminal Apprehension Program: ViCAP'을 위한 컴퓨터시스템은 정부의 자금지원을 받게 되었다. 1985년 5월 미국 폭력범죄분석센터NCAVC의 지원하에 브룩스는 ViCAP 초대 소장으로 임명되었다. 그의 비전은 마침내 실현되었다. 당시 전국의 1만 7,000개 경찰기관에서 수집된 수많은 미제살인사건의 데이터가 이 컴퓨터시스템에 입력되었다. 그러나 이러한 대규모 컴퓨터시스템을 통한 범죄사건 분석은 이전에 시도된 적이 없었으므로, 처음에는 느리고 답답하게 진행되었다(DeNevi & Campbell, 2004).

이 프로그램을 보다 효과적으로 운용하기 위해서는 데이터를 패턴으로 분석해야 했다. 시그니처와 같은 의례적 행동을 하는 범죄자들조차 자신의 범행을 다음에 그대로 반복하지는 않았지만, 일반적으로 그들은 자신이 선택한 범행수법의 패턴을 유지한다는 점이 확인되었기 때문이다. 이를 위해 수사관, 컴퓨터 프로그래머, 컴퓨터 분석가, 세부영역의 전문가 등 여러 전문분야의 협업이 필요했다. 우선 도시 몇 곳을 선정하여 이를 시범적으로 실행했다.

브룩스는 〈표 7-1〉과 같이 ViCAP을 4단계 절차로 설명했다.

표 7-1 | 브룩스의 범죄수사를 위한 ViCAP 절차

1. 미제살인사건의 확인된 정보를 컴퓨터에 입력하고, 데이터베이스의 다른 모든 사건과 범행수법을 비교한다.
2. 분석가에게 가장 일치하는 상위 10건에 대한 통계 데이터를 제공한다.
3. 이 데이터에 범죄패턴 분석기법을 적용한다.
4. 해당 사건들을 지리적으로 추적관찰한 관리정보 시스템 보고서를 생성한다.

하위 단계에서는 프로파일링 기법과 심리언어학적 분석psycholinguistics analysis
이 포함되었다. 의도한 대로, ViCAP은 여러 관할구역에서 발생한 살인사건
들 중 연관성이 있는 사건들을 성공적으로 찾아냈다. 그러나 문제점도 있었
다. 지역 경찰기관에도 액세스 권한을 부여해야 했기 때문에 각급 경찰기관
에 컴퓨터를 보급했지만 ViCAP은 여전히 정교하고 비싼 프로그램이었고, 그
들이 50페이지 분량의 300개 질문문항으로 구성된 ViCAP 범죄보고서를 작
성하기란 쉽지 않은 일이었다. 당연히 예상보다 적은 수의 사건이 ViCAP에
제출되었다. 보고서 양식은 다시 186개 질문문항으로 수정되었고, 성폭행 사
건이 추가되었으며, 〈표 7-2〉에 나열된 범주별로 그룹화되었다. 좀 더 많은
사건이 제출되기는 했지만, 프로그램은 잘 활용되지 않았다.

ViCAP 보고서 양식에는 지침이 함께 제공된다. 전국 경찰기관의 수사관들
은 관할구역에서 발생한 살인사건들에 대한 데이터를 해결된 살인사건, 미제

표 7-2 ViCAP 범주 분류명

1. 일반 행정정보
2. 피해자 정보
3. 범죄자/용의자 정보
4. 범죄자 타임라인 정보
5. 범죄자의 피해자 접근방법
6. 범죄발생 날짜 및 정확한 지리적 위치
7. 특정사건 현장 정보
8. 범죄현장 정보
9. 피해자의 의류 및 소지품
10. 피해자의 외상 유형
11. 범행도구 정보
12. 범죄자의 성적 활동
13. 범죄자의 성폭력 관련 정보
14. 범행차량 정보
15. 추가 사건 정보
16. 진술 및 비공개 정보

살인사건, 살인미수사건으로 구분하여 수집해야 한다. 여기에는 사망 종류가 살인으로 의심되는 변사사건과 폭행치사 가능성이 있는 실종사건, 그리고 강간 및 강간미수 관련 살인사건도 포함된다. 또한 질문문항에 해당되는 사건의 정보를 최대한 많이 입력하여 제출하도록 했다. 제시된 표준 범주에 해당하지 않는 항목이 있을 때에는 그것을 별도로 써 넣을 수 있고, 제출된 과거의 범죄보고서를 보완하거나 변경할 수도 있다. 보고서 작성과 관련한 안내 및 상담 전화번호도 제공된다. 다수의 피해자가 있는 다수의 살인사건에 대해서는 건별로 양식을 작성하고, 1명의 피해자와 다수의 범인이 있는 살인사건에 대해서는 하나의 양식을 작성한다. 이러한 양식을 이해하는 데 도움이 되도록 예시가 제공된다.

1994년 FBI 중대사건대응단Critical Incident Response Group이 설립되면서 ViCAP은 여기에 소속되었다(DeNevi & Campbell, 2004). ViCAP은 새로운 소프트웨어 응용 프로그램을 위한 플랫폼 역할을 하기 위해 재설계되었다. 예를 들어, 한 남성이 달리는 차 안에서 누군가 쏜 총으로 살해된 사건이 발생했을 때, 이 소프트웨어는 다른 3건의 살인사건과의 연관성을 찾아냈다. 즉, 그 남성의 사망이 우연한 사고가 아니었음을 분석 결과를 통해 확인할 수 있었던 것이다. 그리고 범인을 성공적으로 검거했다.

1997년까지 ViCAP 데이터베이스에는 1만 7,000건 이상의 살인사건에 대한 세부정보가 축적되었고, 23개 주에서는 이를 정기적으로 활용했지만, 이 데이터베이스에 제출되는 연간 1,500건의 사건은 미국 전역에서 실제 발생하는 살인사건 수보다 훨씬 적었다. 따라서 대도시 경찰기관의 참여를 늘리는 것을 목표로 삼았다. 1998년 캐나다에서는 '폭력범죄 연계분석 시스템 ViCLAS'이라는 유사한 조직이 운용되고 있었는데, 이와 비교할 때 ViCAP의 단점은 인력 부족과 저조한 승진이었다. FBI는 이를 개선하기 위한 방안들을 지속적으로 모색하여 현재까지 발전을 거듭하고 있다.

ViCAP 웹사이트(https://www.fbi.gov/wanted/vicap)는 보고된 사건들을 범

주 및 연도별로 검색할 수 있도록 되어 있다. FBI는 현재 웹사이트의 보안 인터넷 링크를 통해 법집행기관의 수사관들이 이를 보다 광범위하게 활용할 수 있도록 하고 있다. 알고리즘을 업데이트하여 수사관들이 사건정보를 입력하기 위해 실시간으로 액세스하고 자신이 검색한 정보를 추출할 수 있게 했다. FBI 분석가들은 데이터의 품질 및 일관성을 유지하지 위해 제출되는 사건들을 검토하고, 특정 요청에 대한 분석보고서를 작성한다.

2004년 오클라호마 수사국이 ViCAP에 의뢰한 사건의 분석 결과를 바탕으로, 2009년 고속도로 연쇄살인 수사계획Highway Serial Killings Initiative이 수립되었고 이에 따른 공개수사가 실시되었다. 이 계획은 고속도로 연쇄살인범을 쫓기 위해 트럭 운송 경로를 따라 살인사건을 추적하는 것이었다. 피해자의 대부분은 트럭 정류장에서 접근해 오는 히치하이커 또는 성매매 종사자들이었다. ViCAP 분석가들은 고속도로나 인근에서 발생한 500명 이상의 살인 피해자와 200명의 잠재적 용의자에 대한 매트릭스를 전국적으로 매핑했다(지도는 https://archives.fbi.gov/archives/news/stories/2009/april/highwayserial_040609에서 확인할 수 있다). 법집행기관에서 해당 용의자들에 대한 정보를 제공했고, 그중 일부가 체포되었다. 그러나 ViCAP 분석가들은 데이터베이스만 가지고 연쇄살인범이 얼마나 되는지 추정하기는 어렵다고 밝혔다.

장거리 트럭 운전사 로버트 벤 로즈Robert Ben Rhoades가 그 예이다. 그는 자신의 지적 능력을 다른 사람들과 겨루는 것을 즐겼으며, 『사람들이 하는 게임Games People Play』이라는 책을 좋아했다고 한다. 그는 또한 여성을 감금하고 고문하는 성적 페티시를 가지고 있었다. 1990년 그는 애리조나주 카사 그란데에서 체포되었다. 경찰은 그의 트럭 안에서 고문실과 쇠사슬로 묶인 살아 있는 여성을 발견했다. 당시에 고속도로 연쇄살인 수사가 활성화되어 있었다면, 사슬에 묶여 채찍질당하고 강간과 구타를 당한 후 살해된 최소 50명의 피해여성과 로즈의 범행이 연계되었을 것이다. 피해자들의 시신은 트럭 운행 경로나 그 근처에 유기되었다(Michaud & Hazelwood, 1998).

몇 년 후 고속도로 연쇄살인 수사계획이 실행되었을 때, FBI 요원들이 로즈에게 면담을 요청했지만 그는 거부했다. 그러나 얼마 지나지 않아 그와 관련된 수사결과가 발표되었다. 히치하이커인 레지나 월터스Regina Walters가 유타의 한 헛간에서 살해된 채 발견된 사건이 있었는데, 그녀의 사망 시기와 장소가 로즈의 트럭 운행 일정과 일치하는 것으로 나타났다. 수사기관들의 협력으로, 그의 범행과 이 미제사건 간의 연관성이 발견된 것이다. 그는 레지나의 시신이 발견된 헛간 옆에 그녀가 서 있는 사진을 포함하여 그녀의 사진을 여러 장 가지고 있었는데, 사진 속의 그녀는 겁에 질려 보였다. 함께 실종된 그녀의 남자친구도 나중에 미시시피에서 시체로 발견되었다.

유타 수사관들이 사건정보를 ViCAP 시스템에 입력했다면 연계성을 좀 더 빨리 찾을 수 있었을 것이다. 텍사스 출신의 레지나가 유타에서 시신으로 발견된 이러한 사건은 데이터베이스가 없다면 그 해결을 순전히 운에 맡길 수밖에 없다(과거에 그랬던 것처럼). 로즈는 텍사스에서 온 부부 히치하이커를 포함한 3건의 살인 혐의로 결국 유죄판결을 받았다(Busch, 1996).

2014년 NCAVC는 ViCAP 데이터베이스를 분석하여『연쇄살인의 수사 경로Serial Murder: Pathways to Investigation』라는 보고서를 발간했다. 이것은 수사에 필요한 특정 항목들을 표준화하기 위해 범죄자가 피해자를 다루는 방식에 대해 광범위하게 조사한 다요인 연구로서, 범죄행동과 범행현장의 상관성이 높게 나타난 연쇄살인범들의 범행동기 및 범죄행동을 실증적으로 분석한 것이다. 이 연구에서는 92명의 범죄자와 480건의 살인사건을 대상으로, 이동 경로 및 시체 유기 장소 등의 항목을 조사했다. 분석 결과, 남성범죄자는 단독 범행으로 각각 다른 때에 최소 2명을 살해했다. 범인이 살인으로 처음 검거된 나이는 15세에서 45세 사이였다. 범인의 약 1/3은 군복무를 했고, 30%는 기혼이었으며, 약 30%가 정신장애 진단을 받았다. 4명 중 1명 미만은 체포전력이 없었다. 또한 범인의 50%는 백인이고, 38%는 흑인, 8%는 히스패닉,

2%는 기타 인종이었다. 범인들은 기소되어 유죄 인정 또는 유죄판결을 통해 법적 처분을 받았다. 분석에는 1960~2006년까지 46년 동안 미국에서 발생하여 FBI가 개입한 사건만 포함되었다(Morton, Tillman, & Gains, 2014).

이 보고서의 목표는 시체 발견 장소에서 나타난 범인의 특정 행동을 바탕으로, 과거 연쇄살인사건들과 연관성이 있는 상황적 요인을 파악하여 수사관들에게 제공하는 것이었다. 그러한 요인으로 범인의 피해자 접근방식과 성행위의 증거, 시체 처리방법, 범인과 피해자의 관계, 범인의 특성 및 범행동기 등이 도출되었다. 예를 들어, 연쇄살인사건에서 범인의 약 41%가 고객(대부분 성매매)이었고, 1/3은 비면식관계였다. 또한 2/3는 피해자에게 접근하기 위해 속임수를 썼고, 60%는 2~4명의 피해자를 살해했으며, 12%는 10명 이상을 살해했다. 범인의 10명 중 7명은 활동지역이 제한적이었고, 10명 중 8명은 성적 범행동기(일반적으로 FBI가 개입하는 사건 유형)를 가지고 있었다.

이 보고서에서는 연쇄살인범의 유형을 편의적으로 구분하고, 각 유형에 해당하는 범죄자들을 비교 분석했다. 그러한 유형에는 성적 범행동기에 의한 연쇄살인, 성매매 종사자들을 대상으로 한 연쇄살인, 동성 살인same-sex murders 및 기타 범행동기에 의한 연쇄살인이 포함되었다. 사건은 범행동기가 아닌 범인의 특정 행동을 기준으로 분류되었는데, 범인에 대한 구체적인 정보가 파악되지 않은 경우에는 이러한 분류를 하기 어려운 문제가 있었다.

5장의 범죄 프로파일링의 역사, 6장의 범죄 프로파일링의 방법에 이어, 이 장에서는 ViCAP 데이터베이스에 대해 설명했는데, 지금부터는 하나의 사건을 통해 범죄 프로파일링에 대한 이 모든 내용을 실습해 보고자 한다. 이것은 FBI BSU의 감독수사관 그렉 맥크레리Gregg McCrary가 사용한 방식으로, 그의 워크북에는 이에 대한 보다 상세한 내용이 담겨 있다(McCrary & Ramsland, 2003). ViCAP은 전국적으로 발생한 살인사건들 간의 수많은 복잡한 정보들을 체계화하고 매칭하는 방법을 보여 준 좋은 사례이다.

3. 프로파일링 실습

지금부터 소개할 이 살인사건은 프로파일링을 위한 수사정보가 데이터베이스에 저장되어 있지 않기 때문에, 여기에서는 범인의 행동 단서와 관련된 정보들만 가지고 프로파일링 실습을 해 보고자 한다. 독자들은 자신을 수사전문가라고 생각하고, 이 사건과 관련된 여러 가지 질문에 대해 어떤 것이 최선의 답이 될 수 있는지를 토론해 볼 수 있다. 좀 더 효과적인 실습을 위해서는 각 질문에 대한 해설을 읽기 전에 자신이 그 답안을 선택한 이유를 먼저 생각해 보도록 한다.

사건은 1990년 체코슬로바키아 블타바강 유역에서 한 젊은 여성의 나체 시신이 발견되면서 시작되었다. 시신은 외설적인 자세로 정면을 바라본 채 누워 있었고, 몸에는 칼에 찔리고 스타킹으로 목이 졸린 흔적이 있었으며, 손가락에 반지 하나를 끼고 있었다. 그녀의 시신은 나뭇잎과 풀, 나뭇가지 등으로 덮여 있었다. 사건현장에는 그녀의 신원을 확인할 수 있는 정보가 아무것도 없었지만, 이내 경찰은 그녀의 이름이 블랑카 보코바_{Blanka Bockova}라는 사실을 확인하고 지역을 탐문조사하여 그녀에 대한 더 많은 정보를 수집하기 시작했다. 프라하의 한 정육점 직원인 그녀는 사건 전날 근무를 하고, 저녁에 한 중년 남성과 술을 마시는 모습이 목격되었다. 목격자들 중 아무도 그 남성이 누군지 몰랐으며, 점잖은 옷차림을 하고 있었다고 진술했다(Leake, 2007).

보코바가 그날 밤 중년 남성을 만났으므로, 그녀가 그와 통화한 기록이 있을 가능성은 낮아 보였다. 그러나 그가 그 지역에서 살인 전과를 가지고 있다면, 경찰은 사건기록을 대조하여 이번 사건과의 연관성을 찾을 수 있을 것이다.

질문 1 당신이 경찰에게 이번 사건과 유사한 과거 살인사건들을 찾도록 자문한다면, 다음 중 보코바를 살해한 범인을 식별하는 데 도움이 될 수 있는 정보는 무엇인가?

1. 목이 졸려 숨진 피해자
2. 무언가로 덮인 채 야외에 유기된 피해자
3. 양말을 신은 채 유기된 피해자
4. 같은 지역에 살고 있는 또 다른 피해자

해설 시체를 무언가로 덮기 위해 시간을 들이는 살인범은 일반적으로 그렇게 해야 할 심리적 필요성을 느끼는 것이다. 그것은 그에게 의례적인 행동이며, 그러한 행동 패턴을 계속 반복할 것이다. 시체의 양말을 벗기지 않고 유기하는 것은 부수적인 행동일 수 있으며, 범인 단독으로 교살하는 것은 매우 일반적인 범행수법이다. 그러나 수사관은 옷가지로 교살하는 행위에 주목할 수 있다. 그것은 그 자체로 범인의 시그니처의 일부일 수 있기 때문이다. 같은 지역에서 또 다른 피해자가 있었는지를 파악하는 것은 더 어려울 수 있으며, 중년 남성이 그 지역을 지나가다가 우연히 보코바를 만난 것일 수도 있다. 그러므로 정답은 2번이다. 왜냐하면 이러한 행동은 교살(범행수법)이나 시체의 귀금속을 그대로 두는 행위보다 범인의 시그니처 요소에 더 가깝기 때문이다.

보코바의 시신이 발견된 지 5주가 지났을 무렵, 프라하에서 남쪽으로 약 500km 떨어진 오스트리아의 그라츠에서 브룬힐드 마서Brunhilde Masser라는 성매매여성이 실종되었다. 그녀는 1990년 10월 26일 마지막으로 목격되었다. 오스트리아에서 성매매는 합법이므로 위험한 행위로 여겨지지 않았고, 성매매 종사자를 대상으로 한 살인사건이 1년에 1건 정도 발생하는 편이었다. 이어 같은 해 12월, 성매매여성인 하이디마리 하머러Heidemarie Hammerer가 오스트리아의 브레겐츠에서 실종되자, 사회적 불안감이 커졌다. 실종 한 달 후, 등산객들이 숲에서 그녀의 시신을 발견했다. 그녀는 옷을 다 입은 상태로 바로 누워 있었고, 시신의 일부가 낙엽으로 덮여 있었다. 시신의 상태로 볼 때, 범인이 그녀를 살해한 후 다시 옷을 입혀 놓고 숲속으로 끌고 간 것으로 보였다. 시신에는 귀금속이 그대로 남아 있었고, 폭행을 당한 상처가 있었다. 입 안에는 그녀의 속옷이 물려 있었고, 목은 팬티스타킹으로 감겨 있었으며, 손목에 있는 멍자국은 그녀가 결박당했음을 암시했다. 또한 그녀의 옷에 붙어 있는 몇 개의 붉은색 섬유는 그녀가 착용한 옷가지에서 나온 것이 아니었다.

그로부터 5일 후, 그라츠 북쪽의 외딴 숲에서 등산객들이 심하게 부패된 시체 한 구를 우연히 발견했다. 사망한 여성은 나뭇잎으로 덮힌 채 개울 바닥에 누워 있었다. 그녀는 칼에 찔리고 팬티스타킹으로 목이 졸린 것 같았지만, 확실히 구별하기는 어려운 상태였다. 그녀의 몸에는 귀금속이 그대로 남아 있었다. 경찰은 이 시신이 실종된 브룬힐드 마서라는 것을 확인했다.

두 달 후인 1991년 3월 7일, 엘프리데 쉬렘프Elfriede Schrempf가 그라츠의 자신의 동네에서 실종되었다. 이틀 뒤, 한 남성이 그녀의 가족에게 두 번 전화를 걸어 행패를 부렸다. 그는 그녀의 이름을 언급하며 가족들을 협박했다.

질문 2 오스트리아 경찰은 프라하에서 실종된 보코바 사건에 대해서는 알지 못했지만, 유사한 연관성을 지닌 두 건의 살인사건과 한 건의 실종사건을 수사 중이었다. 오스트리아에서 발생한 이 세 가지 사건 중 적어도 두 건이 연관되어 있음을 가장 강력하게 암시하는 요소는 다음 중 무엇인가?

1. 두 가지 사건은 같은 지역에서 발생했다.
2. 두 가지 사건의 피해자 시신이 숲에서 발견되었고, 나뭇잎 등으로 덮여 있었다.
3. 세 가지 사건 간에는 차이점이 너무 많아서 명확하게 연관 지을 수 없다.
4. 두 가지 사건의 피해자 모두 성매매여성이었다.

> **해설** 피해자들이 같은 지역에서 살거나 같은 직업을 가지고 있다는 점은 일반적으로 두 살인 사건 간의 연관성을 인정하기에 충분한 세부정보라고 할 수 없다. 연계분석은 살인자의 성격 및 범행을 위한 선택 방식을 나타내는 두드러진 특정 행동요인을 수집하는 것이다. 이 사건의 범인은 성매매여성들을 외딴 지역으로 데려가서 그들을 살해한 후 시체를 무언가로 덮고 싶어 하면서도 은폐하지는 않는 듯했다. 시체를 덮는 행위는 범인의 심리적 요인, 즉 수치심이 작용한 것으로 볼 수 있다. 세 가지 사건 중 마지막 사건은 용의자가 가족에게 전화를 걸었고, 시체가 발견된 사건 중 하나는 나체, 다른 하나는 옷을 입은 상태였기 때문에, 사건들 간의 범인의 행동적 차이가 나타났다. 그러나 두 건의 살인사건 사이에는 범인이 동일 인물일 가능성을 암시하기에 충분한 유사점이 있었다. 즉, 2명의 성매매여성의 시신이 숲에서 나뭇잎에 덮인 채 발견되었고, 범인은 그들의 귀금속에는 손대지 않았다. 옷을 입고 있는 시신은 범행 후 범인이 다시 옷을 입힌 것으로 추정되었다. 이 두 사건은 다른 도시에서 발생했지만, 살인범은 여행 중이거나 이동하는 직업을 가진 사람일 수 있다. 따라서 정답은 2번이다.

1991년 10월 5일, 그라츠 외곽의 한 울창한 숲속에서 한 구의 유골이 등산객들에 의해 발견되었고, 근처에는 양말 한 켤레만 놓여 있었다. 경찰은 이 유골이 실종된 엘프리데 쉬렘프임을 확인했다.

그로부터 한 달도 채 되지 않아, 오스트리아 비엔나에서 실비아 자글러Silvia Zagler, 레지나 프렘Regina Prem, 사비네 모이치Sabine Moitzi, 카린 에로글루Karin Eroglu가 실종되었다.

> **질문 3** 이러한 현재 상황에서 수사관에게 가장 도움이 될 수 있는 정보는 무엇인가?
>
> 1. 성매매여성들이 자신들의 실제 위험요인에 대해 인지하는 것
> 2. 두 번째 시체에서 발견된 붉은색 섬유에 대한 정보
> 3. 연쇄살인범에 대한 위험성 평가 통계자료
> 4. 쉬렘프가 신었던 양말 브랜드

해설 성매매여성들이 스스로가 얼마나 취약한지를 인식하는 것은 적대적인 의도로 그들에게 접근하는 범죄자들을 식별하는 데 큰 도움이 되지 않는다. 살인범의 분노는 피해자들에게 처음 접근할 때는 뚜렷하지 않다가 시간이 지나면서 점차 높아지며, 어떤 특정 상황에 이르면 살인을 저지르는 것으로 보인다. 마찬가지로, 경찰이 섬유증거의 잠재적 출처를 확인하는 것은 그것과 비교할 수 있는 다른 증거가 있을 때만 도움이 된다. 양말 브랜드와 섬유는 '고유 증거'로서, 카시트나 카펫에 사용되는 섬유로 범위를 좁히더라도 출처가 여러 곳에서 나올 수 있다. 또한 피해자 중 하나의 시신에서만 섬유증거가 발견되었기 때문에, 여러 사건에서 공통적으로 발견된 증거만큼 도움이 되지 않는다. 또한 지금까지는 특정 조건이 일치하는 실종사건들만 연계분석을 했으므로, 실종된 성매매 종사자들에 대해서는 알려진 바가 거의 없다.

그러나 여러 살인사건의 현장 증거들을 통해 그것이 연쇄살인범의 소행이라는 단서가 포착된 경우, 수사관들은 이전의 유사한 사건에서 수집된 증거들을 근거로 연쇄살인범의 잠재적 범행동기와 추가 범행 가능성에 대해 분석하여 대응 전략을 수립할 수 있다. 예를 들어, 성적 자극을 추구하는 연쇄살인범은 좀 더 자주 살인을 저지르는 경향이 있으므로, 취약지역에 추가적인 순찰을 실시할 수 있다. 따라서 정답은 3번이다.

이 살인범은 성행위를 기대할 수 있는 피해자 집단을 선택한 것으로 보였으나 피해자들의 시신이나 주위에서 성행위나 성폭행을 한 흔적은 발견되지 않았다. 색욕적 살인범lust killer은 피해자에게 수갑을 채우고 고문을 하기도 하지만, 일부 성범죄의 증거를 남기는 경향이 있다. 피해자들의 몸에 멍자국이 있다는 것은 범인의 분노를 나타내는 것으로, 범인은 성불능에 대한 극심한 좌절감으로 피해자를 살해했을 가능성이 있다.

범행현장에 남아 있는 증거가 거의 없고 목격자도 없었기 때문에, 그는 시체를 먼 장소로 옮기고 눈에 보이는 모든 증거를 제거했다는 점에서 조직적인 범죄자로 간주할 수 있다. 또한 그가 표출한 분노의 수준에도 불구하고, 범인은 자신의 폭력성을 어느 정도 통제할 수 있는 자제력을 가진 매우 주의 깊은 성향일 것으로 추정되었다.

당시 오스트리아에는 범죄의 연관성을 찾는 정교한 분석시스템이 없었다. 공식적인 수사결과는 대부분 직감에 의존하여 사건 간의 유사점을 파악하기

보다 차이점을 강조하는 식으로 내려졌다.

1992년 5월, 사비네 모이치와 카린 에로글루의 시신이 도시 외곽의 산림지역에서 발견되었다. 두 피해자 모두 자신의 옷가지로 목이 졸린 상태였다. 에로글루는 귀금속은 그대로 착용한 채 나체상태로 발견되었다. 모이치는 스웨터를 입고 있었고, 그녀의 다른 옷과 지갑은 시신 근처에 놓여 있었다.

언론은 이 살인범을 '비엔나 배달원Vienna Courier'이라고 불렀다. 기자들은 경찰보다 더 자세한 사건 내용을 공개하는 데 열을 올렸다. 이것은 뜻밖에 이득을 가져다주었다(McCrary & Ramsland, 2003).

전직 잘츠부르크 경찰 수사관 아우구스트 쉐너August Schenner가 언론 보도를 접했을 때, 그는 막연히 이러한 범행을 전에 본 것 같은 느낌을 받았다. 이 살인범이 여성에게 접근한 방식은 1974년 숲에서 저지른 살인 혐의로 유죄 판결을 받은 잭 운터베거Jack Unterweger라는 청년을 떠올리게 했다. 당시 쉐너는 유사한 다른 살인사건에 대해서도 자백하도록 그를 추궁했지만 실패했다. 법정에서 운터베거는 성매매를 하는 어머니가 자신을 방임한 것에 격분하여 범행을 저질렀다고 주장하면서 선처를 구했다. 당시 그를 조사한 법 심리학자는 그가 분노 조절에 문제가 있는 위험한 가학적 사이코패스sadistic psychopath라고 밝혔다.

쉐너는 그가 종신형을 선고받고 장기간 사회로부터 격리될 것이라고 생각했다. 그러나 이상한 일이 일어났고 그는 일찍 출소할 수 있었다. 그는 작품성을 인정받은 여러 편의 저서를 출판했으므로 자신은 구원받은 사람이라고 떠들어댔고, 이에 감명받은 문화계는 정치인들에게 그의 석방을 요구하기에 이르렀다. 그것은 효과가 있었다. 출소 후 운터베거는 유명인사가 되었고, 토크쇼와 자신의 작품을 바탕으로 한 연극 시사회에 초대되기도 했다. 흰 양복에 빨간 스카프를 화려하게 차려입은 그는 이제 호화로운 생활을 할 수 있게 되었다. 그는 자신의 새로운 역할을 즐기는 것 같았다.

질문 4 수사관은 다음 단계로 무엇을 해야 하는가?

1. 용의자를 경찰서로 소환하여 조사를 실시한다.
2. 용의자에 대한 감시를 강화하여 그를 압박한다.
3. 범죄발생 기간 동안에 있었던 용의자의 행적을 상세히 조사한다.
4. 피해자 가족에게 피해자가 용의자를 알고 있었는지 물어본다.

해설 운터베거는 유명인이므로 그에게 함부로 접근하면 수사가 노출될 위험이 있기 때문에, 충분한 정황증거가 포착될 때까지 그에 대한 정보를 조용히 수집하는 것이 바람직하다. 그 후에 경찰은 그를 신문하거나 감시할 수 있다. 쉐너의 진술이 맞다는 것이 확실해질 때까지, 경찰은 이 세간의 이목을 끄는 '요주의 인물'에게 조심스럽게 접근해야 한다. 정답은 3번이다.

질문 5 경찰은 용의자가 눈치채지 않도록 하면서, 충분한 정황증거를 어떻게 수집할 수 있는가?

1. 피해자들이 갔던 곳에 용의자도 있었는지를 확인하기 위해 그의 행적에 대한 타임라인을 작성한다.
2. 용의자의 거주지 수색영장을 청구한다.
3. 용의자가 수감되었던 교도소 정신과 담당의에게 그의 범행 가능성에 대한 소견을 묻는다.
4. 용의자가 출소 후 살인 의도를 내비친 단서가 있는지를 확인하기 위해 그의 저서를 읽는다.

해설 경찰이 첫 번째로 해야 할 일은 운터베거의 위법성, 즉 그가 어떤 범죄를 저질렀을 가능성이 있음을 확신하는 것이다. 그라츠에서 여성이 살해되었을 때 그가 다른 도시에 있었다면, 그는 범인이 아니다. 수색영장을 청구하기 위해서는 상당한 이유가 있어야 하므로, 용의자에 대한 수색영장 청구는 불가능하다. 3번과 4번 선택지는 주관적인 해석에 의존하므로 오류가 있을 수 있다. 특히 교도소를 벗어나기 위해 혈안이 된 교활한 사이코패스는 정신과 담당의를 어떻게든 속일 수 있으며, 그는 다른 데로 관심을 돌리는 방식으로 글을 작성하여 범행 의도를 숨겼을 수 있다. 그가 자신의 책에서 살인의도를 내비쳤다 해도, 그것이 그를 기소하는 데 유용한 증거가 되지는 못한다. 따라서 정답은 1번이다.

이 사건의 수사를 맡은 오스트리아 연방경찰의 에른스트 가이거Ernst Geiger는 운터베거를 감시하도록 경찰관들을 배치했다. 경찰은 운터베거가 한 잡지사와 '작업을 하기 위해' 미국 LA로 건너가 5주간 머무는 동안, 비엔나에서 살인사건이 발생하지 않았다는 사실을 확인했다. 가이거는 이 흥미로운 사실을 통해 운터베거가 범인임을 확신하고, 그의 범행을 명백하게 입증하기 위한 본격적인 수사에 돌입했다.

질문 6 당신이 운터베거가 유력한 용의자라는 것을 행동 증거를 가지고 입증하고자 한다면, 다음과 같은 과거 범죄행동 중 어떤 것이 현재 범죄와 연관된 행동 패턴을 증명하는 데 가장 중요하다고 생각하는가?

1. 멀리 이동해서 시체 유기, 범행수법으로 교살 선택, 피해자 유인 방법
2. 멀리 이동해서 시체 유기, 범행수법으로 교살 선택, 성매매여성들을 범행대상으로 선택
3. 피해자의 귀금속에 손대지 않음, 용의자의 자유로운 이동성, 피해자 가족에게 위협적인 전화통화
4. 멀리 이동해서 시체 유기, 피해자 대부분이 자신들의 속옷으로 교살당함, 부분적으로 가린 채로 방치된 시체 유기 방식

해설 범행의 세부정보가 구체적일수록 사건 간의 연관성이 더 강해진다. 1번과 2번 선택지는 모두 모호하고 일반적이다. 3번은 다른 사건과 확연히 다른 정보(전화통화)를 담고 있다. 정답은 4번이다.

호텔, 레스토랑, 렌터카 업체에서 받은 운터베거의 신용카드 영수증으로 수사관들은 그의 행적을 추적해 나갔다. 그는 브룬힐드 마서가 살해된 10월과 엘프리데 쉬렘프가 실종된 3월에 그라츠에 있었다. 또한 하이디마리 해머러가 실종된 12월에는 브레겐츠에 있었다. 한 목격자는 운터베거와 닮은 남성이 해머러와 함께 있는 것을 보았으며 그가 당시 빨간색 스카프를 매고 있었다고 진술했는데, 그녀의 시신에서 발견된 붉은색 섬유와 무언가 관련이 있을 듯 했다. 그가 프라하에서 사용한 영수증이 확인되었을 때, 수사관들은 블랑카 보코바 미제살인사건에 대해 알게 되었다. 그 사건은 그들이 현재 수사 중인 사건들과 매우 유사했다. 그녀의 나체 시신은 흙과 나뭇잎으로 덮인 채 숲속에서 발견되었으며, 양말과 귀금속은 착용한 상태였고, 그녀의 속옷으로 목이 졸려 있었다. 그러나 여기에 정황상 맞지 않는 부분이 있었다. 운터베거가 보코바의 실종 기간 동안 비엔나에 있었던 것이다.

비엔나 경찰은 운터베거를 소환하여 오스트리아에서 발생한 살인사건들에 대해 조사했다. 그는 성매매여성들을 만난 사실은 인정했지만, 피해자들에 대해서는 모른다고 부인했다. 그러나 이제 그는 자신이 경찰의 용의선상에 올랐음을 알게 되었다. 경찰 조사는 그를 압박했고, 이에 대해 그는 반응했다. 그는 경찰의 살인사건 수사 실패에 관한 글을 발표했고, 지지자들의 호응을 얻었다. 그는 경찰을 모욕하는 동시에 자신을 보호하고자 했다. 그에게는 열성 지지자들이 상당히 많았다.

그 즈음, 레지나 프렘의 남편은 그녀를 살해했다고 주장하는 한 남성으로부터 전화를 받았다. 그는 하나님의 명령에 따라 자신이 그녀를 처형했으며, 그녀는 지옥을 향한 '희생의 장소'에 버려졌다고 했다. 또한 그는 자신이 다른 11명에게도 똑같은 일을 했다고 덧붙였다. 3개월 후, 프렘이 피우는 담배 브랜드의 빈 담배갑 다섯 통이 그녀의 집 우편함에 놓여 있었지만, 지문은 발견되지 않았다.

가이거는 운터베거가 처음 출시되었을 때 구입한 BMW 차량을 추적하여,

그의 차량을 재구입한 사람을 찾았다. 새 소유주는 경찰이 자신의 차량을 조사하는 데 협조했고, 모근이 있는 머리카락 하나를 포함하여 여러 가닥의 머리카락을 수집했다. 그리고 운 좋게도, 보코바의 DNA와 일치하는 머리카락이 발견되었다(Leake, 2007).

질문 7 이 결과는 무엇을 의미하는가?

1. 운터베거가 보코바를 살해했다.
2. 운터베거의 차에 보코바가 탔다.
3. 운터베거는 보코바와 어느 정도 접촉했다.
4. 이 결과는 수사관에게 큰 의미가 없다.

해설 이 결과 자체만으로는 운터베거가 보코바와 접촉했다는 사실 정도만 입증할 수 있다. 그가 술집에서 그녀와 이야기를 나누었거나 그녀의 머리카락이 떨어진 자리에 그가 앉았거나 하면서 그녀의 머리카락이 그의 옷에 달라붙어 차에 옮겨졌을 가능성이 있기 때문이다. 그러나 경찰은 그녀가 살해된 날 밤 운터베거와 함께 있었고 그의 차에 탔었다는 전체적인 정황을 궁극적으로 입증하는 데 이 결과가 추가되기를 바랐다. 정답은 3번이다.

질문 8 이 증거가 수사를 진행하는 데 도움이 될 것이라고 생각하는가?

1. 그렇다. 그 증거는 수색영장을 발부받기 위한 상당한 이유가 되기 때문이다.
2. 아니다. 운터베거가 이미 성매매여성들과 만났다는 사실을 시인했기 때문이다.
3. 아니다. 그 증거는 운터베거가 피해자들과 만났다는 사실만을 의미하며, 그는 여러 명의 성매매 고객 중 1명일 뿐이기 때문이다.
4. 아마도 그렇지 않을 것이다. 그것은 하나의 정황증거에 불과하기 때문이다.

> **해설** 운터베거의 전 차량에서 살해된 여성과 일치하는 머리카락 DNA가 발견되었다는 사실만
> 으로도 그에 대한 수색을 확대할 수 있는 충분한 근거가 된다. 정답은 1번이다.

경찰은 머리카락의 DNA 증거를 가지고 비엔나에 있는 운터베거의 아파트에 대한 수색영장을 발부받았다. 수사관들이 그의 집에 도착했을 때 그는 떠난 후였다. 경찰은 그곳에서 캘리포니아 말리부에 있는 한 해산물 식당의 메뉴와 영수증, 그리고 운터베거가 LA 경찰국 간부들과 함께 찍은 사진들을 발견했다. 또한 갈색 가죽재킷과 빨간색 스카프를 발견하여 압수했다.

> **질문 9** 이 단계에서 수사에 가장 도움이 될 수 있는 방법은 무엇인가?
>
> 1. 호텔에 전화를 해서 운터베거가 실제 그곳에서 묵었는지를 확인한다.
> 2. LA 경찰국에 연락하여 유사한 범행수법을 사용한 미제살인사건이 있는지를 확인한다.
> 3. 영수증을 이용하여 운터베거의 행적을 확인한다.
> 4. 운터베거가 LA에 머물렀던 이유에 대해 조사한다.

> **해설** LA 경찰국에 연락하여 관할지역에서 유사한 범행수법을 사용한 미제살인사건들이 있었는지를 확인하면, 직접적인 물리적 증거를 포함하여 추가 증거를 수집할 수 있다. 이 단계에서 경찰은 미리 확보한 영수증을 통해 운터베거가 LA의 호텔에 숙박했다는 사실과 그의 행적, 그리고 LA에 간 목적 등에 대해 이미 파악이 끝난 상태였다. 따라서 정답은 2번이다.

가이거는 LA 경찰국에 연락하여 미제살인사건에 대해 물었고, LA 경찰국이 연관이 있어 보이는 3건의 성매매여성 살인사건을 수사 중이라는 사실을 확인했다. 3명의 피해자 모두 브래지어로 교살된 후 야외 장소에 유기되었고, 운터베거가 LA에 머무르는 동안 살해되었다. 가이거는 이 사건의 용의자

로 운터베거를 지목했다. LA 경찰국 형사 짐 하퍼Jim Harper와 프레드 밀러Fred
Miller는 운터베거가 독일의 한 잡지 기사를 위해 LA 성매매 지역을 취재하는
동안 경찰에 경호를 요청한 적이 있음을 발견했다.

가이거는 운터베거의 아파트에서 수집한 영수증을 통해 3명의 피해자가
운터베거가 LA에서 머물렀던 호텔 근처에서 마지막으로 목격되었다는 사실
을 확인했다. LA 경찰국은 그를 유력 용의자로 보고, 가이거와 국제 공조수
사를 시작했다.

이 무렵, 운터베거의 아파트에서 압수된 가죽재킷과 빨간 스카프을 분석
한 결과, 이 두 가지의 섬유와 해머러의 시신에서 발견된 섬유가 일치하는 것
으로 나타났다. 이 증거를 가지고 가이거는 체포영장을 발부받을 수 있었으
나, 운터베거는 이미 그의 새 여자친구인 18세 비앙카 므라크Bianca Mrak와 함
께 오스트리아를 떠난 후였다(Leake, 2007). 미국으로 돌아온 그는 경찰이 자
신을 모함하고 있다고 주장하면서 언론 관계자들에게 연락하여 도움을 요청
했고, 일부 언론인은 이에 기꺼이 응했다.

FBI 비엔나 지사를 통해 가이거는 미국 BSU의 그렉 맥크레리와 이 사건에
대해 논의했다(McCrary & Ramsland, 2003). 가이거는 이 사건의 분석을 원했
고, 맥크레리는 그를 BSU로 초대했다. 가이거는 오스트리아의 연방 내무부
범죄심리국장인 토마스 뮐러Thomas Mueller와 동행했다. 그들은 엄청난 양의
사건 서류를 제공했다.

맥크레리는 그들에게 범죄수사분석 및 범죄사건 연계의 절차를 설명했다.
그리고 이 사건 서류들을 열어 보기 전에, 그는 피해자 분석 및 범죄현장 분
석이 완료될 때까지 용의자에 대한 정보를 제공하는 것은 보류해 달라고 요
청했다.

질문 10 맥크레리가 이와 같은 요청을 한 이유는 무엇인가?

1. 그는 자신이 범죄를 해결하기를 원했기 때문이다.
2. 그는 용의자 정보가 자신에게 편견을 갖게 하는 것을 원치 않았기 때문이다.
3. 그는 미국의 시스템으로 외국의 범죄사건을 다루기 원치 않기 때문이다.
4. 가이거 측이 제공한 정보가 불완전했기 때문이다.

해설 맥크레리는 피해자 및 범죄현장에 대한 정보를 프로그램에 입력할 때 어떠한 편견에 영
향을 받는 것을 원하지 않았고, 이 사건을 객관적으로 해결하고자 했다. 그가 외국의 범죄사건을
다루고 싶어 하지 않았다면, 가이거를 BSU에 초대하지도 않았을 것이다. 불완전한 정보라 하더
라도 분석에 충분히 활용할 수만 있다면 문제가 되지 않는다. 따라서 정답은 2번이다.

맥크레리는 분석을 위해 ViCAP을 활용했다. 그는 사건별로 세심하게 양식
을 작성하고, 피해자들이 살해된 순서대로 사건간의 유사성이나 범행수법의
변화 또는 발전의 증거로 볼 수 있는 정보들을 ViCAP 시스템에 입력했다. 그
는 이 11건의 살인사건이 모두 연계된 것으로 나타난다면, 이 연쇄살인범은
국내외를 넘나든 매우 희귀한 사례가 될 것이라고 생각했다.

이 분석 시스템은 1만 건 이상의 살인사건들을 15가지 상호참조 검색 기준
을 통해 분석한 후, 일치하는 데이터를 제공했다. 맥크레리는 피해자의 직업,
범행수법, 시체 유기 장소의 특징, 시체의 외상, 시체 처리방법, 범인의 치밀
함, 성폭행의 증거, 의례적 행동, 미세증거 등을 근거로 범행 패턴을 발견했
다. 12건의 사건이 연계되었고, 그중 4건은 캘리포니아에서 발생했지만 1건
은 이미 유죄판결을 받았다. 나머지 11건은 가이거의 사건이었고, 3건은 LA
경찰국의 사건이었다.

이제 다음으로 용의자 정보를 분석할 차례였다. 이와 관련해서 가이거는
많은 정보를 제공했다.

> 질문 11 다음과 같은 용의자의 정보 가운데 수사에 가장 도움이 될 수 있는 것은 무엇인가?
>
> 1. 그가 운전한 차량의 종류
> 2. 그의 현재 행방
> 3. 그가 교도소에서 쓴 글
> 4. 그의 행적에 대한 타임라인

> 해설 맥크레리는 가이거가 작성한 운터베거의 오스트리아에서의 행적 타임라인과 미국에서의 타임라인을 통합했다. 정답은 4번이다.

그들은 운터베거가 첫 유죄판결을 받은 1974년 살인사건에서 사용했던 범행수법을 11건의 오스트리아 살인사건과 비교했으며, LA 범죄연구소의 범죄학자 린 헤럴드Lynn Herold는 3건의 LA 살인사건 피해자들을 결박하는 데 사용된 매듭을 분석했다. 그것은 복잡한 매듭이었고, 오스트리아 살인사건의 피해자들에게 사용된 팬티스타킹 매듭과 일치했다. ViCAP은 선별 프로세스로 한층 강화된 행동분석을 제공했다.

운터베거는 플로리다에서 체포되어, 재판을 위해 오스트리아로 송환되었다. 그는 오스트리아의 여론이 자신을 지지하고 있고, 자신의 범행을 입증하는 물리적 증거가 빈약하다는 사실을 알고 있었다. 그가 재판을 기다리던 중에 레지나 프렘의 유골이 숲에서 발견되었다.

> 질문 12 다음 중 수사관이 재판을 위해 할 수 있는 최선의 전략은 무엇인가?
>
> 1. 더 많은 물리적 증거를 확보하기 위해 자원을 투입한다.
> 2. 피의자의 범죄행동 증거를 분석하는 데 자원을 투입한다.

> 3. 사건의 언론 보도가 배심원단에게 편견을 주지 않도록 언론을 바로잡는 데 자원을 투입한다.
> 4. 더 많은 증인을 찾기 위해 자원을 투입한다.

해설 외곽지역에서 피해자들의 시신이 발견되었고 운터베거의 아파트와 자동차도 이미 수색했기 때문에, 다른 물리적 증거들을 더 확보하기 위해 자원을 계속 투입하는 것은 그다지 효과적이지 않다. 마찬가지로 그 당시 여론은 운터베거를 지지했기 때문에 언론을 바로잡으려는 시도는 역효과를 가져올 뿐만 아니라 그에 대한 지지를 높일 수 있다. 이 사건에 대한 집중적인 언론 보도로 인해 사회가 떠들썩했기 때문에, 목격자가 더 있었다면 그들이 벌써 나섰을 것으로 보인다. 그러므로 최선의 전략은 범죄현장의 행동 증거들이 얼마나 독특한 일관성을 나타내는지를 분석하고, 이러한 범죄를 경험해 본 적이 없는 배심원들에게 상습적 연쇄살인에 대해 설명할 준비를 하는 것이다. 따라서 정답은 2번이다.

1994년 6월 오스트리아 그라츠에서 이 사건의 재판이 개시되었다. LA 경찰국의 짐 하퍼 형사와 LA 범죄연구소의 린 해럴드가 그들의 수사정보에 대해 법정에서 증언했는데, 그들은 특히 특정 유형의 매듭을 사용하는 것은 범인의 독특한 의례적 행동을 나타내는 것임을 강조했다. 맥크레리는 ViCAP 시스템을 통해 이번 살인사건들과 운터베거가 유죄판결을 받았던 최초 살인사건 간의 유사한 행동들을 연계한 여러 가지 행동 패턴에 대해 설명했다. 검찰 또한 재판에서 다양한 증거를 공개했다. 여기에는 운터베거의 가학적인 범죄 성향에 대한 정신과 보고서와 그의 차에서 수집한 머리카락의 DNA 분석결과, 브룬힐드 마서의 시신에서 채증한 붉은 미세섬유의 분석결과, 그리고 그가 사기를 친 전 직장동료들의 증언까지 포함되었다.

재판에서 운터베거는 자신을 지지하는 오스트리아의 언론과 고위층을 이용해 배심원단을 설득하려 했지만, 범죄행동 증거가 그에게 불리하게 작용했다. 당시 FBI의 프로파일러가 오스트리아 법정에서 증언한 것은 처음 있는 일이었다. 매듭에 대한 증언과 더불어 ViCAP 분석은 운터베거의 범행을 강력하게 입증했다. 그는 결국 유죄판결을 받았고, 얼마 후 구금시설에서 자살했다(Leake, 2007; McCrary & Ramsland, 2003).

4. 데이터 분석 vs. 임상적 판단

ViCAP 외에도 유용한 범죄 데이터베이스들이 있는데, 그중 일부는 좀 더 향상된 연계분석을 위한 데이터를 제공한다. 과거에는 경험적인 임상적 판단으로 범죄자를 최종 평가하는 것이 일반적으로 충분하다고 여겨졌으나, 데이터베이스의 분석으로 인해 이러한 인식이 약화되고 있다. 어떤 전문가의 경험이 아무리 많더라도, 그의 인지적 습관과 편견 또는 개인적 상황에 의해 판단력이 제한될 수 있기 때문이다. 전 FBI 감독수사관 마크 사파릭Mark Safarik은 사우스캐롤라이나주에서 발생한 일련의 살인사건들에 대한 자문을 요청받았다. 한 숙련된 법의관은 3건의 사건이 연관성이 있다는 소견을 밝혔지만, 사파릭은 의료 데이터베이스를 이용하여 다른 결론을 제시했다(Safarik & Ramsland, 2012).

1981년 9월 16일, 한 이웃주민이 성폭행과 구타를 당한 후 살해된 82세 멜바 닐Melva Neill의 시신을 그녀의 자택 욕조에서 발견했다. 그녀는 목이 졸려 살해되었고 자택의 물건들이 도난당한 상태였으므로, 강도가 침입한 것으로 보였다. 스털링 바넷 스팬Sterling Barnett Spann은 피해자의 집에서 허드렛일을 해 주던 인부였다. 그의 지문은 범행현장에서 발견된 지문과 일치했고, 그의 호주머니에서 도난된 목걸이가 발견되었다. 그는 그것을 다른 사람에게서 받았다고 진술했다. 배심원단에게 유죄 평결을 받은 그는 사형선고를 받았다.

그 후 한 사립탐정은 스팬 사건과 유사한 두 가지 사건을 더 발견했다. 닐이 살해되기 두 달 전, 그녀의 자택과 불과 몇 블록 떨어진 곳에서 57세의 메리 링Mary Ring이 성폭행과 구타를 당하고 목졸려 살해된 상태로 욕조에서 발견된 사건이 있었던 것이다. 같은 법의학자가 두 피해자를 모두 부검했지만 유사점을 발견하지 못했고, 경찰은 스팬이 두 피해자의 집에서 일한 적이 있다는 사실을 파악하지 못했다.

그리고 닐이 살해된 지 2개월 만에, 또 다른 백인 노파 베시 알렉산더Bessie Alexander가 닐과 불과 19km 떨어진 곳에서 살해되었다. 그녀는 구타와 성폭행을 당하고 목이 졸린 채 부엌 바닥에서 발견되었는데, 그녀의 시신은 어떤 액체로 흠뻑 젖어 있었다. 이 사건의 범인으로 조니 헐렛Johnny Hullett이라는 정신병을 가진 전직 목사가 체포되어 유죄판결을 받았다.

스팬 사건을 재조사하기 위한 심리에서, 법정신의학자forensic psychiatrist, 전직 FBI 프로파일러, 법의학자는 3건의 살인사건이 동일범의 소행이라는 데 동의했다. 그러나 스팬 측의 변호사는 베시 알렉산더는 스팬이 이미 구속된 후에 살해되었기 때문에 당연히 그의 소행이 아니며, 멜바 닐을 살해한 것도 그가 아니라고 주장했다.

외부 전문가로서 피해자들의 시신을 재검시한 법의관은 그의 40년간의 경험을 바탕으로 볼 때 3명의 피해자가 모두 '독특한' 방식으로 교살되었다고 증언했다. 그는 피해자들의 시신에는 목 구조 손상neck structure injury이 나타나지 않았는데(설골과 갑상연골 및 윤상연골에 골절이 없음), 이는 범인이 피해자들의 경동맥을 압박하여 질식시켰음을 의미하므로 손으로 목을 졸라 살해(액살)했을 가능성이 크다고 진술했다(State v. Spann, 1999).

스팬 사건에 대한 재심이 진행되면서, 이제 그는 멜바 닐뿐만 아니라 메리 링 살인사건의 용의자가 되었다. DNA 분석에서는 그가 메리 링을 강간하고 살해한 범인이라는 증거가 발견되지 않았다. 그렇다면 그는 임상적 판단에 따라 유죄판결을 받아야 하는가?

인간의 정신적 한계와 인지 오류에 대해 알려진 사실을 감안할 때, 유죄로 판단할 수 있는 더 확실한 근거자료가 없는 한 임상적 판단에 의존하여 최종

판결을 내리는 것은 바람직하지 않다. 임상적 판단은 특히 친숙함을 바탕으로 신속하게 추정하는 과거의 경험으로부터 쌓인 높은 자기신뢰도에 의존하는 경향이 있다. 앞서 우리는 인지심리학적으로 인간은 판단을 제한하고 확증 편향을 조장하는 '인지 지도'라고 하는 인지적 습관을 발달시킨다는 점을 확인했다.

수많은 사건에서 수집된 데이터는 사건 간의 연관성을 증명할 수 있는 보다 객관적인 근거를 제공한다. 여성노인을 대상으로 한 성적 살인사건의 전문가인 사파릭은 관련 인구통계, 범죄행동, 피해자의 해부학적 및 손상 정보를 담은 데이터베이스를 구축했다(Safarik, Jarvis, & Nussbaum, 2002). 이를 활용하여 그는 여성노인의 목 구조 손상과 사망 원인이 액살(손 등 신체의 일부로 목을 졸라 살해) 또는 교살(끈으로 목을 졸라 살해)로 확인된 사건 간의 상관성을 검증하고자 했다.

선행 의학연구들의 데이터를 포함하여 총 128명의 성적 살인을 당한 여성노인 피해자를 분석한 그의 연구에서, 부검 결과 피해자들 중 (최소한) 2/3의 사망 원인이 교살로 나타났다. 피해자들의 연령은 최소 60세 이상이었다. 분석이 가능한 67건 중 66%는 액사, 31.5%는 교사였으며, 2건은 이 두 가지가 모두 포함되었다. 사파릭은 피해자들의 목 구조 손상과 관련된 데이터도 분석했는데, 사망 원인이 액사로 밝혀진 44건 가운데 목 구조 손상을 입지 않은 경우가 23%밖에 되는 않는 것으로 나타났다. 이러한 결과를 통해 해당 법의관의 임상적 판단을 확증하기에는 오차 범위가 너무 컸으므로, 검증은 실패로 돌아갔다. 따라서 임상적 판단을 내리기 전에 먼저 관련 데이터를 분석해 볼 필요가 있다.

이와 같은 특정 사건을 위한 데이터베이스 외에도, 범죄수사를 지원하는 또 다른 데이터베이스가 있다. 미국 국립사법연구소National Institute of Justice의 전국 실종자통합시스템NamUs.gov은 실종자 및 변사자를 위한 국가 정보관리 자원센터로서, 여기에 등록된 사람들의 상당수는 살인 피해자이다. 일명 '네

임 어스NamUs'라고 불리는 이 시스템은 실종자, 신원불명 변사자, 무연고자로 데이터베이스가 각각 구분되어 있으며, 미 전역의 법의관, 검시관, 수사관은 물론 일반인들도 무료로 이용할 수 있다. 새로운 정보가 추가될 때마다 시스템은 자동으로 업데이트되고, 사건 간 교차일치 비교cross-matching comparisons를 수행한다. 또한 NamUs에서는 신원미상의 유골에 대한 무료 DNA 분석 서비스도 제공하고 있다.

5. 요약

초창기부터 FBI BSU의 목표는 전문성을 최대한 엄격하게 준용하여 수사를 지원하는 것이었다. 이곳에 합류한 요원들은 특히 범죄심리학에 대한 많은 교육훈련을 받았고, 가장 정교한 범죄분석을 실시할 수 있는 데이터베이스를 만들기 위해 범죄자들과 면담을 했다. 이로 인해 ViCAP를 비롯하여 전국적으로 범죄자의 시그니처와 범행수법을 빠르고 효과적으로 파악할 수 있는 다양한 프로그램이 개발되었다. 이러한 프로그램들을 이용하여 1명의 범죄자가 저지른 과거의 수많은 사건을 찾아볼 수는 있지만, 그의 앞으로의 범죄행동을 예측하는 것은 여전히 전문가의 주관적 분석에 달려 있다. 사실, 특정 하위유형의 범죄자들은 위험 예측이 어느 정도 가능한 유사한 범죄행동을 나타낸다. 다음 장에서는 향후 범행을 예측하기 위한 범죄행동에 대해 살펴본다.

6. 참고문헌

Busch, A. (1996). *Roadside prey*. New York: Pinnacle.

DeNevi, D., & Campbell, J. H. (2004). *Into the minds of madmen: How the FBI Behavioral Science Unit revolutionized crime investigation.* Amherst, NY: Prometheus.

Krafft-Ebing, R. V. (1879/1928). *Psychopathia sexualis with especial reference to the antipathic sexual instinct: A medico-forensic study.* Revised Edition. Philadelphia: Physicians and Surgeons.

Leake, J. (2007). *Entering Hades: The double life of a serial killer.* New York: Farrar, Straus and Giroux.

Lunde, D. (1976). *Murder and madness.* San Francisco, CA: San Francisco Book Co.

McCrary, G., & Ramsland K. (2003). *The unknown darkness: Profiling the predators among us.* New York: Morrow.

Michaud, S. G., & Hazelwood, R. (1998). *The evil that men do.* New York: St. Martin's.

Morton, R. J., Tillman, J. M., & Gaines, S. J. (2014). *Serial murder: Pathways for investigations.* https://www.fbi.gov/file-repository/serialmurder-pathwaysforinvestigations.pdf/view

Ramsland, K. (2011). *The mind of a murderer: Privileged access to the demons that drive extreme violence.* Santa Barbara, CA: Praeger.

Ressler, R., & Shachtman, T. (1992). *Whoever fights monsters: My twenty years tracking serial killers for the FBI.* New York: St. Martin's Press.

Petherick, W. (2013). *Profiling and serial crime: Theoretical and practical Issues* (3rd ed.). Waltham, MA: Academic Press.

Safarik, M. E., Jarvis, J. J., & Nussbaum, K. E. (2002). Sexual homicide of elderly females: Linking offender characteristics to victim and crime scene attributes. *Journal of Interpersonal Violence, 17*(5), 500-525.

Safarik, M., & Ramsland, K. (2012, Summer). Clinical judgment vs. data analysis. *The Forensic Examiner, 21*(2), 14-19.

State of South Carolina v. Sterling Barnett Spann. (1999). 334 S.C. 618; 513 S.E. 2d 98.

ViCAP. (n.d.). Retrieved from https://www.fbi.gov/wanted/vicap

8장
범행동기와
위험 평가

2005년 독일 바이에른 알프스에 있는 존트호펜 병원에서 간호사 스테판 레터Stephan Letter가 16명의 환자를 살해한 사건이 발생했다. 피해자의 대부분은 노인이었다. 환자들이 사망할 때마다 그가 현장에 있었다는 점이 그를 범인으로 의심하게 만들었고, 경찰은 그의 자택을 수색하여 병원에서 없어진 약들을 발견했다. 그는 고통받고 있는 사람들의 영혼을 '해방'시켜 주는 것이 자신의 임무였다고 하면서 범행을 시인했다.

그는 근육 이완제와 호흡기 약물인 리스테논Lysthenon을 혼합한 치명적인 약물을 환자들에게 주입했다고 진술했다. 경찰은 이를 확인하기 위해 30구 이상의 시체를 발굴하여 정밀분석했고, 그가 사망 직전의 환자들에게 고용량의 약물을 투여한 사실을 밝혀냈다. 이와 관련된 그의 범죄 혐의가 더 추가되었다. 수사에 따르면 그는 고용된 지 한 달 만에 범행을 시작했는데, 그의 피해자 중 최소 6명은 병이 호전되고 있던 상태였고, 2명은 노인이 아니었다.

2006년 재판에서 레터는 자신의 죄를 인정하면서도 그저 환자들을 돕기 위해 한 일이라고 항변했다. 이에 대해 검사는 그의 연쇄살인을 계속해서 살인을 생산해 내는 공장과 같았다고 비유했다. 그는 12건의 살인, 15건의 과실

치사, 1건의 안락사 혐의로 유죄판결을 받았다(Patterson, 2006).

연쇄살인 수사에 대한 최근 FBI 분석에는 범행동기 범주가 포함되어 있지 않지만, 범행동기를 통해 범죄자의 향후 범죄 위험성을 평가할 수 있는 요인 들을 이해할 수 있다. 행동분석에 있어서 수사관들은 반복적인 범죄를 일으 키는 다양한 원동력에 대해 알아야 한다. 범행동기와 범행수법은 범죄 예측 이 보다 성공적일 가능성이 높은 범죄 유형을 구체적으로 나타낼 수 있다.

이하에서는 연쇄살인범들에게 가장 자주 나타나는 다양한 범행동기에 대 해 개략적으로 설명하고, 앞으로의 범죄 위험성을 예측할 수 있는 범죄 유형 에 초점을 맞출 것이다. 일부에서는 이를 **예측적 프로파일링**prospective profiling이 라고 부르기도 하지만, 실상 이것은 위협 평가 방법에 더 가깝다.

1. 범행동기

연쇄살인범은 성적 충동에 의해 살인을 저지른다는 것이 일반적인 가정이 지만, 이는 여러 가지 가능한 범행동기 중 하나일 뿐이다(다음에 열거한 범행 동기 중 일부는 방화, 폭탄 테러, 강간 및 아동 성추행과 같은 다른 유형의 반복적인 범죄에도 적용된다). 고정관념에서 탈피하기 위해, 범죄분석가는 강박, 중독, 각성의 차이점에 익숙해져야 한다. 〈표 8-1〉에 열거된 모든 조건은 연쇄범 죄를 유발할 수 있지만, 일부 조건은 의례적 행동을 악화시키거나 지속시킬 가능성이 더 높다.

범행동기 중 하나인 반복적인 환상은 **연쇄범죄가 추동되는 방식**을 이해하 는 데 도움이 된다. 헤이즐우드와 미쇼(Hazelwood & Michaud, 2001)는 이 주 제에 대한 FBI의 교도소 연구에서, 특히 성적 가학증sexual sadism과 기타 강제 적 성도착증coercive paraphilia의 영향력에 관해 조사한 내용을 설명했다. 즉, 연 쇄살인범들은 자신의 만족을 위해서라면 다른 사람들에게 무슨 짓이든 할 수

표 8-1	**연쇄살인범의 범행동기**

- **색욕**: 성적 흥분과 각성에 의해 범행을 저지른다. 일반적으로 계산적이고 약탈적이다. 중독적이고 악화된다. 대부분의 색욕적 범죄자는 하나 이상의 성도착증을 가지고 있다.
- **정신병**: 사람의 기능능력을 방해하는 기이하고 불안정한 감정과 행동, 생각 및 신념을 포함한다. 편집증적 망상을 보일 경우 사람들을 위험하게 만들 수 있다.
- **망상**: 정신병만큼 극단적이지는 않지만 현실과 동떨어진 신념체계를 갖는다. 때때로 안도감을 얻기 위한 행동을 하게 만드는 감정에 의해 압박을 받는다.
- **권력/통제**: 다른 사람을 통제하고 지배하려고 한다. 종종 가학적인 요소가 포함된다.
- **사명**: 세상에서 특정 계층의 사람들을 처벌하거나 제거하려는 충동을 갖는다. 강박적인 복수심이나, 자신이 특별히 선택되고 권한을 부여받은 느낌을 갖는다.
- **분노/증오/복수/처벌**: 반항적이거나 처벌적인 행위로서 폭력을 행사한다. 공포와 좌절감을 표현한다. 상징적인 범행대상을 선택할 수 있다. 반복적인 폭력적 환상을 갖는다.
- **명성/관심**: 폭력을 통해 대중의 관심이나 악명을 추구한다. 존재감을 필요로 한다. 일반적으로 역할 모델을 찾는다.
- **탐욕/이익**: 다른 사람들을 희생시켜 자신의 만족을 얻는다. 다른 사람들에게 무언가 받아낼 게 있다고 생각한다.
- **창의성**: 범행을 통해 자신의 창의적 우수성을 돋보이게 한다. 범죄현장에서 시체를 특정한 자세로 배치해 놓거나 자신만의 의례적 행동을 하는 경우가 많다.
- **특정 목적의 부재**: 어떤 이유나 목표 때문이 아니라 기분이 내킬 때 범행을 저지른다.
- **강압**: 범인들이 한 팀으로 움직일 때, 폭력적인 행위에 가담하고 싶어 하지 않지만 두려움이나 의무감 때문에 범행을 저지르기도 한다.

있다는 확고한 자기애적 성향을 가지고 있다. 그들은 욕구를 채우는 것이 우선이다. 타락한 인간의 상상력에는 한계가 없다. 만약 그 환상이 다른 사람들을 해치거나 살해하는 것을 수반하고 그가 그것을 실행할 수 있는 수단을 가지고 있다면, 그 환상은 현실이 될 가능성이 높다. 'BTK 살인마' 데니스 레이더가 스토킹을 할 당시, 그는 기혼에, 직업도 있고, 다른 사회적 의무를 다 이행하고 있었음에도 불구하고 그 행위를 멈출 수 없었다. 청소년기부터 그는 변태성욕적 잡지에 심취하며 성적 환상을 갖기 시작했고, 여성들을 스토킹함으로써 그가 그들을 통제하고 지배하여 자신을 두려워하도록 만드는 것을 상상했다. 그는 이 환상에서 얻는 쾌락이 점점 감소하자, 이를 증폭시키기 위해 스토킹 대상 중 한 여성의 집에 침입하여 그녀를 결박한 뒤 살해했다. 그러나 일이 너무 급하게 진행되어 만족스럽지 못했던 그는, 자신의 환상에 여성의 신체를 결박하는 세부적인 방법들을 더 추가시키고, 다시 다른 피해자들을 찾아 나섰다(Ramsland, 2016).

연쇄살인범들에 대해 수집한 데이터(가해자 면담, 피해자 상처의 특징, 기타 항목)를 통해, 헤이즐우드는 그들의 마음속에서 범죄가 어떻게 발현되는지를 설명했다. 피해자의 머리 색깔, 비누 향, 피 맛과 같은 감각적 세부사항들을 범죄자가 많이 경험할수록 살인을 다시 저지를 가능성이 높다. 그들은 이익과 손실에 대한 위험을 계산하기도 하지만, 일반적으로 범행에 따른 고통을 예상되는 쾌락보다 덜 중요하게 여긴다. 이는 자신의 행위를 합리화하는 것에 불과하다.

그들이 추구하는 쾌락은 대개 중독적인 성적 환상 또는 권력적 환상에서 비롯되거나(Satel & Jaffe, 1998), 특별한 사명을 가졌다는 기세에서 비롯된 것일 수도 있다. 연쇄살인범의 유형 중 '임무 지향적 살인범mission-oriented killers' 은 자신의 임무를 완수할 때까지 범행을 반복한다. 과거의 범죄사건으로 현재 수사 중인 범죄사건을 상당히 정확하게 예측할 수도 있다. 특히 그 범죄사건에서 하위 유형으로 분류될 수 있을 정도로 유사한 범죄행동이 나타날 경우에는 더욱 그렇다. 예컨대, 색욕, 권력 및 이익을 지향하는 살인범들의 범죄행동은 다양한 편인 데 비해, 임무 지향적 살인범들(증오심이나 처벌의 당위성을 빌미로 치명적인 공격을 가하는 유형)은 특정 유형의 사람들을 대상으로 하고, 동일한 범행수법을 사용하는 경향이 높다.

2. 사명

일부 임무 지향적 살인범들은 정신병을 가지고 있기 때문에 정신과 진료기록을 확인함으로써 그들을 어느 정도 식별해 낼 수 있다. 대표적인 사례로 허버트 멀린Herbert Mullin이 있다. 그는 10대 시절에 조현병이 발병했지만 필요한 치료를 받지 못했다. 당시 그가 살았던 캘리포니아 지역의 정신건강 프로그램과 정신병원이 열악했기 때문에, 그의 상태는 점점 더 악화됐다. 다행히 그가 진료를 받았던 기록은 일부 남아 있었다(Torrey, 2008).

멀린은 많은 사람이 죽지 않는다면 지구의 균형 잡힌 인구수를 유지하기 위해 자연재해가 일어날 것이라는 망상을 가지고 있었다. 그는 산타크루즈에서 대재앙이 일어날 것이라는 예언을 들었고, 자신이 (소형 재난을 일으켜) 사람들을 제거하라는 계시를 받았다고 믿었다. 13명을 죽이라는 '계시'에 따라, 그는 이 임무를 달성하기 위해 범행을 시작했다. 1972년 10월부터 1973년 2월까지 그는 총이나 흉기로 13명을 살해했다. 사실 그의 범행동기에는 분노와 개인적인 복수가 일부 자리하고 있었지만, 그는 여전히 13명 모두가 대의를 위해 자발적으로 스스로를 희생했다는 모순된 믿음을 가지고 있었다 (Lunde, 1976; Torrey, 2008).

이러한 그의 범행동기가 위협 평가에 어떻게 적용될 수 있는가? 멀린은 여러 차례 정신병원에 입원했지만 적절한 치료를 받지 못하고 퇴원했다. 병원에서 그가 자신의 망상과 범행계획에 대해 의료진에게 설명했고 특히 그가 무기를 확보해 두었다는 사실을 말했다면, 향후 범죄 위험성에 대한 위협 평가를 통해 그를 퇴원시키지 말고 계속 치료해야 한다. 그는 자신의 환청과 망상적 신념에 대해 여러 사람에게 이야기했다. 거대한 지진이 임박했다고 생각한 그는 분노에 가득 찬 공격적인 모습으로 자신의 임무를 수행하기 위해 서둘러 무장했다. 이것은 범죄를 실행할 준비가 되어 있고 자신의 행동이 정당하며 불가피하다고 믿는 범인들에게서 나타나는 위험 징후이다. 멀린은 시한폭탄이었고(Torrey, 2008), 그의 범행은 예측 가능했다.

1980년대 중반 워싱턴주 시애틀에 살고 있던 게리 리지웨이Gary Ridgway는 성매매여성들에 대해 이와 비슷한 신념을 가지고 있었다. 즉, 성매매여성들은 죽어 마땅하며, 자신이 그들을 처단하기 위한 권한을 가지고 있다고 믿었다. 그러나 그는 정신병자가 아니었다. 다만 그는 자신이 성매매여성들을 불러서 교살하고 칼로 찔러 살해함으로써 경찰을 거들어 주고 있다고 생각했다. 1983년에만 27명의 성매매여성들이 실종되었고, 그중 9명이 숨진 채 발견되었다. 이들의 대부분은 그린 리버 유역에 유기되었다. 1984년 시애틀의 한 유력 신문사는 '당신이 그린 리버 살인마에 대해 알아야 할 사항'이라는 제목의 기사에서, 범인이 '콜 미 프레드call me fred'라는 서명으로 본사에 편지를 보내 자신의 범행을 자백했다는 사실을 밝혔다. 당시 이 사건의 전담팀을 지원하고 있던 FBI 프로파일러 존 더글라스는 그 편지를 가짜라고 일축했으나, 리지웨이가 체포된 후 그가 실제로 그 편지를 작성한 사실이 확인되었다. 2001년 DNA 분석에서 그가 피해자 중 1명의 DNA와 일치하는 결과를 보여, 마침내 체포되었다. 사실 그는 수사 초기에 용의선상에 올랐으나 거짓말탐지기를 통과하여 배제되었다. 리지웨이는 60명 이상을 살해한 것으로 추정되었으나, 2003년 재판에서 그는 48명의 살인에 대해서만 시인했다. 그는 틈나는 대로 피해자들을 살해했고, 그들을 쓰레기처럼 취급했으며, 심지어 살해한 후 시체와 성관계를 갖기도 했다(Rule, 2004).

이 사건을 통해 우리가 배워야 할 교훈은 다음과 같다. ① 거짓말탐지기 결과로 용의자를 용의선상에서 제외해서는 안 된다. ② 엘리트 의식이나 징벌적 종교관을 가진 사람들이 증오에 가득 찬 폭언을 내뱉는 행동에 주목해야 한다. ③ 특정 범죄행동을 기준으로 용의자로 지목하거나 용의선상에서 완전히 배제시키기 위한 방법이 아닌, 용의자 범위를 좁히기 위한 방법으로써 프로파일링을 사용해야 한다. 범죄자들은 체포되기 전부터 경찰과 어떤 형태로든 접촉한 적이 있을 수 있다.

리지웨이가 '콜 미 프레드'라는 서명으로 신문사에 편지를 보낸 것은 중요한 단서를 포착할 수 있는 행동이었다. 편지의 내용은 횡설수설하기는 했지만, 살해방법, 범죄현장을 벗어난 방법, 피해자 살해 후 성적 접촉, 피해자들과 어울린 과정, 성매매여성들에 대한 자신의 생각 등이 언급되었다. 리지웨이는 분명 이 편지를 통해 관심을 얻고자 했고, 많은 범죄자가 그렇듯이 자신의 어떤 부분을 드러낼 때 저지른 실수로 인해 결국 체포되었다.

성매매 같은 행동에 대한 혐오감과 유사하게 인종차별도 하나의 사명으로서 범행동기가 될 수 있다. FBI는 1980년 뉴욕에서 발생한 잇따른 살인사건들에 대해 프로파일링을 실시했다. 9월 22일 뉴욕주 버팔로에서 한 백인 남성이 흑인 청년에게 총을 쏘는 것이 목격되었다. 그리고 그다음 이틀 동안 3명의 흑인 남성이 22구경 권총에 맞아 숨졌다. FBI 특수요원 존 더글라스는 이 살인범이 조직적 범죄자이고 인종차별 집단의 일원일 가능성이 있으며, 군복무 경력이 있을 수 있지만 정신적 불안정으로 인해 군에서 문제를 일으킨 적이 있을 것으로 추정했다. 그 후, 남동쪽으로 약 600km 떨어진 맨해튼에서 하루 동안 이와 비슷한 연쇄살인사건이 발생했는데, 이번에는 사용한 무기가 달랐다. 5명의 흑인 남성과 1명의 히스패닉 남성이 칼에 찔렸고, 이 중 4명이 사망했다. 생존한 피해자는 범인이 마른 체형의 백인 남성이라고 진술했다. 이 2건의 연쇄살인사건 간에 연관성이 있는지는 분명하지 않았다. 그 후에도 로체스터에서 한 남성이 살해당하고 버팔로에서 3명의 남성이 공격을 당한 사건이 발생했다. 이 모든 사건의 관련성은 높아졌지만, 단서가 없었고 용의자를 목격한 사람도 없었다.

그러던 중 조지아에서 발생한 한 사건으로 인해 실마리가 풀렸다. 25세 일병 조셉 크리스토퍼Joseph Christopher가 한 흑인 병사를 살해하려다 체포되었는데, 그는 자신이 흑인을 혐오하며, 휴가 중에 버팔로와 맨해튼에서 13명을 살해했다고 자백했다. 그의 총기가 범행에 사용된 것으로 확인되었다. 이 사건에서 프로파일링이 범인을 검거하는 데 도움이 되지는 않았지만, 범인은 잡힐 때까지 인종차별적 공격을 멈추지 않을 것이라는 추정은 맞아떨어졌다. 그는 인종차별주의가 심한 버팔로를 주요 범행지역으로 삼은 것으로 보였다 (Douglas & Olshaker, 1995).

임무 지향적 살인범들의 상당수는 보건의료 분야에 종사하고 있었다. 그들은 유사한 범행수법 및 범행동기를 갖는 경향이 있어서 이를 하나의 하위 범주로 분류할 수 있기 때문에, 이들이 범행을 저지를 경우 앞으로의 범죄 가능성을 더 쉽게 예측할 수 있다. 또한 미제살인사건과의 연관성도 좀 더 용이하게 찾아볼 수 있다. 일례로, 1987년 미시간의 알파인 매너 요양원에서 함께 근무하던 그웬돌린 그레이엄Gwendolyn Graham과 캐서린 우드Catherine Wood가 환자들을 대상으로 '살인게임'을 한 사건이 있었다. 연인 사이이기도 했던 이들은 재미 삼아 환자들을 죽이기로 했는데, 환자 명부에서 이름의 앞 글자를 모두 합쳤을 때 '살인murder'이라고 나오는 환자들을 범행대상으로 선택했다. 그들은 결국 5명을 질식시켜 살해했고, 심지어 동료들 앞에서 자신들이 한 일에 대해 대놓고 농담을 하는가 하면, 훔친 환자들의 물건을 자랑해 보이기까지 했다(Cauffiel, 1992).

이들에 대한 위협 분석은 더 용이할까? 우선 그들이 한 말에 주목하고 환자 명부를 확인해야 한다. 특히 그들은 피해자들의 몸을 씻기겠다고 자원했었기 때문에, 잠재적인 피해자 집단을 파악하는 것은 어렵지 않을 것이다. 또한 피해자들을 질식시켜 살해하는 범행수법도 일관되게 나타났다.

보건의료 분야에 종사하는 연쇄살인범들의 행동 패턴은 매우 유사하기 때문에, 이들이 특정 위험 징후를 나타내는 경우 예측적 프로파일링을 실시할 수 있다(Ramsland, 2007). 이들 중 일부는 임무 지향적 살인범이지만, 나머지는 다른 범행동기를 가지고 있다.

3. 보건의료 종사자의 연쇄살인

어떤 범죄자의 위험성에 대한 위험 평가는 그가 앞으로 범죄를 반복할 것인지를 다양한 요인을 통해 예측하는 것이다(Monahan et al., 2001). 범죄자의 장래 위험성에 대한 평가는 지난 수십 년 동안 법률 및 정신건강 분야에서 시급한 문제였다. 앞서 설명한 확률분석처럼, 위협 평가도 동일한 문제에 직면해 있다. 그러나 위협 평가의 정확성을 높이기 위한 개선이 이루어졌다.

맥아더 재단의 정신장애와 타인에 대한 폭력적 행동 간의 관계를 규명한 연구(Monahan et al., 2005; Quinsey, Rice, Cormier, Harris, & Cormier, 1998)에서는 폭력 관련 기존 이론들과 일치하는 위험요인을 제시했는데, 〈표 8-2〉에 그중 일부를 열거했다.

표 8-2 || 폭력예측 위험요인

- 편집증 또는 분노와 관련된 정신건강 문제
- 폭력에 대한 과거 이력
- 폭력 예측에 대한 품질 지원 시스템의 부족
- 반복적인 약물 남용 전력
- 취약한 스트레스 관리 능력
- 생활 스트레스 요인
- 높은 충동성
- 사이코패스 기질
- 어린 시절의 신체적 또는 언어적 학대
- 범죄자 부모 또는 보호자
- 적응장애 진단 이력
- 과거 또는 현재의 폭력적 역할 모델
- 타인을 해치는 생각이나 환상

위해 가능성은 다양한 관점에서 심각성의 정도에 따라 측정할 수 있는 여러 가지 도구를 사용하여 평가해야 한다. 위협을 예측하는 데이터베이스는 방대하고 대표성이 있어야 하며 연구를 통해 도출된 요소들을 기반으로 해야 한다.

어떤 이들은 보건의료 분야에 종사하면서 살인자가 되는 반면, 또 다른 이들은 손쉬운 먹잇감을 노리고 다니는 포식자이다. 이들에게 아동과 노인 또는 위독한 환자는 가장 취약한 범행대상이다. 이 분야의 직업을 선택하는 살인자들은 개인적인 권한과 통제력, 또는 관심을 추구하는 경우가 많다. 병원에서는 이미지 훼손을 우려하여 이런 사건들을 은폐하게 되는데, 이것은 연쇄살인범의 손아귀에서 놀아나는 짓이다. 심지어 범인들은 개인정보 보호법privacy laws에 의해 보호를 받는다.

간호사 찰스 컬런Charles Cullen은 뉴저지주와 펜실베이니아주의 7개 카운티에 있는 10곳의 의료시설에서 환자들을 살해한 혐의로 체포되었다. 그는 수많은 의료시설에서 정규직과 임시직을 오가며 근무했다. 그를 체포한 후 약 240건의 살인사건에 대해 추궁한 결과, 그는 29건의 살인과 6건의 살인미수를 시인했다(Graeber, 2013; Ramsland, 2007).

이 사건은 뉴저지주 서머빌의 서머셋 병원에서 2명의 환자가 잘못된 약물을 투여받고 사망하면서 불거졌다. 내부 조사에서 컬런이 4건의 의약품 관리 사고에 모두 관련된 것으로 밝혀졌다. 뒤이어 이와 비슷한 약물 과다복용 증상으로 또 다른 2명의 환자가 중태에 빠지자, 컬런은 2건의 살인 혐의로 기소되었다. 그는 병원의 컴퓨터 기록을 조작하여 강심제로 사용되는 디곡신digoxin을 빼돌려 환자들에게 치사량을 투여한 혐의를 받았다. 그는 자신의 범행을 시인하면서, 펜실베이니아와 뉴저지에서 30~40명의 환자를 살해했다고 자백했다.

뉴저지주 경찰 조사에서 그는 자신의 진술이 의심받자, 여러 의료시설을 옮겨 다니며 범행을 저지르기가 얼마나 쉬웠는지에 대해 마구 떠들어댔다. 그러면서 그는 환자들의 안락사를 도운 것뿐이라고 주장했지만, 피해자의 대다수는 위독한 상태가 아니었다는 사실이 확인되었다. 일부는 고통조차 느끼지 못한 채 사망했고, 일부는 회복 중이었다.

서머셋 병원의 관리자는 그의 자격증을 모두 확인했고 아무런 문제가 없었다고 했지만, 그는 그곳에서 불과 1년 사이에 12~15명의 환자를 살해했다고 시인했다. 기자들은 그가 저지른 살인사건의 타임라인을 작성하여, 그가 스트레스와 실패를 겪었던 시기에 범행을 저질렀다고 보도했다(Hepp, 2004). 그는 이혼과 같이 인생에서 특히 큰 스트레스를 받을 때마다 환자들을 살해했다. 다른 사람의 생명을 지배하는 권한이 그의 기분을 좋아지게 하고 무력감을 덜 느끼게 하는 듯했다.

그는 약품을 추적하는 사람이 아무도 없다는 것을 알고, 환자의 약 서랍이나 옷장에서 약을 빼돌렸다. 그는 전자 의약품 추적을 피하는 법도 터득했다. 그는 범행의 '흔적'을 남겼지만, 아무도 그것을 확인하지 않았다.

컬런은 심지어 자신과 같은 범죄를 방지하기 위해 당국을 돕겠다고 제안했다("In his own words," 2004). 그는 직원의 책임과 의약품 취급 절차에 대한 프로토콜의 필요성을 지적하면서, 감시 카메라, 출입 카드 및 바코드를 설치하고, 치명적인 의약품은 매일 수량을 확인해야 한다고 조언했다. 그는 보건의료 종사자의 고용기록을 업데이트하기 위한 국가 데이터베이스가 있어야 한다고 주장하기도 했다. 아이러니하지만, 이러한 예방조치들이 종합적으로 실시되었다면 그를 좀 더 일찍 체포할 수 있었을 것이다(Assad, 2005).

사실 2003년 이전부터 그의 범행이 포착될 수 있는 기회가 여러 번 있었지만, 번번이 놓치고 말았다. 그가 체포되기 4년 전인 1999년, 펜실베이니아주 노샘프턴 카운티의 검시관 재커리 리섹은 경찰에게 이스턴 병원에 '환자들을 살해한 자_angel of death'가 있는 것 같다고 보고했다(Graeber, 2013; Hepp, 2004). 검시 결과, 그곳에서 사망한 한 노인 환자가 치사량의 디곡신을 투여받아 살해된 것으로 보였기 때문이다. 그의 요청으로 8개월 동안 내사가 진행됐지만, 당시 컬런이 임시직으로 일하고 있었기 때문에 뚜렷한 증거를 찾지 못했다(나중에 그는 자신이 그 환자를 살해했다고 시인했다).

또한 세인트 루크 병원의 간호사들이 컬런에 대한 증거를 수집하여, 병원 관리자와 주 경찰에게 보고한 일도 있었다(Krause, 2005). 2002년 6월, 그들은 부적절하게 폐기된 약품 꾸러미를 발견하고, 컬런이 사망이 임박한 환자들의 병실에서 나가는 모습을 목격했다. 그들에게 이 사실을 들은 리섹이 주 경찰에 신고하자, 압박감을 느낀 컬런은 그 병원을 그만두고 다른 병원으로 계속 옮겨 다녔다. 그는 이스턴 병원에서 임시직으로 근무했기 때문에 고용기록이 남아 있지 않았고, 수사는 한계에 부딪혔다.

2003년 7월, 독성학자이자 뉴저지주 독극물 통제센터Poison Information and Education System 소장인 스티븐 마커스Steven Marcus는 서머셋 병원에서 발생한 4건의 수상한 사망사건에 대해서 병원 측에 강력한 경고를 내렸다. 병원 관계자들은 그가 충분한 증거도 없이 섣불리 그러한 판단을 내렸다며 주 보건국에 불만을 제기했다.

그동안 컬런의 문제점을 파악한 병원들은 지역 보건위원회에 이 사실을 한 번도 보고하지 않았고, 그의 업무상 태만 및 의약품 절도 등의 위법행위에 대해 전혀 기록해 두지 않았다. 이로 인해 그는 여러 병원에서 계속 일할 수 있었다. 그 당시 법률은 허위사실에 의해 고소를 당하는 간호사들을 보호하는 쪽으로 기울어 있었다. 그러나 컬런 사건 이후, 정치인들은 의료시설이 종사자들의 의심스러운 행동에 대해 보고하도록 하는 입법을 마련했다("Codey signs Healthcare," 2005).

보건의료 분야의 연쇄살인범health-care serial killers은 의사나 간호사, 정신과 전문의 또는 그들을 지원하는 주요 직원일 수 있다(한 호흡기 치료사는 과중한 업무량을 줄이기 위해 환자들을 살해했다). 요커 등(Yorker et al., 2006)은 20개국의 보건의료 분야 살인범 90명을 대상으로 한 연구를 발표했다. 이들의 대부분은 범행방법으로 치명적인 약물, 독극물, 질식, 의료장비 조작 중 하나 이상을 사용했고, 범인의 86%는 간호사였다. 확인된 50건 이상의 사망사건에서 살인이 의심되는 사망자의 수는 2,000명 이상이었다.

연쇄살인범으로 확인된 소수의 의사들 중에 마이클 스왕고Michael Swango가 있다. 그의 경우 위험성을 예측하는 것은 쉬웠지만, 그가 처벌을 받게 하는 것은 어려웠다. 한 병원관계자는 다른 사람들에게 그의 위험성을 경고하다가 직장을 잃을 뻔하기도 했다. 1980년 서던 일리노이 대학교의 의과대학에 입학한 그는 위독한 환자들에게 큰 관심을 가졌다. 오하이오 주립대학교 병원에서 인턴 생활을 하며 그는 자신만의 실험을 하기 시작했다. 한 머리 손상 환자가 그의 진료 직후 사망하자, 간호사들은 그가 환자에게 무슨 짓을 했다고 의심했다. 그 환자는 그가 해당 병원을 떠나기 전까지 갑작스럽게 사망한 6명의 환자 중 첫 번째였다. 수사가 이루어졌지만 피상적이었고, 그는 무혐의 처분을 받았다. 그러나 대학 동기들은 그를 환자를 잘 죽이는 '똥손'으로 여겼으며, 그에게 '살인면허 스왕고Double-O Swango'라는 별명을 붙이기까지 했다(Stewart, 1999).

스왕고는 다시 일리노이주로 돌아와 애덤스 카운티 구급대의 응급의료팀에 합류했다. 동료들의 진술에 따르면, 그는 아이들이 탄 버스가 폭발하여 불길에 휩싸여 있는 환상에 대해 설명한 적이 있고, 평소 교통사고나 대량살인에 대해 이야기하는 것을 즐겼다고 한다. 한번은 동료들이 그가 가져온 도넛을 먹고 병에 걸렸는데, 그의 사물함에서 독극물이 발견되어 경찰에 신고한 일도 있었다. 1985년 그는 6건의 가중폭행 혐의로 유죄판결을 받고, 5년형을 선고받았다.

그러나 그는 의사 자격증과 추천서를 위조하여, 다른 여러 주에서 의사 경력을 쌓았다. 그가 스토니 브룩 의과대학의 노스포트 재향군인 행정의료센터Northport Veteran's Administration Medical Center에서 정신과 레지던트를 하고 있을 때, 그가 일했던 다른 병원의 한 관계자가 센터에 전화를 걸어 그의 행적에 대해 알렸다. 학장은 그를 곧장 해고하고 부속병원들에 이 사실을 전달했다. 그는 포기하지 않고 짐바브웨로 떠나, 그곳의 한 병원에서 체포되기 전까지 환자들을 실험했다. 그는 5건의 살인 혐의로 기소됐으나, 다시 한번 법망을 피하는 데 성공했다. 1997년 그는 자신을 불사신이라고 여기며 미국에 입국했다가, FBI에 의해 체포되었다.

2000년, 스왕고는 마침내 살인 혐의로 재판을 받았다. FBI는 그가 30~50명의 환자를 살해했을 것으로 추정했다. 재판에서 그는 1993년 뉴욕의 한 병원에서 3명의 환자를 독살한 혐의를 인정했다. 그 후 그는 오하이오에서 또 다른 살인 혐의로 유죄판결을 받았는데, 이번에는 가석방 없는 종신형을 선고받았다.

스왕고와 같은 의료 종사자들은 환자들의 생명을 교묘하게 해칠 수 있는 방법을 알고 있고, 발각되지 않고도 누군가를 독살할 수 있는 약물에 접근할 수 있다. 환자들이 누군가에게 주사를 맞았다고 불평을 해도, 그들의 불만은 종종 간과된다. 의료기관은 그들의 평판을 보호해야 하므로 의약품 '사고'를 모르는 척하거나, 의료진의 업무상 과실로 일축하거나, 은폐할 수 있다.

여간호사 중에서도 연쇄살인범이 있었다. 그들의 범행수법과 동기는 남성과 유사하지만, 몇 가지 주요 차이점을 통해 그들의 위험성을 예측할 수 있다. 텍사스에서 영유아 살인 및 살인미수 혐의로 유죄판결(최대 50명의 영유아를 살해한 것으로 추정)을 받은 지닌 존스Genene Jones는 사람들의 관심을 받기 위해 자신이나 다른 사람을 다치게 하는 일종의 '대리 뮌하우젠 증후군 Munchausen syndrome by proxy'을 가지고 있는 것으로 보였다. 그녀가 근무시간에 돌본 아기는 사망할 확률이 10배 더 높았다. 그녀는 아기들의 심정지를 보며 흥분과 전율을 느끼는 듯했다. 게다가 그녀는 사망한 아기를 안고 영안실에 앉아 있기를 원했다(Elkind, 1983).

어떤 전문가들은 범죄자의 심리행동적 '청사진'을 바탕으로 프로파일링을 하는 것은 편향된 세부정보에 선택적 주의를 기울일 수 있기 때문에 위험하다고 하는 반면, 또 어떤 전문가들은 특정 유형의 사건에서 위협 평가를 실시하면 충분히 공통적 요소들을 발견할 수 있다고 보고 있다. 여러 연구는 후자의 입장을 지지한다(Ramsland, 2007; Yorker et al., 2006). 보건의료 분야의 연쇄살인범들은 범행동기가 다르더라도 유사한 행동을 많이 나타낸다. 따라서 이들의 주요 행동 및 성격을 파악하는 데 도움이 되는 위험 징후 목록을 제시할 수 있다. 하나의 행동만 가지고 범인으로 의심하기는 어렵지만, 〈표 8-3〉의 목록에서 여섯 가지 이상의 행동이 일관되게 나타나는 사람의 경우, 의료기관은 그에 대한 세밀한 조사와 기록을 할 필요가 있다(Ramsland, 2007).

　의료시설에서의 살인사건은 쉽게 발견되지 않는다. 이를 방지하기 위해서는 이러한 범죄를 저지르는 사람들의 전형적인 특성과 행동에 대한 지식, 그리고 그들에 대한 의심을 심각하게 받아들이는 자세가 필요하다.

표 8-3 ‖ **보건의료 종사자의 연쇄살인을 암시하는 위험 징후**

- 섬뜩한 별명을 가지고 있다.
- 갑작스럽게 사망한 환자의 병실을 드나든 적이 있다.
- 여러 곳의 의료시설을 옮겨 다녔다.
- 비밀스러운 면이 있다.
- 환자들의 죽음을 '예측'하는 것을 좋아한다.
- 환자를 죽이는 것에 대해 농담을 한다.
- 동료들과 죽음에 대해 토론하거나 죽음을 재미있게 생각한다.
- 자신의 의술에 대해 열변을 토한다.
- 근무시간보다 일찍 병동에 도착하거나 늦게 머무르는 경향이 있고, 업무를 도와주는 것을 좋아한다.
- 사건에 대한 질문을 받았을 때 일관성 없는 진술을 한다.
- 근무자가 적은 시간에 교대근무하는 것을 선호한다.
- 다른 의료시설들에서 여러 가지 사건에 연루되어 있다.
- 사람들의 관심을 갈망한다.
- 다른 사람들이 환자의 상태를 확인하지 못하도록 한다.
- 사망수사 중인 사건현장 주위를 배회한다.
- 개인정보나 자격증 및 서류들을 허위로 제출한다.
- 명백한 이유 없이 거짓말을 한다.
- 범죄 경력이 있다.
- 독극물, 살인 또는 사망에 관한 정보를 수집한다.
- 징계를 받은 적이 있다.
- 약물 남용 문제를 가지고 있다.

4. 범죄 위험성 평가

범죄 위험성을 정확하게 예측할 수 있는 경험적 데이터를 구축하는 것은 어려운 일이다. 범죄 위험성 예측을 할 때에는 잠재적 폭력성이 낮은 사람을 높다고 예측하는 긍정 오류false positive와 잠재적 폭력성이 높은 사람을 안전하다고 예측하는 부정 오류false negative를 피해야 한다. 1980년대에 범죄 위험요소에 초점을 맞춘 평가도구를 개발하기 위한 연구가 수행되었다. 우수한 평가도구와 이와 관련된 최신 연구들을 많이 경험한 프로파일러는 범죄자의 향후 범행 가능성에 대한 신빙성 있는 의견을 제시할 수 있다.

신뢰할 수 있는 범죄 위험성 평가도구 중 하나로 '폭력 위험 평가 지침Violence Risk Assessment Guide: VRAG'이 있다. 이 도구는 예측 변수를 가지고 결과 변수(폭력 재범 횟수)를 검증하는데, 예측 변수에는 폭력 유형, 아동기 학교 부적응, 정신질환 진단, 개정된 사이코패스 체크리스트revised Psychopathy Checklist: PCL-R 점수와 같은 12개의 항목이 포함된다. 높은 PCL-R 점수는 재범과 상관관계가 크다. 또한 사이코패스는 비사이코패스보다 좀 더 다양한 범죄를 저지르고 더 폭력적인 경향이 있다(Hare, 1998).

또 다른 평가도구인 '과거이력 및 임상적 위험 관리Historical Clinical Risk Management Scheme: HCR'는 임상적 사례분석을 통한 세부정보와 통계자료를 결합한 것이다. 이것은 20개 항목의 체크리스트로 구성되어 있으며, 특정 개인의 삶에서 과거 및 임상적 위험요소를 파악한다(Conroy & Murnie, 2008; Monahan et al., 2005). 한편 미국 국립보건원의 타당성 검증을 거쳐 개발된 '폭력 위험성 분류Classification of Violence Risk'라는 컴퓨터 소프트웨어도 있다.

위험 수준은 낮음, 중간, 높음으로 분류되며, 이에 따라 다양한 형태의 위협과 연관된다. 일반적으로 분명한 날짜나 대상이 없이 위협이 모호하거나 일관성이 없거나 간접적인 경우, 폭력이 발생할 위험성은 낮다. 위험 수준은 위협의 세부사항이 구체적일수록, 특히 계획이 수립되어 있을수록 높아진다. 중간 수준의 위험은 위협을 실행할 수단은 가지고 있지만, 장소 및 날짜가 모호할 때 나타난다. 위협의 준비 단계가 명확하고, 범인의 분노나 편집증이 심하며, 그가 원하는 무기를 손에 넣을 수 있는 경우 폭력의 위험성이 높다. 이러한 사람에게는 즉각적인 개입이 필요하다.

누군가가 폭력적으로 행동할 가능성 또는 이미 실행 중인 일련의 폭력행위들을 계속할 가능성을 예측하기 위해서는 그의 폭력에 대한 몰두, 높은 스트레스와 동반된 낮은 욕구좌절 인내성, 저조한 회복탄력성을 나타내는 증거들을 찾아야 한다. 단절된 관계, 패배감, 굴욕감, 개인의 권한 상실과 같은 최근의 주요 스트레스 요인은 위험 수준을 높인다. 그러한 사람들은 다른 폭력적 인물에 대한 존경심을 표현하고, 폭력적인 콘텐츠를 즐기며, 대량살인을 찬성하는 입장을 표명할 수 있다.

범죄 위험성을 정확하게 예측하는 공식은 없지만, 최근에는 특정 유형의 폭력을 예측하기 위한 좀 더 향상된 평가 전략이 널리 알려져 있다. 이를 통해 특정 집단의 범행동기를 파악할 수 있다.

5. 요약

앞으로 범죄가 언제, 어디서, 누구에게 일어날 것인지를 예측하는 범죄행동분석가의 능력은 폭력의 동기를 파악하는 것에 따라 크게 좌우된다. 아무도 한 치의 오차 없이 정확하게 향후 폭력 위험성을 예측할 수 없으며, 정확성은 시간이 지남에 따라, 그리고 개인의 변화하는 환경에 따라 급격히 감소된다. 그러나 올바른 평가도구를 사용하면 일부 폭력에 대해서는 상당히 확실한 예측 결과를 얻을 수 있다.

6. 참고문헌

Assad, M. (2005, May 21). Cullen gives tips for stopping killings: Serial killer nurse outlines flaws in hospital security and hiring practices. *The Morning Call*. http://articles.mcall.com/2005-05-21/news/3740532_1_charles-cullen-serial-killer-nurse

Caulffiel, L. (1992). *Forever and five days*. New York: Zebra.

Codey signs Health Care Professional Responsibility And Reporting Enhancement Act. (2005, May 3). *New Jersey Office of the Governor-Press Release*. Retrieved from www.state.nj.us/cgi-bin/governor

Conroy, M. A., & Murrie, D. C. (2008). *Forensic assessment of violence risk*. Hoboken, NJ: Wiley.

Douglas, J., & Olshaker, M. (1995). *Mindhunter: Inside the FBI's elite serial crime unit*. New York: Scribner.

Elkind, P. (1983). *The death shift: The true story of nurse Genene Jones and the Texas baby murders*. New York: Viking.

Graeber, C. (2013). *The good nurse: A true story of medicine, madness, and murder*. New York: Twelve.

Hare, R. D. (1998) Psychopaths and their nature: Implications for the mental health and criminal justice systems. In T. Millon et al. (Eds.), *Psychopathy: Antisocial, criminal, and violent behavior* (pp. 188-214). New York: Guilford Press.

Hazelwood, R., & Michaud, S. (2001). *Dark dreams: Sexual violence, homicide and the criminal mind*. New York: St. Martin's Press.

Hepp, R. (2004, October 3). Coroner had gut feeling about an 'angel of death.' *Newark Star Ledger*, p. 1.

In his own words. (2004, September 12). *Newark Star Ledger*.

Kraus, S. (2005, July 10). Seven nurses had warned about killer. *The Morning Call*, p. 11.

Lunde, D. (1976). *Murder and madness*. San Francisco, CA: San Francisco Book

Company.

Monahan, J., Steadman, H., Robbins, P., Appelbaum, P., Banks, S., Grisso, T., Heilbrun, K., Mulvey, E., Roth, L., & Silver, E. (2005). An actuarial model of violence risk assessment for persons with mental disorders. *Psychiatric Services, 56,* 810–815.

Monahan, J., Steadman, H., Silver, E., Appelbaum, P., Robbins, P., Mulvey, E., Roth, L., Grisso, T., & Banks, S. (2001). *Rethinking risk assessment: The MacArthur study of mental disorder and violence.* New York: Oxford University Press.

Patterson, T. (2006, February 8). Stephan Letter wanted to 'help' patients. *The Independent.*

Quinsey, V. L., Rice, M. E., Cormier, C. Harris, T. & Cormier, C. A. (1998). *Violent offenders: Appraising and managing risk.* Washington, DC: American Psychological Assn.

Ramsland, K. (2007). *Inside the minds of healthcare serial killers: Why they kill.* Westport, CT: Praeger.

Ramsland, K. (2016). *Confession of a serial killer: The untold story of Dennis Rader, the BTK killer.* Lebanon, NH ForeEdge.

Rule, A. (2004). *Green River, running red: The true story of America's deadliest serial killer.* New York: Simon & Schuster.

Satel, S., & Jaffe, D. J. (1998, July). Violent fantasies. *National Review, 20,* 36–37.

Stewart, J. (1999). *Blind faith: How the medical establishment let a doctor get away with murder.* New York: Simon & Schuster.

Torrey, E. F. (2008). *The insanity offense: How America's failure to treat the seriously mentally ill endangers its citizens.* New York: W. W. Norton.

Yorker, B. C., Kizer, K. W., Lampe, P., Forrest, R., Lannan, J. M., & Russell, D. A. (2006). Serial murder by healthcare professionals. *Journal of Forensic Sciences, 51*(6), 1362–1371.

9장
재판과
심리학적 증거

1996년 24세 크리스틴 버거호프Christine Burgerhof가 살해되어, 나체상태로 펜실베이니아주 스크랜턴에 있는 창고 주차장의 트럭 뒤에서 발견되었다. 그녀의 팔은 양옆에 놓여 있었고 손바닥은 아래로 향해 있었으며, 머리카락은 부채꼴 모양으로 가지런히 펼쳐져 있었다. 그녀는 손과 끈으로 목이 졸려 살해되었고, 그녀의 몸에 있는 수많은 상처는 격분한 범인에게 폭행을 당했음을 암시했다. 결혼해서 안내원으로 생활하고 있던 그녀는 위험성이 낮은 피해자처럼 보였지만, 수사결과 그녀가 이중생활을 했다는 증거가 나타났다. 그녀가 성매매 업소에서도 일했던 것이다(Hazelwood & Michaud, 2001).

동료들에 따르면, 그녀가 한 남성에게 스토킹을 당하고 있고 그가 여러 번 꽃을 보냈다고 말했다고 한다. 그리고 얼마 지나지 않아 그녀의 남편이 경찰에게 실종신고를 했고, 그다음 날 그녀의 시신이 발견됐다.

용의자로 27세의 전 남자친구 크리스토퍼 디스테파노Christopher DiStefano가 지목되었다. 그는 크리스틴이 스토킹을 당했다는 사실을 알고 있었고, 한 지인에게 살인에 대해 자세히 이야기했다. 그는 경찰이 사건을 수사하는 동안 범죄현장 근처에서 목격됐다. 경찰이 그를 불심검문했을 때 그는 사립탐정이라고 하면서 신분증을 제시했다. 그의 룸메이트는 그가 극도로 내성적이며, 크리스틴과 함께 찍은 수많은 사진을 방에 붙여 놓았다고 진술했다. 그 사진들은 16년 전에 찍은 것으로, 그녀를 추모하기 위한 의도로 보였다.

경찰 조사를 받기 위해 경찰서에 방문한 그는 크리스틴과 함께 찍은 사진 앨범을 가져왔다. 그리고 헤어졌다 만나기를 반복한 그들의 관계에 대해 상세하게 진술서를 작성했다. 그들은 친구로 남았고, 그는 그녀의 결혼식에도 참석했다고 한다. 그는 경찰에게 크리스틴을 살해한 범인의 프로파일링을 FBI에 의뢰할 것인지 물은 다음, 자신이 생각하는 범행동기를 이야기했다. 그는 그녀가 범인의 데이트 신청을 거부하자 화가 난 범인이 우발적으로 그녀를 살해한 것이 아닌가 한다고 했다. 그리고 범인이 그녀를 너무 심하게 때리기는 했지만, 그녀를 존중하고 자신의 행동을 후회했을 것이며, 그녀의 시신을 정성스럽게 주차장에 눕혀 놓았을 것이라고 덧붙였다(Hazelwood & Michaud, 2001).

형사들은 디스테파노를 범인으로 추정하고 그를 세 번이나 신문하며 압박한 결과, 그의 자백을 받아냈다. 사건 당일 밤, 그는 크리스틴의 집에 찾아가 데이트 신청을 했지만 그녀가 거부했다고 한다. 그래서 언쟁을 벌이다가 그가 그녀의 목을 잡았고, 실수로 그녀를 살해하게 됐다는 것이다. 그는 겁에 질려 현장을 떠났지만 이내 다시 돌아와서 시신의 옷을 벗기고 발견된 장소에 유기했으며, 그녀의 옷은 자신이 가져갔다고 했다. 그러나 그의 집에서 그녀의 옷이 발견되지 않았고, 끈으로 그녀의 목을 조르지 않았다고 부인하는 등 몇 가지 진술이 사실과 일치하지 않았다.

디스테파노는 체포된 후 자신이 경찰의 함정에 빠졌다며 자백을 철회하고, 더 이상의 진술을 거부했다. 2000년, 이 사건은 재판에 회부됐다. 디스테파노는 증거가 거의 없으므로, (사실상) 무죄판정을 받을 것이라고 믿었다. 피해자의 옷을 비롯하여 범죄현장에 남겨진 직접적인 물리적 증거가 없었기 때문에, 검사는 FBI에 행동분석을 요청했다. FBI 행동과학부BSU의 로

이 헤이즐우드Roy Hazelwood는 디스테파노가 범행 전후로 여러 가지 의심스러운 행동을 한 점을 발견했다. "일반적으로 성도착적 범죄자는 프로파일러가 이들에게서 찾는 행동의 일부만을 나타낸다. 그러나 디스테파노는 내가 본 어떤 성도착적 범죄자들보다 우리가 찾는 모든 행동을 다 나타내고 있었다"(Hazelwood & Michaud, 2001: 242). 그는 자기애적이고, 지적이며, 강박관념에 사로잡혀 있었고, 경찰이 다루는 범죄사건들에 관심이 많았다. 또한 그는 공황 발작을 앓고 있었고, 지난 10년 동안 크리스틴에 대한 수백 가지의 세부적인 내용들을 일기장에 적어 놓았다. 뿐만 아니라 수갑, 결박한 사진, 접착테이프, 방독면, 끈, 비정상적인 성적 행동에 대한 글, 수상한 인터넷 검색, 여성들에 대한 자신의 성적 지배 욕구를 드러낸 편지들이 발견되었다.

자신의 삶에 대한 소소한 세부사항들을 기록한 2,450페이지 분량의 일기 역시 그의 자기몰두적 성향을 나타냈다. 여기에는 그의 가학적·피가학적 성적 환상도 포함되어 있었다. 그는 방독면을 이용한 자기색정적 행위를 했고, 다양한 형태로 신체를 결박했으며, 그의 편지 중 일부는 여성들에 대한 매우 공격적인 내용이 담겨 있었다.

헤이즐우드는 검사 측으로부터 세 가지 분석을 요청받았다. 즉, 피고인의 성적 일탈 분석, 범행 후의 행동분석, 그리고 범죄현장의 위장 여부 평가였다(Hazelwood & Michaud, 2001). 그는 판사가 이러한 행동분석 중 한 영역만 인정할 경우를 대비하여, 3개의 보고서로 각각 제출했다(당시 판사들은 이러한 심리평가에 대해 범죄 프로파일링 초기보다 덜 관대했다).

디스테파노는 배심원이 없는 판사에 의한 재판을 요청했다. 칼런 오말리Carlon M. O'Malley 판사가 주재한 재판에서, 검사는 행동분석에 대한 두 전문가의 보고서를 제출했지만 헤이즐우드의 보고서만 채택되었고, 그나마 그의 세 가지 보고서 중 하나만 인정되었다.

오말리 판사는 프로파일링 방법이 과학계에서 일반적으로 수용되지 않았기 때문에 펜실베이니아주의 프라이 기준(4장에서 설명)을 충족하지 못했다고 하면서, 다음과 같이 판시했다. "연방 정부가 전문가(헤이즐우드)의 증언을 통해 입증하고자 하는 것은 살인범이 나타낼 수 있는 특징과 행동을 피고인이 보였다는 것이다. 그러나 그의 증언뿐만 아니라 프로파일링은 추측에 근거하며 확률적으로 표현되고 있다. 게다가 그의 보고서와 관련 증언은 입증 가치가 거의 없고, 피고에게 극도로 편파적이다. 이 같은 증언은 피고가 살인을 저질렀다고 진술하는 목격담에 가깝다. 따라서 본 법원은 그러한 진술을 인정하지 않을 것이다"(Greziak, 1999).

또한 판사는 헤이즐우드의 보고서가 너무 확신이 없고 잠정적이라고 보았다. "그의 보고서의 '고유하지 않은' 내용과 증언에서 사용한 '할 수도 있다'는 표현은 증거능력을 지지하기에 불충분하다"(Commonwealth v. DiSefano, 2001).

그러나 판사는 헤이즐우드가 제한적 측면에서 피고의 행동에 대한 증언을 할 수 있다고 판단했다. "그는 성범죄 및 살인범죄의 현장을 분석한 방대한 경험을 바탕으로, 범죄현장의 물리적 증거 또는 물리적 증거의 부족과 관련된 의견을 제시하고 결론을 내렸다. 본 법원은 그의 증언이 배심원단에 도움이 될 것이라고 판단했다. 그러므로 프로파일링 결과가 반영되지 않은 그의 보고서와 의견에 한해 그의 증언이 허용될 것이다"(Greziak, 1999).

사실상 헤이즐우드는 이 재판에서 범죄현장과 관련하여 자신이 평가한 신원미상의 범인의 행동 특성과 피고인의 구체적인 행동 특성 사이의 연관성에 대해 어떠한 것도 논의할 수 없었다. "확률 및 가능성의 측면에서 제시한 프로파일러들의 의견은 전문가 증언expert eyewitness으로 인정되기에 충분한 확실성이 결여될 경우 배제될 수 있다는 점을 염두에 두어야 한다"(Greziak, 1999).

재판에서 헤이즐우드는 이 사건의 범행동기가 분노라고 증언했다. 피해자는 얼굴을 12번 이상 가격당했고, 범인이 그녀의 정면에서 손으로 목을 졸라 살해했다. 범인은 눈에 띌 위험성을 감안하고, 시신을 다른 장소로 옮겼다. 피해자를 죽이기만 할 생각이었다면, 시신의 옷을 벗기고 특정 자세를 취하도록 배치하는 행동은 불필요했다. 따라서 피해자를 유기 장소로 옮겨 놓은 것은 범인의 쾌락을 충족시키기 위한 의례적 행동으로 보였다. 시신의 머리카락을 정리하고 포즈를 취해 놓는 행위는 그에게 의미가 있었지만, 나체로 다리를 벌려 놓고 쓰레기통 옆에 유기한 것은 그의 적대감을 나타낸다. 범행 후 그는 피해자의 옷을 챙기고 범행현장을 깨끗이 청소했다. 헤이즐우드는 이 범인이 용의주도하고 지능적이며 약물 남용으로 인해 범행을 저질렀을 가능성이 거의 없다고 증언했다. 그는 자신이 하고자 한 일을 했으므로 충동적이지 않았다. 강도사건으로 범행현장을 위장하는 것은 수사망을 벗어나기 위한 행동이지만, 이것은 어설픈 범죄자나 하는 짓이다. 이 사건의 범인은 아무런 물리적 증거도 남기지 않았다. 심지어 그는 피해자의 자동응답 전화기에서 발신자 아이디 단말기를 제거하여, 자신이 전화를 걸었을 때 테이프에 기록된 아이디가 발견되지 않도록 했다(Hazelwood & Michaud, 2001).

(법정에서 증언하지는 못했지만) 검찰에 제출한 보고서에서, 헤이즐우드는 디스테파노와 범인의 특징 및 행동에 있어서 일치하는 점들에 대해 구체적으로 서술했다. 예컨대, 살인범들은 범행현장을 청소하거나 범행 당시를 되새기기 위해 범행 장소에 다시 오는 경우가 많기 때문에, 그들은 범행현장을 다시 방문할 수 있다. 또한 그들은 경찰이 피해자를 발견하여 사건이 언론에 보도되는 것을 보고 싶어 한다. 그들은 자신이 수사에 참여하거나, 심지어 경찰에게 의견을 제시해 주기를 원한다. 그들은 3인칭 시점으로 진술하며, 주목받기를 원한다. 그들은 피해자들의 물건과 자신의 범행에 대한 언론기사들을 전리품처럼 수집한다. 그들은 피해자의 가족과 연락을 취하기도 한다.

디스테파노는 3급 살인 혐의로 15~40년형을 선고받았다. 그는 친구에게 크리스틴이 성매매를 했기 때문에 살해했다고 말한 것으로 알려져 있다(Hazelwood & Michaud, 2001).

항소심 재판에서 펜실베이니아주 고등법원은 디스테파노가 경찰의 강요로 인해 자백했다는 주장을 인정했다. 그가 체포될 당시 경찰이 미란다 원칙을 고지하지 않은 사실이 확인되었기 때문이다. 선고가 취소되자, 또 다른 재판을 피하기 위해 디스테파노는 2급 과실치사 혐의를 인정하고 2001년 석방됐다.

1. 핵심 문제

재판에서의 행동분석에 관해 4장에서 언급했듯이, 자격을 검증하는 방식에 한해 확률분석에 기반한 전문가 증언은 법정에서 허용될 수 있다. 프라이 기준과 도버트 기준 또는 그 일부 버전은 미국 전역에서 허용되는 증거능력을 제시한다. 지난 수년 동안 재판에서 행동분석의 증거능력은 완전히 주관적인 임상적 판단은 인정되는 반면 순수 과학적 연구는 인정되지 않는 등 일관성이 없었다. 2009년 법과학 현황에 대한 미국 국립과학아카데미National Academy of Sciences의 보고서는 프로파일링 또는 범죄수사분석의 절차를 성공적으로 활용한 사례로 꼽을 수 있다. 이 보고서는 행동분석에 대한 특별 조사를 통해 작성되었다. 어떤 사건에 대한 증거의 일부로 프로파일링 또는 범죄현장 분석을 사용하려는 변호사는 이와 같이 진화하는 법적 풍토를 인식해야 한다.

2006년 의회는 국립아카데미에 법과학 분야를 평가하도록 지시를 내렸고, 주요 법과학 단체의 발표를 듣기 위해 국립과학아카데미의 저명한 연구위원회가 소집되었다. 2년 후 연구위원회는 상당히 비판적인 보고서인『미국의 법과학 강화: 나아갈 길Strengthening Forensic Science in the United States: A Path Forward』을 발표했다. 이 보고서는 법과학 분야 전반에 걸쳐 전문가의 자격, 결과의 신뢰성, 주장의 증명, 특히 과학적 방법에 기반한 절차 측면에서 너무 다양한 수준을 보이고 있음을 지적했다. 생물학적 또는 화학적 분석을 포함하는 학문은 주관적 해석에 기반한 분야보다 훨씬 엄격한 기준을 준수해야 한다. 위원회는 법과학 단체에 의무적 인증 및 증거능력에 대한 더 개선된 기준을 마련할 것을 권고했다. 오류가 있거나 기준 미달의 증거 입증 절차에 의해 수년 또는 수십 년씩 교도소에 수감된 수많은 무고한 피해자들의 면죄를 위해, 법과학 분야가 책임을 져야 할 때가 되었던 것이다(National Research Council, 2009).

재판에서 허용가능한 증거admissible evidence란 합리적 의심의 여지 없이 유죄를 입증할 수 있을 만큼 사건의 핵심을 뒷받침하는 데 사용되는 증거를 의미한다. 이러한 증거는 재판에 사용되기 전에 여러 가지 요소에 따라 평가되어야 한다. 위법한 증거수집(수색영장 없이 증거를 수집한 경우)과 마찬가지로, 사건과 관련이 없는 증거는 재판에서 허용되지 않는다. 증거의 출처도 신뢰할 수 있어야 한다. 때로는 사건과 관련된 물질적 증거가 아니더라도 재판에서 매우 감정적 반응을 불러일으킬 수 있는 증거는 금지된다. 또한 소문이나 어떤 특수한 증거처럼 오해의 소지가 있을 수 있는 증거도 금지될 수 있다. 전문가는 교육훈련, 학력, 동료 평가 논문, 그리고 탄탄한 경력에 대한 증거를 제시하여 자신의 전문성을 입증해야 하며, 판사는 그들의 전문지식이 일반적으로 알기 어려운 정보를 발견하는 데 도움을 줄 수 있을 것인지를 판단해야 한다(디스테파노 사건의 오말리 판사는 FBI BSU에서 헤이즐우드가 16년간 쌓은 경험으로 볼 때 범죄현장 및 행동과 관련된 전문지식에 대해 증언할 자격이 있으며 이는 배심원단에게 도움이 될 것이라고 판단했다). 과학적 프로토콜을 준수하는 것, 다시 말해 유능한 실무자가 통제된 조건에서 객관적으로 같은 결과를 반복해서 도출할 수 있는 방법으로 사실에 접근하기 위해서는, 왜곡되지 않은 가장 완전한 사실에 대한 검증 가능한 가설을 제시할 수 있어야 한다(Shelton, 2011). 이것은 행동분석에 있어 어려운 과제이다.

2. 행동과학과 프로파일러

1996년, 클라렌스 시몬스Clarence Simmons는 앨라배마에서 한 여성을 살해한 혐의로 체포되었다. 재판에서 FBI의 한 프로파일러는 피해자 분석과 시체의 상태에 근거할 때, 이 사건은 성적 동기에 의한 살인sexually motivated homicide이라고 증언했다. 시몬스는 유죄판결을 받았으나, 프로파일링에 관한 증언이 프라이 기준을 충족하지 못한다며 항소했다. 항소심 법원은 해당 프로파일러가 범죄현장의 특성과 피고인을 연관 짓지 않았기 때문에 프로파일링한 내용을 증언한 것이 아니라고 밝혔다(참고로, 당시 법원은 프로파일링 방법의 목적을 잘못 이해한 것으로 보인다). 프로파일러가 전문가라는 것은 의심의 여지가 없었지만, 피해자 분석방법의 기준이 있는지가 분명하지 않았다. 그러나 그의 전문지식과 이를 뒷받침하는 이론들을 통해 법원은 그가 행동분석의 전문영역에 대한 정보를 배심원단에게 제공할 수 있는 전문가임을 인정했다. "범죄현장 분석과 피해자 분석은 프라이 기준에서 고려되는 것과 같은 과학적 원칙에 의존하지 않는다. 이 분야는 전문가의 주관적인 관찰과 그들의 훈련 및 기술 또는 경험을 바탕으로 상호 비교할 수 있는 전문지식을 구성하고 있으며, 이러한 전문지식은 배심원단이 사실을 이해하거나 판단하는 데 도움이 될 수 있다." 재판부는 이와 같이 판시했고, 유죄판결이 확정되었다(Simmons v. State, 1999).

2002년 주정부 대 스티븐스 판결State v. Stevens에서는 이와 반대의 결과가 나타났다. 피고측 증인으로 나온 전 FBI 프로파일러는 25년의 경력을 가지고 있었지만, 테네시 대법원은 범죄수사분석이 과학적 신뢰성을 위한 도버트 기준을 충족하지 않는다고 판단했다. 해당 프로파일러는 75~80%의 정확성을 보인 FBI 연구를 인용했으나 몇 가지 이유로 신뢰성을 인정받지 못했다.

······FBI가 이 분석의 정확성을 어떻게 측정했는지에 대한 증언은 없다. 예컨대, 자백을 기준으로 한 것인가, 유죄판결을 기준으로 한 것인가, 아니면 두 가지 모두를 기준으로 측정한 것인가? 또한 자백하지 않았다고 해서 그가 결백한 것은 아니므로, 정확성의 측정기법은 여전히 부정확하다고 하겠다. 확실한 것은 해당 연구의 방법론에 대한 설명 없이 정확성의 비율만 가지고 증언을 채택하기에는 그 근거가 충분치 않다는 점이다.

결국 이 판결에서는 범죄수사분석의 정확성 측정방법에 대한 전문성이 충분히 입증되지 못했다.

도버트 기준이나 연방증거법Federal Rules of Evidence 중 어느 것도 지방법원이 전문가의 독단적 주장만으로 기존 정보와 관련된 의견 증거를 채택할 것을 요구하지 않는다. 이에 본 재판부는 기존 정보와 전문가가 제공한 의견 사이에 분석적 격차가 너무 크다는 결론에 도달했다. 실제로 증인은 자신의 분석이 어느 정도 추측을 포함하고 있으며, 더 나아가 각각의 사건은 '고유'하고 범죄자들은 여러 가지 동기에 의해 범행을 저지르곤 한다는 점을 인정함으로써 자신의 분석에 대한 충분성을 부정했다(State v. Stevens, 2002).

또한 오하이오주 항소법원은 프로파일링 증언을 성격증거character evidence로 간주하여 받아들이지 않았다. 메릴랜드 법원도 프로파일러가 피고인의 향후 폭력 가능성을 예측하기 위해 일화적 사례를 사용하는 것을 허용하지 않았다. 이들 법원은 프로파일링이 도버트 기준의 대부분을 충족하지 못했다고 판단했다(Bosco, Zappala, & Santtila, 2010).

도버트 기준은 증거로서의 행동 프로파일링에 대한 법원의 견해를 변화시켰다. 법체계는 이제 과학적 방법이 쉽든 어렵든 상관없이 신뢰성의 원칙을 강조하고 있다. 캐나다, 호주 및 영국의 법원에서도 동일한 경향이 나타난다.

따라서 과학계에서 표준화된 방법을 마련할 필요가 있다(Bosco et al., 2010).

행동과학 분야가 이러한 목표를 달성하는 데 있어서, 해석적 모호성과 새로운 연구로 인한 오차율의 변화는 장애가 될 수 있다. 임상적 소견은 관찰과 주관적 분석을 통해 도출되기 때문에, 이러한 방법이 높은 수준의 신뢰도를 요구하는 도버트 기준을 충족할 수 있는지에 대한 중대한 의문이 제기된다(Brodin, 2004; Goodman, 2010; Shelton, 2011). 여기에는 프로파일링도 포함된다. 프로파일링은 신뢰성이나 타당성을 확인하는 과학적 분석이나 검증을 거치지 않았음에도, 일부 전문가는 프로파일러의 판단이 정확한 것처럼 간주했다(Bosco et al., 2010).

판사들은 재판에서 프로파일링의 증거능력에 대해 검토하기 시작했고, 오말리 판사는 이러한 작업을 중요하게 받아들여 디스테파노 사건에서 프로파일링 증언을 채택하지 않기로 결정했다. 재판에서 그는 프로파일링 관련 과학계가 제시하는 표준이나 교재의 존재 여부를 전문가에게 물었지만, 인용된 답변은 하나도 없었다. 1990년대 중반까지 프로파일링은 경험을 바탕으로 한 법과학 증거로 제시되었다(Scherer & Jarvis, 2014a). 일부 FBI 특수요원과 정신건강 전문가 및 범죄학자들은 프로파일링의 장점을 강화시키고자 한 몇 가지 연구를 인용하여, 그 방법과 적용방안에 대해 설명했다. 법원은 범행동기 분석, 프로파일링 증거, 그리고 연계분석의 세 가지 영역에 대한 의견을 제시했다(Bosco et al., 2010).

초기에는 추론을 위한 과학적 방법을 엄격하게 적용하지 않았기 때문에, 이와 관련된 연구가 거의 이루어지지 않았다. 그 후 수년에 걸쳐, 행동분석 전문가의 경험이 신뢰성과 타당성의 주요 요소라는 점이 받아들여졌다. 적용상의 가변성은 정확성의 요소로 평가되지 않았지만 이것은 확실히 신뢰성에 영향을 미칠 것이다. 디스테파노 사건에서 ViCAP 분석이 프로파일링의 과학성을 어느 정도 입증할 수 있을 것으로 기대했지만, 오말리 판사는 ViCAP을 정교한 단순 기록보관 시스템으로 일축했다.

프로파일링을 비판하는 연구자들은 재판에서 프로파일링 요소가 지나치게 강조될 경우 용의자 수사에서 우선순위가 뒤바뀔 수 있다고 지적한다(Scherer & Jarvis, 2014a). 레인보우(Rainbow, 2008)는 수사관이 경험적으로 확인한 심리학적 원칙에 근거하여 특정 범죄에서 가장 유력한 용의자의 특성 및 행동에 대한 목록을 작성하는 증거기반의 혼합적 접근방식을 사용할 것을 제안했다.

FBI는 연쇄살인과 관련된 특정 항목을 표준화하여 수사에 실질적으로 활용할 목적으로, 연쇄살인범들이 피해자를 다루는 방식에 대해 연구했다(Morton, Tillman, & Gaines, 2014). 그리고 범죄현장과 용의자 사이의 상관관계를 나타내는 범죄동기와 행동을 형사들이 이해하도록 돕기 위해 5년간의 경험적 연구를 집약해 보고서로 발간했다. 이 연구의 대상이 92명의 범죄자와 480건의 사건이라는 점이 처음에는 인상적으로 보이겠지만, ① 대다수의 특정 연구영역(이동 경로, 시체 유기 장소 등)은 대표성이 없는 소수 사건을 대상으로 했고, ② 이 연구가 범죄수사에 효과적일 것이라는 주장은 실제로 검증되지 않았다. 이 보고서는 연쇄살인사건들을 개관하는 데 있어서는 많은 정보를 제공할 수 있지만, 범죄수사분석에 대한 과학적 검증이나 이 연구의 본래 목적을 충족하지는 못했다.

견고한 프로파일링 방법이 마련된다 하더라도, 이러한 분석을 담당하는 프로파일러들이 그들의 전문성을 뒷받침할 수 있을 만큼 탁월한 분석능력을 보유하고 있는지에 대한 의문은 여전히 제기될 수 있다. 형사소송에서 증거능력을 입증하기 위해서는 형사보다 이들의 전문성이 더욱더 요구된다(Scherer & Jarvis, 2014a). 그러나 그들은 실제로 그러한가? 소수를 대상으로 한 연구에 따르면, 프로파일러가 형사보다 모의 프로파일링에서 조금 더 나은 성과를 나타냈다. 그러나 이것이 전문가의 우수성을 확증하는 것은 아니다. 또한 범죄수사 경험이 없는 정신건강 전문가들의 프로파일러로서의 전문성을 확인한 어떤 합의나 연구도 없다. 일부 일화적anecdotal 성공에도 불구하고, 그들이 프로파일링에 대한 자문을 하는 것이 타당한지의 여부는 여전히 답을 찾지 못한 상태이다(Kocis, Irwin, Hayes, & Nunn, 2002).

3. 유용성 vs. 범인검거

다양한 형태의 범죄 프로파일링의 성공을 규정하는 데에는 어려움이 따른다. 이것은 프로파일러들이 제시한 범죄자들의 특성과 행동요인 가운데 실제로 맞아떨어진 것이 얼마나 되는가를 파악하는 것이 아니다. 결국 법집행에 있어 프로파일링의 실용적 가치를 평가하고, 도버트 심리에서 그 가치를 해석하는 해야 하는데, 이는 쉽지 않은 일이다.

프로파일링의 유용성을 평가한 대부분의 연구는 도버트 기준이 도입되기 이전에 수행되었다. 그러나 2001년 186명의 영국 형사를 대상으로 실시한 설문조사에서 프로파일링이 범인 검거에 도움이 되었다는 응답은 14.1%에 불과했지만, 약 83%는 그럼에도 불구하고 프로파일링이 유용하다고 응답했다(Scherer & Jarvis, 2014b). 따라서 프로파일링이 유용하다고 생각하지만 범인 검거를 위해 사용하지 않은 형사들은 프로파일링이 다른 방식으로 도움이 된다고 생각했을 것이다. 종종 프로파일러와 브레인스토밍을 하는 형사는 그 프로파일러가 특히 풍부한 경험을 가지고 있을 경우 사건을 관찰하는 방식에 대해 더 많은 것을 배울 수 있다. 또한 프로파일링은 해결방안이 아닌 하나의 도구일 뿐이라는 사실을 이해하고 있는 형사들의 만족도가 가장 높게 나타났다. 27명을 대상으로 한 또 다른 연구에서 프로파일링이 수사를 진전시켰다고 응답한 비율은 67.5%였고(Scherer & Jarvis, 2014b), 절반 이상은 프로파일링을 통해 새로운 아이디어나 방법을 얻었다고 응답했다(외부 요원이 도움이 되었음을 인정할 것인지의 여부는 형사 개개인에 따라 달라질 수 있다).

4. 범죄연계분석

7장에서 소개한 잭 운터베거 사건은 범죄연계분석이 재판에서 어떻게 사용될 수 있는지를 보여 주었다. 오스트리아에서 진행된 그의 재판에서 그렉 맥크레리는 전문가 증언을 통해 ViCAP 시스템을 설명하고, 일련의 범죄사건과 범인의 범죄행동 간의 연관성을 제시했다. LA 범죄연구소의 린 헤럴드는 이 사건의 범인이 대다수의 피해자에게 사용한 시그니처 매듭을 보여 주었다. 재판부는 이들의 증언을 인정했고 운터베거는 유죄판결을 받았다. 그는 항소를 하지 않고, 유죄판결 직후 스스로 목숨을 끊었다(McCrary & Ramsland, 2003).

우리는 통계분석이 편향된 데이터를 제거하고 좀 더 균형 잡힌 결과를 제공한다고 가정할 수 있다. 그러므로 도버트 기준을 충족시킬 수 있는 보다 확고한 근거를 토대로 한 통계적 범죄연계분석은 매우 유용하게 활용될 것이다. 10만 건이 넘게 축적된 범죄 데이터베이스를 통해 통계적 측정 및 비교분석의 정교함이 향상되었다는 FBI의 주장으로 볼 때, ViCAP 분석 결과는 프로파일러의 경험에 근거한 판단보다 더 정확한 듯하다. 일부 법원은 이에 동의한 반면, 다른 법원들은 신중한 태도를 유지하고 있다(FBI.gov). 미국에서 발생한 한 연쇄살인사건에 대한 항소심에서 어떤 주정부 판사는 연계분석에 오류가 있다며 증거로 채택하지 않은 반면, 다른 주정부의 판사는 이를 허용한 바 있다.

1987~1988년 동안, 메릴랜드주와 델라웨어주를 가로지르는 40번 주간고속도로를 따라 여성들의 시체가 발견되었다. 첫 번째 피해자는 건설현장에서 발견된 한 성매매여성이었다. 그녀의 왼쪽 가슴에 있는 찔린 상처들은 누군가 그녀에게 흉기를 사용했음을 나타냈고, 델라웨어주의 법의관은 그녀의 머리에서 망치로 여러 번 내리친 흔적을 발견했다. 그녀의 머리카락에는 접

착테이프가 붙여 있었다(Ramsland, 2016).

이 사건이 발생하기 7개월 전, 또 다른 여성의 시체가 이와 비슷한 상태로 발견된 적이 있었다. 그녀의 몸에서는 파란색 섬유조직이 발견되었다. 수사관들은 이러한 질감과 음영을 가진 차량용 카펫을 공급하는 뉴저지의 한 매장을 찾아갔지만, 용의자를 특정하지는 못하고 사건파일에 기록해 두었다.

뉴캐슬 경찰국은 FBI BSU에 도움을 요청했다. 존 더글라스와 스티브 마디건Steve Mardigan은 범인이 건설직종에서 일하는 25세에서 35세 사이의 백인 남성일 것이라는 행동 프로파일을 제시했다. 그는 그 지역에 살고 있으며, 성매매여성들이 모여드는 곳에서 피해자를 물색했을 가능성이 높았다. 그는 피해자들을 결박하고 목을 졸라 무력하게 만들고 망치로 살해하는 수법을 사용했다. 아마도 그는 피해자들의 물건을 전리품처럼 가져갔고, 접착테이프, 칼, 망치, 총 등과 같은 살인도구를 휴대하고 다녔을 것이다. 그는 범행수법을 약간씩 바꾸었을 수 있지만, 그에게 중요한 피해자 고문만큼은 바꾸지 않았을 것이다. 그는 곧 다시 살인을 저지를 것이다(Douglas & Munn, 1992; Ramsland, 2016).

얼마 후 2명의 여성이 실종되었다. 그중 1명이 둥근 헤드라이트가 달린 파란색 밴에 타는 것이 목격되었고, 경찰은 여경을 동원하여 함정수사에 나섰다. 원형 헤드라이트가 달린 푸르스름한 밴 한 대가 여경 옆으로 지나갔는데, 운전자는 마치 '데이트 상대'를 찾는 것처럼 그녀를 위아래로 훑어보았다. 여경은 자동차 번호판의 차량번호를 경찰에게 불러 주었고, 차주가 인근에 사는 31세의 스티브 브라이언 페넬Steve Brian Pennell이라는 것이 확인되었다. 그가 차를 세우자, 여경은 그와 시시덕거리면서 차량 문 앞에 깔린 파란색 카펫에서 섬유조직을 몰래 수집했다. 분석 결과, 그 섬유조직의 색상과 질감은 피해자의 몸에서 발견된 것과 일치했다.

또 다른 여성이 잔인하게 살해된 채 발견되자, 경찰은 페넬을 추적하여 그가 40번 주간고속도로를 가로질러 이동 중인 것을 발견했다. 경찰은 교통위

반을 빌미로 그의 밴을 세우고 차량 내부를 수색했다. 차 바닥의 카펫에서 혈흔이 발견되었고, 경찰은 증거를 수집하여 수색영장을 발부받아 그의 차량에서 캠핑용 칼 1자루, 펜치 8자루, 케이블 타이 1봉지, 접착테이프 2개를 압수했다. 페넬은 3건의 1급 살인 혐의로 기소되었다.

1989년 9월 26일, 그의 재판이 시작되었다. 주정부는 최근 발생한 일련의 살인사건이 1명의 연쇄살인범과 관련이 있다는 입장을 보였고, 검사 캐슬린 제닝스Kathleen Jennings는 4명의 피해자에게 발견된 증거들을 제공받아 분석을 의뢰했다. 한 피해자의 몸에서 발견된 섬유조직은 페넬의 차량 카펫 원단과 일치했고, 그의 차에서 발견된 혈흔 DNA는 그녀의 것과 일치했다. 또한 페넬에게 압수한 펜치가 또 다른 피해자의 가슴에 있는 찔린 상처자국과 일치했기 때문에, 압수한 살인도구들은 강력한 정황증거를 제공했다. 머리카락과 섬유증거를 통해 나머지 2명의 피해자와 페넬의 연관성도 파악되었다.

페넬의 밴에서 발견된 물품, 피해자의 상처, 페넬이 여성에게 접근하는 방식에 대한 잠복 경찰관의 진술은 그의 범행수법을 재구성하는 데 유용했다. 그는 혼자 있는 여성을 발견하면 그녀를 꼬드겨서 자신의 밴에 태웠다. 고립된 장소로 이동하여, 그는 칼로 여성을 위협하고 접착테이프나 케이블 타이로 그녀를 묶었다. 그리고 펜치나 채찍으로 여성을 고문한 후, 망치로 내리쳐 살해한 것이다.

재판에서 더글러스는 4건의 살인사건에서 나타난 피해자들의 유사한 상처 패턴과 범인 고유의 고문 방식에 대해 설명했다. 변호인 측은 더글라스가 묘사한 것처럼 모든 피해자의 상처 패턴이 일치하지 않는다고 주장한 반면, 그는 범인의 환상이 심화됨에 따라 폭력도 증가했고 때로는 다른 형태로 피해자에게 폭력을 가하기도 했다고 반박했다(이것은 행동 해석의 어려움을 보여 준다. 잠재적으로 양측의 주장이 다 옳을 수 있기 때문이다).

배심원단은 페넬의 범죄 혐의 중 2건에 대해 유죄평결을 내리고, 그에게 종신형을 선고했다. 그는 항소했다. 그의 항소 이유 중 하나는 1심법원이 연계분석에 대한 전문가 증언을 허용함에 있어 재량권을 남용했다는 것이었다.

델라웨어주 대법원은 이 사건의 쟁점에 관해 배심원들이 더욱 잘 이해하도록 하기 위해 더글라스의 전문지식이 필요했기 때문에 페넬의 항소 이유는 타당하지 않다고 판단했다. 재판부는 더글라스의 증언내용 중 어느 것도 과도하지 않다고 판시했고, 유죄판결은 유지되었다(Pennell v. State, 1991).

이 판결은 또 다른 연쇄살인범 클레오푸스 프린스 주니어Cleophus Prince, Jr.가 FBI 프로파일러의 증언 허용성에 대해 캘리포니아주 대법원에 항소를 제기한 사건을 뒷받침했다. 프린스는 자신의 재판에 프로파일러의 참여가 불필요했고 배심원단에게 불공평한 인상을 심어 주었다고 주장했다.

프린스가 저지른 6건의 살인은 1990년 1월과 9월 사이에 발생했다. 피해자들은 백인여성으로, 모두 이른 아침에 집에서 살해되었다. 그중 5명은 집 안에 있던 칼로 찔렸다(범행도구를 현장에 가져오지 않음). 그들은 부분적 또는 완전한 나체상태로 정면을 바라본 채 바닥에 쓰러져 있었고, 가슴을 중심으로 해서 뚜렷한 패턴으로 수차례 찔린 상태였다. 강간당한 유일한 피해자의 DNA 증거로 인해 프린스는 살인 혐의로 유죄판결을 받았다. 나머지 5건의 살인 혐의도 연계분석에 근거하여 유죄판결이 났다.

캘리포니아주 대법원은 프로파일러의 증언이 적절했다고 판단했다. 즉, 그는 FBI의 연계분석 방법에 대해 설명했지만 프린스를 범인으로 지목하지는 않았다. 전문가의 증언은 비전문가가 제공할 수 없는 지식을 전달하는 것으로 그 역할이 제한되어 있다. 따라서 재판부가 해당 프로파일러가 사용한 '시그니처'라는 용어를 심리학적 범행동기 분석에 해당한다고 제한하자, 그는 증언에서 그 용어를 사용하지 않았다. 그는 또한 프로파일링이 과학이라고 주장하지도 않았다.

이와 함께 재판부는 프로파일러가 델라웨어 법정(앞서 언급한 페넬 사건)에서 증언한 적이 있으며, 항소심에서 델라웨어주 대법원은 그것이 적절한 것으로 판결했다고 언급했다.

그러나 뉴저지주 대법원은 주정부 대 포틴 사건State v. Fortin을 심리하면서 다른 문제를 제기했다. 즉, 프로파일링 방법이 도버트 기준을 충족하지 못했으므로 DNA 분석에 비해 과학적이지 못하다는 것이다. 따라서 재판부는 검사가 프로파일러의 증언을 사용하여 2건의 살인사건을 연결해서는 안 된다고 결론 내렸다. 프린스의 변호인은 이 판결을 항소에 포함시켰다. 그러나 캘리포니아주 대법원은 뉴저지주 대법원이 부정확한 기준을 사용하여 불공평한 비교를 했다고 판단하고, 포틴 사건은 프린스의 항소에 무게를 두지 않았다. 페넬의 경우가 그랬다. 프린스의 유죄판결은 유지되었다(People v. Prince, 2007).

5. 궁극적 이슈

포틴 사건은 프로파일러의 법정 증언과 관련된 다른 문제를 제기했다. 1995년 스티브 포틴Steve Fortin은 메인주의 한 여성 경찰관을 잔인하게 성폭행한 사실을 시인하고 20년형을 선고받았다. 1994년 8월부터 한 미제살인사건을 수사하던 뉴저지 경찰은 포틴의 체포 소식을 접하고, 그의 범행수법이 이 미제사건과 놀라울 만큼 유사하다는 점을 발견했다. 두 피해자 모두 구타를 당하고, 귀중품을 빼앗겼으며, 왼쪽 젖가슴과 턱을 물렸다. 뉴저지의 피해자는 목이 졸려 살해되었다. 수사관들은 포틴이 당시 뉴저지 지역에 살고 있었고, 범행 당일 범죄현장 근처의 식당에 갔다는 사실을 확인했다. 그는 기소되어 재판을 받았다.

재판에서 FBI의 로이 헤이즐우드는 두 사건의 연관성을 나타내는 범행수법과 시그니처에 대해 증언했다. 그는 연계분석은 과학이 아니라 장기간에 걸쳐 수천 건의 강력범죄에 대한 훈련과 교육, 연구 및 경험을 바탕으로 하는 연역적 추론이라고 설명했다. 또한 메인주의 성폭행사건과 뉴저지주의 살인

사건 사이에 존재하는 15가지 유사점을 제시하면서, 두 사건의 고위험 특성, 높은 충동성과 분노 수준, 범죄현장의 지리적 유사성, 피해자 외상의 특성에 대해 소명했다. 그는 이 두 사건에서 나타난 여러 가지 범죄행동 증거 가운데, 피해자의 물린 자국과 폭행에 의한 안면 손상은 우연의 일치라고 하기에는 너무 유사하다고 증언했다. 그것은 가해자가 쾌락을 위해 저지르는 의례적 행동(시그니처)에 해당된다. 헤이즐우드는 다음과 같이 증언했다. "본인은 지난 35년 동안 온갖 종류의 폭력범죄를 경험했지만, 단 한 건의 폭력사건에서 이토록 다양한 범죄행동이 나타난 경우는 본 적이 없습니다. 2명의 다른 범죄자가 이렇게 아주 독특한 범죄를 각각 저질렀을 가능성은 매우 희박합니다. 제 소견으로는 동일인이 두 건의 범죄를 저지른 것으로 보입니다"(State v. Fortin, 2000). 결국 포틴은 유죄판결을 받았다.

2000년 뉴저지주 대법원은 과학적 신빙성은 차치하더라도, 헤이즐우드가 배심원단에게 맡겨진 궁극적인 법률적 권한을 침해했다고 판결했다. 즉, 그는 사건 간의 유사점만 제시하고, 그 연관성과 포틴의 유죄를 추론하는 것은 배심원단이 하도록 했어야 했다는 것이다(Bosco et al., 2010). 이로 인해 2004년 포틴의 유죄판결은 취소되었다. 2007년 검찰은 물리적 증거를 보강하여 포틴을 재기소했고, 그는 다시 유죄판결을 받았다.

표준화, 오차율, 과학적 연구 등의 결여로 인해 프로파일링 증언은 앞으로 점점 더 어려운 도전에 직면하게 될 것이다. 일부 연구자는 프로파일링 방법이 관련 전문업계에서 일반적으로 수용되는 수준을 확인하려고 노력하고 있다. 그 과정에서 더 많은 상호심사 논문peer-reviewed article이 전문학술지에 게재되었고, 실무자들 사이에서 허용성 기준이 더 정교해졌다. 그러나 여전히 프로파일링(또는 범죄수사분석) 방법을 사용하는 전문가들 사이의 합의가 부족하다.

토레스 등(Torres, Boccaccini, & Miller, 2006)은 161명의 법심리학자 및 정신과 전문의를 대상으로 프로파일링의 과학적 성격과 실용성에 대한 인식을 평가하기 위한 설문조사를 실시했다. 프로파일링의 범위에는 지리적 프로파일링, 행동 증거 분석, 범죄수사분석 및 수사심리학investigative psychology적 프로파일링 방법이 포함되었다. 연구진은 프로파일링에 대한 이처럼 다양한 접근방식이 서로 다른 방법과 이론을 다루고 있기 때문에 표준화된 연구를 수행하기 어렵게 만들었다고 지적했다.

이 연구의 응답자 중 10%만이 프로파일링 방법을 사용한 경험이 있었다(법심리학 및 정신의학 분야는 범죄수사에 대한 자문보다 재판을 위한 평가에 더 관심을 두기 때문으로 보인다). '범죄수사분석'으로 명칭이 바뀐 것에 대해 40%는 '범죄수사분석'이 더 과학적으로 타당하고 신뢰할 수 있다고 응답한 반면, 25% 미만은 '프로파일링'이 더 그러하다고 응답했다. 이 질문에서 응답자들은 프로파일링의 실질적인 과학적 성격이 아닌 느낌으로 평가하고 있는데, 이는 그들이 무엇을 평가해야 하는지 잘 모른다는 것을 의미한다고 볼 수 있다. 과학적 근거가 부족함에도 불구하고 86%는 프로파일링이 법집행에 유용하다고 응답했고, 94%는 범죄수사분석이 유용하다고 응답했다. 또한 프로파일링에 대한 실증적 연구가 필요하다는 응답은 97%나 되었다. 연구진은 조사에 응한 전문가들이 프로파일링의 과학적 가치에 대해 우려를 하고 있기는 하지만, 그것이 재판에서 사용되는 것을 금지하는 이유로 보지는 않는다는 점을 발견했다. 즉, 프로파일링을 과학적이라고 생각하든 그렇지 않든 간에 그에 대한 명확한 증거가 없는 상태에서, 응답자들은 재판에서 프로파일링이 사용되는 것을 막을 이유가 충분치 않다고 생각했다.

이러한 행동과학 분야의 연구는 신뢰성과 정확성에 중점을 두지만, 그것을 검증한 연구는 드물 뿐만 아니라 결함이 있거나 시대에 뒤떨어진 것이 많다. 1985년 한 연구에서는 범죄현장을 분류하는 방식(조직적·비조직적·혼합적 또는 알 수 없음)을 단 6명의 FBI 프로파일러를 대상으로 질문했다. 그 당시 그들은 모두 이 방식으로 훈련을 받았기 때문에 응답일치율이 무려 74%에 이르렀다. 그러나 이러한 결과를 진지하게 받아들이기에는 응답자의 수가 너무 적었다. 일반적으로 프로파일러들은 이러한 연구에 참여하기를 꺼리며, 실제 범죄현장 조건을 반영한 연구는 없다. 프로파일러들은 훈련을 받지 않은 심리학자나 정신의학자, 학생, 형사들보다 좀 더 나은 성과를 나타냈지만, 프로파일링 전문가집단 내에서는 현저한 격차를 보였다(Kocis, 2003).

오늘날까지도 프로파일링의 표준화는 거의 이루어지지 않고 있다. 여러 가지 이유로, 프로파일링의 바이블이라고 할 만한 교재도 없다. 법집행기관들에게 프로파일링이 얼마나 효과적이었는지를 조사한 FBI의 한 초기 연구는 편향된 결과를 나타냈는데, 이는 해당 조사가 전적으로 자발적이었고, 일부 법집행기관이 FBI의 무료 서비스에 감사를 표시하기 위해 긍정적으로 응답했기 때문으로 보인다. 또한 해당 기관의 형사들 사이에서 프로파일링 방법을 실제 사건에 진지하게 적용해야 하는지에 대해 의견이 엇갈릴 수도 있다. 당연하게도 프로파일링은 그것을 수행하는 실무자들 사이에서는 좋은 평가를 받고 있지만, 유사한 기법을 다루는 중첩된 타 분야의 종사자들 사이에서는 그렇지 않다(Kocis, Irwin, Hayes, & Nunn, 2000). 예를 들어, 형사들은 그들이 할 수 있는 일 외에 프로파일러가 아무런 도움을 주지 못한다고 생각하면 프로파일러의 필요성을 인식하지 못하는 경우가 많다. 분명한 점은 프로파일링의 효과성을 연구하는 방법과 그것이 과학의 지위를 달성할 수 있는지에 대한 더 많은 정보가 필요하다는 것이다.

쉬러와 자비스(2014c)는 범죄수사분석 및 형사소송 절차의 다양한 측면에 대해 40명의 실무자(전·현직 FBI BSU 요원, FBI 훈련생)에게 설문조사를 실시했다. 여기에는 직접 증언과 재판 준비 지원이 포함되었다. 범죄수사분석이 재판에서 허용되어야 하는지에 대한 질문에 절반 이상이 '자격을 갖추었다면'이라고 응답했고, 87%는 프로파일링이 허용되어서는 안 된다고 응답했다. 범죄현장 분석 증언에 반대하는 응답은 65% 정도였다(흥미롭게도 변사사건 수사 증언에 대해서는 92.5%가 허용되어야 한다고 응답했다). 또한 절반 이상이 프로파일러가 위장사건 및 성적 살인 등에 대한 '교육훈련 전문가'가 될 수 있다고 응답했다. 응답자의 15%는 범죄수사분석의 전문가가 공판 준비를 지원해야 한다고 생각했다.

지금부터는 이 장의 마지막 주제인 프로파일러의 재판 자문 역할에 대해 설명하도록 한다.

6. 기타 행동분석의 역할

프로파일링 방법이 재판에서 허용되지 않는다 하더라도, 검사는 범죄수사분석과 관련된 다양한 주제에 대해 프로파일러에게 자문을 구할 수 있다. 앞서 40명의 FBI 요원을 대상으로 한 연구에서는 세 가지 주요 자문 영역으로 대리 행동 증언behavioral testimony by proxy, 배심원 선발, 사건 대응을 꼽았다(Scherer & Jarvis, 2014c). 우선, 대리 증언은 프로파일러가 다른 증인의 증언에 범죄행동 관련 핵심 정보를 포함시킬 수 있도록 지원함으로써 프로파일링 방법에 대한 항소 제기를 방지하는 것을 의미한다. 두 번째로, 프로파일러는 배심원들의 행동을 분석하고 배심원 질문지를 구성함으로써 적합한 배심원들을 선발할 수 있도록 지원할 수 있다. 마지막으로, 프로파일러는 범죄현장 분석에 대해 검사의 정확한 이해를 돕고, 증인신문과 변론 개시 및 종료를 위한 최선의 전략을 수립하는 것을 지원할 수 있다. 일례로, 애틀랜타에서 진행된 웨인 윌리엄스Wayne Williams의 재판에서 검찰측 자문을 맡은 FBI 프로파일러 존 더글라스는 피고인 신문 중 윌리엄스를 압박하는 전략을 제시했다. 이는 그가 윌리엄스의 성격상 그러한 자극에 결국 반응하여 자신의 본모습을 드러낼 수 있는 발언을 할 것임을 간파했기 때문이다. 실제로, 윌리엄스는 피고인 신문 내내 검사에게 냉소적이고 적대적인 태도를 보여 배심원단을 등지게 만들었다.

프로파일러는 특정 유형의 범죄에 나타나는 범죄자의 성격 특성 및 행동을 파악하는 데 있어서, 법집행기관뿐만 아니라 사법기관도 지원할 수 있다. 그들은 법과학적 증거를 행동분석적 측면에서 조명하고, 범죄를 재구성하는 데에도 도움을 준다. 또한 범인이 특정 판단을 내릴 때 어떤 사고과정을 거치는지를 밝히기 위해 범행 전후 과정 중에 나타나는 전형적인 행동정보를 제공하고, 범행취소undoing,[1] 시그니처, 위장행동과 같은 범죄자의 행동과 관련된 개념을 설명해 줄 수 있다(Ramsland, 2010).

행동분석은 임상심리학 및 정신의학의 전문지식과 중복되는 영역이기 때문에 인간의 심리상태에 대해서도 잘 알고 있어야 한다. 법체계는 인간이 일반적으로 합리적인 존재이고 자유롭게 판단을 내릴 수 있다는 신념에 기초한다. 따라서 인간은 자신의 행동에 책임을 져야 한다. 정신의학은 개인의 책임을 경감시키는 심리정서적 요인들을 다루기 때문에 책임성 약화에 대한 문제가 발생할 수 있다. 법에서는 피고인이 범죄행위에 가담했고, 그 결과를 예견하는 데 필요한 의도나 능력이 있었다는 증거가 있다면(범죄 의도) 범죄에 대한 책임이 있는 것으로 인정한다. 여기에는 정신이상, 정서장애 또는 책임능력에 대한 판단 및 방어 영역이 포함된다. 범죄수사분석 전문가가 범죄현장 행동에 대해 증언할 때, 범인의 심리상태, 특히 정신병리학적 증거를 제시해야 할 수도 있다. 따라서 그들은 성도착증, 성중독, 충동조절장애rage disorders, 편집증적 정신병paranoid psychosis, 성격장애 등과 관련된 심리학적 지식을 익힐 필요가 있다. 그러나 일반적으로 재판에서 이러한 항목의 평가는 프로파일러보다 임상의가 주로 수행하고 있다.

---

1) 역자 주: 심리학 및 정신의학에서는 'undoing'을 '이전에 자신이 저지른 어떤 용납될 수 없는 행동과 반대되는 상징적인 행동을 하는 무의식적 방어기제'로 규정하고 있다. 기본적으로 이러한 행동은 범인이 자신이 한 일을 직시하려는 노력이며, 심지어 범죄현장에 다시 나타나는 행동만으로도 자신이 한 일을 취소하고 되돌려 놓으려는 시도로 볼 수 있다.

7. 요약

행동 프로파일링은 심리부검과 마찬가지로 확률분석 방법에 의거하며, 그 증거의 허용성에 대해 면밀한 검토를 필요로 한다. 데이터베이스 분석은 특정 유형의 범죄에 대해 의미 있는 성과를 보였으며, 방법론을 표준화하려는 최근의 시도로 인해 수사관들에게 점점 더 활용 가치가 높아지고 있다. 그러나 아직까지 견고한 연구를 통해 보고된 기준이나 오차율이 없고, 관련 과학계에 대한 명확성이 없으며, 구체적인 프로파일링 방법에 대한 합의가 없다. 도버트 기준을 적용하는 지역에서는 수사 경험만으로는 증거능력이 인정되지 않는다. 지난 수년간 과학의 중요성이 강조되면서 법과학 관련 영역에도 책임을 불러왔기 때문에, 범죄 프로파일링 역시 이를 피할 수 없다. 만약 이 과제가 너무 어려운 일이라는 것이 입증된다면, 디스테파노 사건의 오말리 판사처럼 회의적인 분위기가 형성될 것이다. 재판에서 프로파일러들이 수사관들보다 더 능숙하게 범죄현장 분석에 대해 증언할 수 있을지 역시 아직까지 증명되지 않았다. 일반적으로 형사들이 받는 교육훈련 이상의 심리적 전문지식이 필요한 심리부검과는 달리, 범죄 프로파일링이 특권적 지위를 누리는 것이 옳은지에 대해서도 생각해 볼 문제이다.

다음 마지막 장에서는 두 건의 사례를 분석하기 위해 심리부검과 프로파일링의 두 가지 방법을 모두 사용하여 설명하도록 한다.

8. 참고문헌

Bosco, D., Zappala, A., & Santtila, P. (2010). The admissibility of offender profiling in courtroom: A review of legal and court opinions. *International Journal of*

Law and Psychiatry, 33, 184-191.

Brodin, M. S. (2004-2005). Behavioral science evidence in the age of Daubert: Reflections of a skeptic. University of Cincinnati Law Review, 73, 867-943.

Commonwealth v. DiStefano. PICS Case No. 99-0640, 2000.

Douglas, J., & Munn, C. (1992). Modus operandi and the signature aspects of violent crime. In J. E. Douglas, A. W. Burgess, A. G. Burgess, & R. K. Ressler (Eds.), Crime Classification Manual (pp. 259-268). New York: Lexington.

Douglas, J., & Olshaker, M. (1995). Mindhunter: Inside the FBI's elite serial crime unit. New York: Scribner.

Goodman, M. (2010). A hedgehog on the witness stand—What's the big idea? The challenges of using Daubert to assess social science and nonscientific testimony. American University Law Review, 59(6), 35-685.

Greziak, H. (1999, April 12) Profiling testimony inadmissible in murder trial. Pennsylvania Law Weekly. Retrieved from http://www.corpusdelicti.com/court_hazelwalter.html

Hazelwood, R., & Michaud, S. G. (2001). Dark dreams: Sexual violence, homicide, and the criminal mind. New York: St. Martin's Press.

Kocis, R. N. (2003). Criminal psychological profiling: Validities and abilities. International Journal of Offender Therapy and Comparative Criminology, 47, 126-144.

Kocis, R. N., Irwin, H. J., Hayes, A. F., & Nunn, R. (2000). Expertise in psychological profiling: A comparative assessment. Journal of Interpersonal Violence, 15, 311-331.

Kocis, R. N., Irwin, H. J., Hayes, A. F., & Nunn, R. (2002). Investigative experience and accuracy in psychological profiling of a violent crime. Journal of Interpersonal Violence, 17(8), 811-823.

McCrary, G., & Ramsland, K. (2003). The unknown darkness: Profiling the predators among us. New York: Morrow.

Morton, R. J., Tillman, J. M., & Gaines, S. J. (2014). Serial murders: Pathways for investigations. Retrieved from https://www.fbi.gov/file-repository/serialmurder-pathwaysforinvestigations.pdf/view

National Research Council. (2009). *Strengthening forensic science in the United States: A path forward.* Document No.: 228091. Washington, DC: National Academy of Sciences, National Academic Press.

Pennell v. State. (1991). 602 A2d. 48. Del.

People v. Prince. (2007). SO36105, Supreme Court of California.

Rainbow, L. (2008). Taming the beast: The U.K.'s approach to the managements of behavioral investigative advice. *Journal of Police and Criminal Psychology, 23*(2), 90-97.

Ramsland, K. (2010). *The forensic psychology of criminal minds.* New York: Berkley.

Ramsland, K. (2016). *The corridor killer.* Washington, DC: Crime USA.

Scherer, A., & Jarvis, J. (2014a). Criminal investigative analysis: Practitioner perspectives (Part Two). *FBI Law Enforcement Bulletin.* https://leb.fbi.gov/2014/june/criminal-investigative-analysis-practicioner-perspectives-part-two-of-four

Scherer, A., & Jarvis, J. (2014b). Criminal investigative analysis: Practitioner perspectives (Part Three). *FBI Law Enforcement Bulletin.* https://leb.fbi.gov/2014/june/criminal-investigative-analysis-practicioner-perspectives-part-three-of-four

Scherer, A., & Jarvis, J. (2014c). Criminal investigative analysis: Skills, expertise, and training (Part Four). *FBI Law Enforcement Bulletin.* https://leb.fbi.gov/2014/june/criminal-investigative-analysis-practicioner-perspectives-part-four-of-four

Shelton, D. E. (2011). *Forensic science in court: Challenges in the 21st century.* New York: Rowman & Littlefield.

Simmons v. State. (1999, Sept. 17). CR-97-0768 AL.

State v. Fortin. (2000). 724 A 2d 509 NJ.

State v. Stephens. (2002, May 14). No. M1999-02067-SC-DDT-DD. TN.

Torres, A. N., Boccaccini, M. T., & Miller, H. A. (2006). Perceptions of the validity and utility of criminal profiling among forensic psychologists and psychiatrists. *Professional Psychology Research and Practice, 37*(1), 51-58.

10장
행동분석의
전망

2009년 7월 13일, 미 해군 첩보요원이자 하사관인 아만다 진 스넬Amanda Jean Snell이 펜타곤 해군 작전사령실에 출근하지 않아 행방이 묘연하던 중, 그녀가 방에서 숨진 채 발견되었다. 당시 방문은 잠겨 있었고, 안에는 아무도 없었다. 문을 강제로 개방하고 들어갔을 때, 그녀는 머리에 베갯잇을 뒤집어 쓰고 한쪽 구석에 웅크린 채 질식사한 상태였다.

그러나 그녀의 사망 종류는 불분명했다. 당시 20세였던 스넬은 자신의 삶에 대한 뚜렷한 계획을 가지고 있었다. 청소년 사역자youth minister를 자원하며 장차 특수교육 교사가 되기를 희망했고, SNS에도 자신의 목적 의식을 선명히 드러내고 있었다. 가족이나 가까운 친구들과도 사이가 돈독했으며, 그들에게 자신이 현재 상황에서 느끼는 고립감을 표현하기도 했다. 그녀는 친구가 많지 않았지만, 딱히 눈에 띄는 원한관계도 없었다.

해군 범죄수사국Naval Criminal Investigative Service: NCIS이 사건을 수사했으나, 범죄현장 분석을 통해 나온 결과는 거의 없었다. 그녀의 방에는 훼손되거나 다툼이 있었던 흔적 또는 누군가 침입한 흔적이 전혀 없었기 때문이다. 그녀가 살해된 것이라면, 범인은 그녀와 아는 사이거나 그녀가 신뢰하는 사람일 가능성이 높았다. 그녀와 같은 관사에 거주하고 있는 병사들을 대상으로 탐문조사를 실시했으나, 수상한 점은 발견되지 않았다. 이 사건은 사인미상으로 남겨졌다.

한편 이 사건이 사고사일 가능성도 제기되었다. 아만다는 평소 편두통을 앓고 있었는데, 새어나오는 불빛을 차단하기 위한 방법을 찾다가 사고사한 것일 수 있다는 것이다. 그러나 그녀의 어머니는 누군가 그녀의 얼굴에 베개를 갖다 대다가 과실로 그녀가 질식사한 것일 수 있다는 가정 자체를 부인했다.

일부 수사관은 그녀가 우울증을 앓게 되어 자살했을 가능성을 제기했다. 물론 그 누구도 장담할 수 없지만, 이 사건에서 자살과 관련된 요인은 아무것도 발견되지 않았다. 사고사나 살인 가능성이 낮고 자연사일 가능성이 배제되었을 때, 자살의 가능성은 상대적으로 높아지게 된다.

그러나 이 사건에서 NCIS는 한 프로파일러가 감지했던 중요적 단서를 놓치고 말았다(로이 헤이즐우드의 디스테파노 사건 행동분석 참고). 당시 스넬과 같은 관사에 거주하고 있던 호르헤 토레즈Jorge Torrez라는 해병대원이 수사에 협조해 주겠다며 자발적으로 수사관들에게 접근했다. 그의 방은 스넬의 방과 가까웠기 때문에, 수사관들은 그를 용의선상에 올려놓고 범인이라면 겁을 먹을 수 있는 질문을 그에게 해 보기로 했다. 즉, "사건 당일 그녀의 방에 누가 들어가는 것을 본 사람이 있다는 소문이 돌고 있는데, 이를 들어 본 적이 있습니까?"라는 수사관의 질문에, 그는 그 소문이 맞는 것 같다고 맞장구쳤다. 예상과 다른 그의 반응에 수사는 제자리걸음을 했고, 이 사건은 미제로 남게 되었다. 결국 그 지역에서 유사한 다른 사건들이 발생한 후에야 이 사건의 재수사가 이루어졌다.

워싱턴 DC에 폭설이 내리던 어느 날, 순찰 중인 경찰이 별다른 이유 없이 한 곳을 배회하고 있는 듯한 은색 SUV 차량 한 대를 발견했다. 그 차는 이내 그곳을 떠났다. 얼마 후 그 남성 운전자는 한 여성을 뒤따라가, 칼과 권총으로 위협하며 강제로 차에 태우려고 했다. 그녀는 가까스로 차에서 탈출한 뒤 경찰에 신고했고, 그녀의 진술을 바탕으로 범인의 몽타주가 작성되었다.

그로부터 2주 후, 인근 지역에서 한 남성이 오전 3시경 집으로 귀가하던 2명의 젊은 여성을 뒤따라가, 칼과 권총으로 위협하여 그녀들의 집에 강제 침입했다. 범인은 끈으로 두 여성의 몸을 묶고, 그중 1명을 차에 태워 도주했다. 남은 한 여성이 경찰에게 신고하여 수사가 시작되었다.

납치범은 외딴 곳에 차를 주차하고 여성을 강간한 후 유기했다. 유기하기 전 범인은 스카프로 피해여성의 목을 졸라 살해하려고 했으나, 피해여성은 살아났다. 주변을 지나가던 한 커플에 의해 구조된 여성은 경찰에 이를 신고하고, 범인이 젊은 남성이고 은색 SUV 차량을 몰았다고 진술했다.

폭설 기간 중 최초 은색 SUV 차량을 주시했던 순찰경찰은 그 차량의 번호를 추적했고, 그가 예전에 수사에 자진 협조했던 해병대원 호르헤 토레즈라는 사실을 확인했다. 범인의 얼굴을 목격한 피해자들은 용의자 사진들 가운데 그를 범인으로 지목했다. 피해자들은 한결같이 범인의 행동이 불안정하고 미숙했으며, 어설펐다고 진술했다.

조사받는 동안 토레즈는 말을 아꼈지만 협조적이었다. 그의 차에서는 체포하기에 충분할 정도의 증거들이 나왔고, 컴퓨터에서도 강간이나 질식을 포함한 수많은 음란물이 발견되어 강제적 성도착과 관련된 행동 증거가 수집되었다. 그의 온순하고 치기 어린 태도에도 불구하고, 이러한 증거들은 그가 여성에게 심각한 폭력행위를 할 수 있음을 암시했다.

토레즈를 기소하기 위해 일리노이주 자이언의 형사들은 2005년에 발생한 살인사건을 제시했다. 당시 8세와 9세의 두 여자아이가 칼에 찔려 살해되었고, 한 아이는 강간까지 당한 것으로 밝혀졌다. 그중 한 소녀의 아버지가 범행을 자백하여 기소되었지만, 나중에 경찰의 강압수사에 못 이겨 자백한 것이라고 주장했다. 그가 사형 선고를 받을 위기에 처했을 때, FBI 종합 DNA 색인 시스템Combined DNA Index System: CODIS의 데이터베이스를 통해 그가 진범이 아님이 확인되었다. 결국 토레즈의 DNA가 피해 소녀 중 1명의 시신에서 검출되었고, 그 즈음 그가 자이언에 살았던 사실이 드러났다. 당시 토레즈는 16세였다. 또한 사건 당일 그가 소녀들과 같이 있었던 것을 본 목격자가 나타났고, 그의 진술로 인해 경찰의 수사 방향이 전환되었다.

경찰은 토레즈가 변태성욕적 방식으로 아만다 스넬을 살해한 증거를 포착했다. 그동안 그녀의 타살 가능성을 고려할 만한 여지가 전혀 없었기 때문에, 사건현장의 침구는 정밀하게 조사되지 않았다. 토레즈가 수사관들에게 처음 접근했을 때부터, 경찰이 이 사건에 대해 명확한 자살 지표를 바탕으로 피해자 분석이나 심리부검을 실시했다면, 사건현장을 정밀 조사해야 할 당위성이 좀 더 분명해졌을 것이다. 현장조사를 통해 수집한 증거를 분석한 결과, 침대 시트에서 발견된 DNA가 토레즈의 것임이 밝혀졌다. 그는 단순 강간범이 아닌 연쇄살인범이었다.

토레즈가 구금된 구치소에서 한 정보원은 그가 자신의 살인행각을 과시하고, 자신을 기소한 자들을 살해할 계획이라고 떠벌리는 내용을 녹취했다. 해병대는 그를 불명예 제대시켰고, 아만다 스넬 살인을 포함한 다수의 범죄 혐의로 기소된 그는 사형을 선고받았다(Jaffe, 2012).

이와 같이 살인범이 범행현장을 자살과 유사하게 위장하는 복잡한 사건에서, 심리부검은 범죄 프로파일링을 보완할 수 있다. 'IS PATH WARM'과 같은 자살 지표suicide indicators를 통해 아만다 스넬의 삶을 분석해 보았을 때, 고립감에 대한 불만 정도 외에는 별다른 자살 위험 징후가 발견되지 않았다. 분노, 자살생각, 무망감은 전혀 없었고, 보통 수준의 불안이 전부였다. 피해자와 가까이 살고 있던 토레즈가 자진해서 협조하겠다며 수사에 개입하려 했을 때, 수사관들은 이를 견제했어야 했다. 연쇄살인 전문가들은 데니스 레이더, 테드 번디, 존 주버트가 그랬듯이, 그들의 우호적 태도를 액면 그대로 받아들여서는 안 된다고 충고한다. 프로파일러들은 사망자의 자살 가능성이 희박한 것으로 추정되면, 수사를 확대할 것을 제안할 수 있다. 그렇게 했다면, 토레즈는 진작 체포되었을 수 있다. 일리노이주에서 발생한 살인사건과 아만다 스넬 살인사건에서 사용된 범행방법이 달라서 범죄연계분석이 도움이 되지는 못했지만, 두 가지 살인사건에서 나타난 범인 행동의 유사성은 포착할수 있었다. 프로파일러는 그 행동적 유사성의 증거로 토레즈의 범죄현장 위장행동, 성도착적 행동, 서투른 범행 등을 제시하여 기소를 뒷받침했다. 그는 해병이 되고 나서 통제력을 상실했고, 자신이 생각했던 것만큼 범죄를 능숙하게 처리하지 못했다는 점을 불식시키기 위해 다시 살인을 저지른 것으로 분석되었다.

심리부검과 범죄 프로파일링의 조합은 수사나 재판이 진행 중인 사건 외에도 미제사건을 지원할 수 있다. 다음에 제시한 사건은 범죄행동의 모호성으로 인해 수사에 혼란이 가중되었던 복잡한 사례이다. 이 사건에서는 범죄현장 프로파일링과 살해후 자살murder-suicide 또는 동반자살suicide pact에 대한 분석까지 실시되었다. 그러나 미제사건의 수사에서도 인지 오류가 발생하기 쉽다.

1. 미제사건

미제사건의 가장 큰 문제 중 하나는 정보의 불일치인데, 이것은 수사관들이 불완전한 사건 프레임 안에서 수사를 하고 있으면서도 그것을 점차 완전한 것으로 착각하게 만들 수 있다. 수사관들은 입수 가능한 대부분의 정보를 가지고 있기 때문에, 그들이 거의 모든 사실에 대해 알고 있다고 착각할 수 있다. 범죄의 실체적 진실에 가까이 다가가고 싶은 그들의 욕구가 이러한 착각을 더욱 부추길 수 있다. 한편 다음과 같은 사건은 신고과정에서 편견이나 부정확한 정보가 포함되었으나, 당시에 충분히 수사되지 않아 결국 장기 미제사건으로 남게 된 과정을 보여 준다.

1934년 11월 24일 아침, 존 클라크John E. Clark와 그의 조카 클라크 자딘Clark Jardine은 펜실베이니아주 컴벌랜드 카운티 남쪽의 숲속에서 땔감을 줍고 있었다. 그들은 흙길을 따라 가다 약 15m 떨어진 덤불 아래에 있는 녹색 담요를 발견했다. 처음에는 그것이 죽은 사슴일 거라 생각했지만, 가까이 다가가 보니 그것은 옷을 입은 채 옆으로 누워 있는 한 어린 소녀의 시체였다. 심상 치 않은 사건임을 깨달은 그들은 경찰에 신고를 하고 담요를 땅에 내려놓았 는데, 담요의 윤곽을 통해 그 안에 다른 무언가가 더 있다는 것을 직감할 수 있었다.

사건신고 후 1시간이 채 지나지 않아, 경찰은 검시관 1명과 지방검사 프레 드 템플턴Fred J. Templeton과 함께 현장에 도착했다. 담요 안에서는 털깃이 달 린 코트를 입고 오른쪽으로 눕혀진 어린 소녀의 시신 3구가 발견되었다. 소 녀들은 자매처럼 보였고, 가장 어린아이가 가운데에 눕혀 있었다. 시체의 바 닥에 깔린 담요는 축축했고 소변 냄새가 났다. 시신 외에 아이들의 신원을 파 악할 수 있는 단서는 아무것도 없었다. 소녀들이 입고 있는 옷의 상표조차 제 거된 상태였다. 기상 조건과 담요의 습도로 볼 때, 비가 오기 전날 밤 또는 그 보다 전에 시신이 그곳에 유기되었을 것으로 추정되었다("Three girls slain", 1934).

그로부터 이틀 후, 이 사건기사를 접한 한 사냥꾼이 검은 가죽으로 된 직사 각형의 여행용 가방을 경찰에게 가져왔다. 그는 이 가방을 소녀들의 시체가 유기된 장소와 3km 정도 떨어진 곳에서 습득했다고 했다. 가방에는 아동 및 성인용 옷가지와 함께 수첩 1개가 들어 있었는데, 거기에는 아이가 쓴 것으 로 보이는 '노마Norma'라는 이름이 적혀 있었다.

소녀들이 발견된 당일, 거의 동시간대에 남녀 한 쌍의 시신이 소녀들이 발 견된 장소에서 북서부 방향으로 약 160km 떨어진 던컨스빌 근처의 폐 기차 역 안에서 발견되었다. 경찰은 그들과 소녀들과의 연관성을 찾기 시작했다. 그 남녀는 사망하기 8~10시간 전 총에 맞았고, 여성은 2발을 맞은 것으로 확인되었다. 이 사건은 동반자살로 추정되었는데, 여성의 심장을 관통한 첫 발에 의한 시체 표면의 손상이 적은 점으로 볼 때 여성이 바로 앞에 있는 상태에서 총을 쏜 것으로 보였다. 남성은 관자놀이에 총상이 있었다. 그 남녀가 철로 위를 걷고 있는 것을 봤다는 목격자들의 신고가 들어왔고, 미플린 카운티의 한 지역에서는 1929년산 폰티악 세단형 승용차 한 대가 버려진 채 발견되었다. 그 차의 배기통에는 연소된 호스가 꽂혀 있었지만, 번호판이나 연료는 없었다. 사망한 남녀가 소녀들과 어떤 관련성이 있는지를 밝혀내기 위해서는 많은 의문점에 대한 설명이 필요했다.

언론사의 수많은 취재와 차량번호 덕분에 캘리포니아에 거주하고 있는 남녀의 친인척들과 연락이 닿았고, 그들은 수사관들에게 여러 가지 정보를 제공해 주었다. 그러한 정보 중 일부는 신빙성이 떨어졌지만, 남녀의 신원과 사망한 소녀들의 관계는 확인할 수 있었다. 남성은 32세의 엘모 녹스Elmo Noakes이고, 3명의 소녀 중 2명은 그의 딸 10세 드윌라Dewilla와 8세 코델리아Cordelia로 확인되었다. 녹스의 아내 메리Mary는 2년 전 자가 낙태 중 사망했다. 세 소녀 중 가장 나이가 많은 아이는 12세 노마Norma인데, 메리가 전남편 사이에서 낳은 딸이었다. 그녀의 사망 후 전남편이 양육권을 가져오기 위해 소송을 제기하자, 그들은 캘리포니아로 이사를 가서 계속 함께 살았다. 사망한 남녀 중 여성은 녹스의 18세 조카 위니프레드 피어스Winifred Pierce였다. 그녀는 고등학교를 중퇴하고 녹스의 딸들을 돌봐 주기도 했으나 함께 살지는 않았다. 친척들 사이에서는 녹스와 피어스가 부적절한 관계라는 소문이 파다했다.

혈액 분석과 더불어 2명의 외과의사가 실시한 부검을 통해 사망자들은 일산화탄소 중독이나 기타 다른 형태의 중독에 의한 사망은 아님이 밝혀졌다. 소녀들이 어떠한 약독물을 복용했는지를 파악하기 위해 디킨슨 대학교의 밀튼 에디Milton W. Eddy 박사는 모발 분석을 실시했다. 기타 다른 검사를 위해 소녀들의 뇌는 모핏Moffitt 박사에게 전달되었다.

검시관은 사망 종류를 명확하게 판정하지는 못했지만, 소녀들이 질식사한 것은 확신할 수 있었다. 소녀들을 포함하여 피어스를 살해한 범인은 녹스로 추정되었다. 첫째 딸 노마의 이마는 심각한 멍자국과 함께 부어 있고 뺨에는 찰과상이 있었던 반면, 어린 두 소녀는 코피를 흘린 흔적이 있으나 목졸림이나 구타에 의한 사망은 아닌 것으로 판명되었다. 검시관은 드월라에게 음부 염증 소견이 나타난 점으로 미루어 성추행을 당한 것으로 보았다. 또한 소녀들은 약 18시간 동안 아무것도 먹지 않았으며, 숲에 유기되기 12~72시간 전에 이미 사망한 것으로 추정되었다.

필라델피아의 한 식당 주인의 제보에 따르면, 최근 한 가족이 식당에 왔는데 아버지 되는 사람이 자기 아이들을 '짐'이라고 하면서, 아이들을 먹여 살리려면 일을 구해야 한다고 말했다고 한다. 식당 주인의 진술로 볼 때, 녹스는 일자리를 찾으려고 했지만 잘 되지 않자, 자녀들을 살해하고 자살한 것으로 짐작되었다.

녹스의 친척들은 최근 그의 어머니가 녹스를 위해 1929년산 폰티악 세단을 구입했다고 진술했다. 그리고 다음 날 녹스 가족은 차 구입 잔금을 지불하지 않은 채 사라졌다. 그는 지난 2주간의 퇴직 수당(50달러)도 받지 않고 떠났다. 그 돈을 받으려면 일을 그만둔다고 직장에 보고해야 했지만, 그의 다른 행동들로 유추했을 때 그는 자신이 어딘가로 떠난다는 사실을 누구에게도 알리기를 원치 않았던 것으로 보였다. 그 이유는 아직까지 밝혀지지 않았다.

11월 10일, 그는 가족들에게 어떠한 낌새도 보이지 않다가 황급히 가족들을 데리고 집을 떠났다. 식탁 위에는 음식이 놓여 있었고, 전등도 켜진 채였다. 11월 11일, 그는 새 차를 가지고 캘리포니아를 떠나 7일 동안 약 4,800km를 달렸다. 그는 자신만의 어떤 임무 완수에 실패하자, 집을 떠나기로 결심한 듯 보였다. 11월 18일, 그의 가족은 랭혼의 한 여행자 숙소에 여장을 풀고 그곳에서 이틀을 묵었다. 그와 피어스는 아이들이 굶주리는 동안 영화를 보러 갔고, 11월 21일 무렵 소녀들은 사망한 것으로 추정되었다. 소녀들의 시신을 유기한 후 그들은 차를 몰고 떠났으므로, 가능한 차를 이용해 자살하려고 한 것으로 여겨졌다. 차 배기통에 꽂힌 호스와 빈 연료탱크는 그들이 차에서 자살을 시도했으나 실패했다는 점을 증명했다. 그 후 그들은 알투나까지 히치하이킹으로 이동했다.

11월 22일, 그들은 한 호텔에서 숙박을 하고, 다음 날 녹스는 자신의 안경을 팔려고 했지만 실패하자, 피어스의 코트를 팔아서 받은 2.85달러를 가지고 낡은 단발식 22구경 소총 한 자루를 구입했다. 그들은 그전에 봐 둔 기차역으로 철로를 따라 걸어갔고, 다음 날 그들은 그곳에서 숨진 채 발견됐다. 거기에는 종이를 몇 장 태웠을 법한 작은 모닥불 흔적이 남아 있었다. 그들의 부검보고서가 공개되지 않았음에도, 피어스가 임신한 적이 없다는 등의 신문 기사들이 쏟아져 나왔다.

형사들이 녹스의 행적을 종합해 보니 그는 가드너, 말론, 코든 등의 가명을 사용하고 다닌 듯했다. 그가 노마를 생부에게 보내라는 유타 법원의 명령을 피하기 위해 집을 떠났을 가능성도 있다. 그러나 그것이 사실이라 하더라도, 왜 그렇게 서둘러 집을 떠났으며, 최종 목적지가 왜 필라델피아였는지에 대해서는 설명이 되지 않는다. 그는 1922년 4월까지 해병대에서 성실히 복무를 마치고 난 후에는 수많은 직업을 전전했으며, 장기간 동안 가족과 떨어져 살면서 일한 적도 있다. 그러나 그토록 돈이 궁한 상황에서 왜 여행가방 속의 옷가지들이나 차를 팔지 않았는지에 대해서는 여전히 밝혀지지 않았다.

한 유명잡지는 녹스와 그의 조카 피어스가 연인 사이라는 기사를 싣기도 했다. 그 기사는 사망한 소녀들의 이모가 작성했다고 했지만, 잡지사 작가에 의해 각색되었을 가능성도 있다. 기사에 따르면, 녹스는 아내가 임신했을 때 그녀를 매일 폭행했고, 아내는 드윌라를 출산하고 건강이 악화되어 코딜리아를 낳기 전 유산을 한 적이 있다고 한다. 그러나 이에 대해 친척들은 녹스가 좋은 아버지였다며 반박했다.

다른 한편으로 소녀들의 죽음이 사고사일 가능성도 제기되었다. 설사 그렇다 하더라도, 왜 아이들을 병원에 데려가지 않고 담요에 덮어 도로변에 유기하고 달아났는지에 대한 의문은 여전히 풀리지 않고 남아 있다. 또한 녹스가 펜실베이니아주에서 자신의 조카와 결혼할 수 있다고 믿고 집을 떠났지만, 필라델피아에 도착해서야 결혼할 수 없다는 사실을 알고 결국 동반자살을 택했다는 시나리오도 가능하다. 그러나 그 사실을 확인하기 위해 그토록 긴 여정을 떠날 필요가 있었는지에 대한 의문이 남는다. 그동안 누구도 그 사실 여부를 밝혀내지 못했다. 필라델피아에서 그를 목격한 사람들의 진술에서 그가 특정 주소지나 인물에 대해 묻고 다닌 적이 없다는 점을 미루어 보면, 그는 그곳에 지인조차 없었던 것으로 보인다.

나중에는 녹스(잠재적으로는 가족 전체)가 유타의 유레카 지역에 거주하며 광산에서 일했을 때 납중독에 걸렸다는 설까지 등장했다. 그 당시에는 채굴 작업에 아연, 비소, 수은 등이 사용되었다. 그러나 납중독으로 그의 행동들을 설명할 수는 없었으며, 그에게 납중독의 가장 일반적인 증상조차 발견되지 않았다(Smith, 2014).

이 사건은 완전히 해결되지 못하고 미제사건으로 남았지만, 범인으로 지목된 녹스의 분노 조절 문제와 가족 학대, 그리고 그의 무능한 생활력을 근거로 볼 때 사망 종류는 어느 정도 판별이 가능했다. 세심한 행동분석이 모든 의문을 풀 수는 없다 하더라도, 신빙성이 낮은 가정들을 배제시키는 데 유용할 수 있다. 앞서 6장에서 설명한 아동 살인마 존 주버트 미제사건에서도 범죄연계 분석을 위한 범죄행동 분석의 가치와 중요성을 강조한 바 있으며, 이는 토레즈 사건에서도 마찬가지이다.

2. 요약

그동안 심리학적 분석은 재판에서 요구하는 분석 결과의 확실성에 있어서 문제시되어 왔다. 그러나 그것으로 범죄에 대한 심리학적 분석의 가치를 부정할 수는 없다. 수사관들이 심리부검이나 프로파일링을 통해 사망 종류, 범죄사건들 간의 연관성, 위장 자살 등을 판단해야 할 필요가 있다면, 행동분석이 범죄사건을 평가하고 재구성하는 것에 대한 중요성을 반증하는 것이다. 수사관들이 인간 행동과 심리상태에 대한 더 미세한 부분을 이해하기 위해 더 많은 정보를 수집하고 분석할수록, 심리분석의 오류도 그만큼 감소할 것이다.

3. 참고문헌

Jaffe, H. (2012, September 11). Predator within the ranks: A real-life NCIS murder case. *Washingtonian*. Retrieved from https://www.washingtonian.com/2012/09/11/predator-in-the- ranks-inside-a-reallife-ncis-murder-case/

Smith, D. (2014). *The three babes in the woods story*. Carlisle, PA: Cumberland County Historical Society.

Three girls slain and left in woods under blankets. (1934, November 25). *New York Times*, p. A-1.

용어 해설

여기에서는 심리학 용어 및 개념을 참고하기 쉽도록 정의했다.

강제 자살coercive suicide: 자살자가 자신의 자살과정에서 의도적으로 다른 사람을 사망에 이르게 만드는 것

고위험 피해자high-risk victim: 성매매 종사자나 마약중독자처럼 위험에 지속적으로 노출된 사람

대량 연쇄자살mass cluster: 유명인의 자살과 같이 널리 알려진 자살에 대한 반응으로 광범위한 자살사건이 발생하는 것

도버트 판결 Daubert ruling: 과학적 증거능력에 대한 1993년 판결. 재판부는 해당 증거의 방법론이 과학적인지, 그리고 쟁점에 대한 사실을 파악하는 데 적용될 수 있는지를 판단했다.

동종 관계assortative relating: 비슷한 생각을 가진 사람들끼리 집단을 형성하는 경향이 있으며, 이는 자살 전염의 원인이 될 수 있다.

모방 자살emulation suicide: 최초의 어떤 자살을 모방한 후속 자살. 베르테르 효과라고도 부른다.

미국 폭력범죄분석센터National Center for the Analysis of Violent Crime: NCAVC: 특수하거나 반복적인 범죄의 수사를 지원하기 위해 연구, 운영, 교육훈련, 자문 및 수사 기능을 결합한 FBI 산하 조직

반향적 연쇄자살echo cluster: 최초 특정인의 자살이 발생한 이후, 관련 기념일 등에 자살사건이 잇따라 발생하는 것

범죄 의도mens rea: 범죄의 구성요건으로서, 불법적 행위를 하고자 한 심리상태

범죄 재구성crime reconstruction: 증거들을 이용하여 단독 또는 일련의 범죄사건에서 나타난 범죄행동의 순서와 유형을 결정하는 것

범죄 프로파일링criminal profiling: 범죄현장 및 범죄 패턴을 관찰함으로써 범인의 관련 특성을 파악하는 것. 용의선상을 좁히고 피의자에 대한 신문 전략을 수립하는 데 활용된다.

범죄수사분석Criminal Investigative Analysis: CIA: 범죄의 발생 여부 및 발생한 범죄 유형, 프로파일링 방법 등을 파악하고 결정하기 위한 FBI의 구조화된 접근방법

범죄연계분석linkage analysis: 일련의 범죄현장에서 나타난 증거, 특히 행동적 증거를 활용하여 그 사건과 특정 범죄자와의 연계성을 파악하는 것

범죄현장 위장staged crime scene: 범인이 자신의 의례적 환상에 따라 시체나 다른 증거물들을 유기하거나, 살인을 자살처럼 보이도록 조작하는 등 범죄현장을 실제와 다르게 위장하는 행동

범행 당시 심리상태mental state at the time of the offense: MSO: 일반적으로 재판에서 피고인의 책임능력을 판단하는 데 중요한 근거가 된다.

범행수법modus operandi: MO: 범죄자의 범죄 실행방법

베르테르 효과Werther Effect: 모방 자살, 자살 전염 참조

변사사건 분석equivocal death analysis: 심리부검 참조

비조직적 범죄자disorganized offender: 우발적 또는 기회주의적으로 범죄를 저지르며, 범행현장에 있는 무기를 사용하고 단서를 남기는 경우가 많다. 대개

정실질환 병력을 가지고 있다.

사건 재구성incident reconstruction: 물리적·행동적 증거를 활용하여 사망현장에서 어떤 일들이 발생했는지를 파악하는 것

사망 원인cause of death: 질병이나 손상 등과 같이 사망을 초래한 조건

사망 종류manner of death: NASH 분류체계에 따라 어떤 사망을 자연사, 사고사, 자살, 타살 또는 미상 중 한 가지로 판정하는 것

사후postmortem: 사망 후

성도착증paraphilia: 물건, 행동 또는 사건에 의한 성적 흥분에 집착하는 일탈적 형태의 성적 행동. 시체성애증, 식인증, 흡혈행위는 연쇄살인범들에게 자주 나타난다.

시그니처signature: 범죄자의 성향이 각인된 독특한 의례적 행동이나 주제를 범죄현장에 남기는 행위. 이것은 범죄를 저지르는 데 반드시 필요한 행동은 아니다.

신원미상자UNSUB: FBI의 범죄 프로파일링에서 신원파악이 안 된 범인을 지칭하는 용어

심리부검psychological autopsy: 사인이 모호하고 의심스러운 점이 있는 자살사건에서 사망자의 심리상태를 파악하거나 사망 종류에 대한 판정을 내리기 위해 사용되는 방법

심리적 극통psychache: 감내하기 어려운 극심한 심리적 고통에 대해 에드윈 슈나이드먼이 정의한 용어

연계 맹목linkage blindness: 여러 범죄현장에서 나타난 범죄행동상의 공통점을 특정 범죄자와 연계시키지 못하는 것

연쇄범죄serial crimes: 단독 범죄자 또는 범죄집단이 특정 유형의 범죄를 일정 패턴에 따라 저지르는 것

연쇄살인범serial killer: FBI의 새로운 정의(2005년 이후)에 따르면, 2건 이상의 개별적 사건에서 최소한 2명 이상을 살해한 범죄자를 의미한다.

연쇄자살suicide cluster: 특정 자살사건이 발생한 후, 사람들이 이에 반응하여 잇따라 자살하는 것

예측적 프로파일링prospective profiling: 범죄가 발생하기 전에 위협 평가에 활용하기 위해, 특정 유형의 범죄자에게 나타나는 일련의 행동들을 파악하는 것

위협 평가threat assessment: 특정인 또는 특정 집단이 향후 폭력적 행동을 할 가능성을 평가하는 절차

유언능력testamentary capacity: 고인이 유언 및 유언장을 남길 당시의 심리상태

의도intent: 행위의 목적에서부터 그 결과에 대한 인식에 이르기까지의 심리상태

인지 오류cognitive errors: 자연스럽게 작용하는 인간의 인지적 지름길로 인해 관찰과 인식을 통한 의견이 올바르게 형성되지 않는 것. 예를 들어, 터널 시야 및 확증 편향이 여기에 해당된다.

자기색정사autoerotic fatalities: AEFs: 혼자 위험한 성적 행동을 하다가 안전장치가 작동하지 않는 등의 실수로 인해 발생하는 사망

자살 다발지역suicide hotspot: 높은 건물이나 다리 등과 같이 자살이 많이 발생하는 특정 위치

자살 위험요인risk factors for suicide: 자살충동 심리의 전조증상으로 자주 나타나는 요인

자살 전염suicide contagion: 자살행동이 되풀이될 위험성이 있는 취약계층에게 미치는 부정적인 영향. 베르테르 효과가 대표적인 예이다.

자살 징후suicide markers: 연구를 통해 확인된 자살에 대한 개인의 취약성 지표

자살학suicidology: 자살에 대한 예측 및 치료를 위해 관련 데이터를 분석하고 연구하는 학문

정신병psychosis: 사람의 사고, 반응, 의사소통, 기억, 해석 능력이 저하되는 주요 정신장애이다. 기분장애, 충동조절장애, 망상 등을 나타낸다. 불법적 행위에 대한 인식 결여를 의미하는 법률적 용어인 '정신이상insanity'과 혼동되기도 한다.

조직적 범죄자organized offender: 계획적이고 의도된 방식으로 범죄를 저지르고, 단서를 거의 또는 전혀 남기지 않는 범죄자

증거evidence: 재판에서 유무죄에 대한 판단을 위해 활용되는 모든 형태의 근거자료

지리적 프로파일링geographic profiling: 범죄현장 간의 지리적 관계를 이용하여 범인의 특성을 추론하는 것

질식기호증asphyxiophilia: 질식을 통해 극도의 성적 흥분을 자극하는 증후군

질적 분석qualitative analysis: 내러티브 데이터를 수집하고, 분석의 신뢰성을 위해 평가자 간 일치도 검증 같은 방법을 사용한다.

짐스러움burdensomeness: 주요 자살 징후

집단자살mass suicide: 사이비종교에서 공동운명체를 강조하며 군중심리를 이용해 신도들을 자살하도록 만드는 것

치명성lethality: 자살에 사용된 방법과 그에 대한 지식 및 접근방법을 포함하여 자살에 대한 개인의 전념 정도

특정 연쇄자살point cluster: 특정 시간 및 장소와 밀접한 관련성을 나타내는 자살군

폭력범죄 검거 프로그램 Violent Criminal Apprehension Program: ViCAP: 범죄에 대한 정보를 수집·분류 및 분석하기 위해 설계된 FBI의 전국데이터정보센터

프라이 기준 Frye standard: 과학적 증거능력을 판단하는 기준. 관련 과학계에서 일반적으로 수용되는 증거가 재판에서 허용될 수 있다.

프로파일러profiler: 피해자와 범죄현장을 통해 신원미상의 범죄자의 특성을 파악하기 위한 행동과학 훈련을 받은 특수 전문가

피해자 분석victimology: 범인의 범행 기회와 목표대상 선택과정에 대한 단서를 찾기 위해 피해자 정보를 분석하는 것

행동 증거behavioral evidence: 범인의 특정 행동을 암시하는 과학수사 증거로서, 일반적으로 범죄 프로파일링에 사용된다.

행동 프로파일링behavioral profiling: 범죄 프로파일링 참조

행동과학부Behavioral Science Unit: BSU: 연쇄살인 같은 흉악범죄 수사를 지원하기 위해 범죄현장의 행동 증거를 분석하는 훈련을 받은 특수요원들로 구성된 부서

행동분석팀Behavioral Analysis Unit: BAU: 연쇄범죄 및 테러 위협 등을 다루기 위한 FBI 산하 국립폭력범죄분석센터NCAVC의 수사지원팀. 초창기 명칭은 행동과학부BSU였다.

허위 사망pseudocide: 자살이나 사고사 등으로 자신의 죽음을 위장하는 행위

확률분석probability analysis: 사건현장에 나타난 대표적 행동이나 확인된 정보들을 바탕으로 어떤 일이 발생할 가능성을 산출하는 것

후향적 프로파일링retrospective profiling: 신원미상 범인의 특징을 파악하기 위해 범죄현장에 나타난 행동을 평가하는 것. 범죄 프로파일링 참조

IS PATH WARM: 자살 취약성을 신속하게 평가하기 위한 연상기호

NASH 분류체계NASH classification system: 사망 종류 참조

찾아보기

내용

저자 소개

캐서린 램슬랜드Katherine Ramsland

미국 디세일즈 대학교 심리학과 교수로서 법심리학 트랙 강의를 담당하고 있다. 그녀는 학부 및 대학원 과정에 사망수사 심리학 교과를 개설했다. 또한 미국법과학학회 AAFC와 미국자살학회AAS를 비롯한 여러 학술단체의 정회원으로 활동하고 있다. 그동안 『The Mind of a Murderer』 『The Forensic Psychology of Criminal Minds』 『The Forensic Science of CSI』 『Inside the Minds of Serial Killers』 『The Human Predator: A Historical Chronicle of Serial Murder and Forensic Investigation』 『The Criminal Mind』 『The Ivy League Killer』 『The Murder Game』 등 60권 이상의 저서를 출간했고, 1,000여 편의 논문 및 기사와 칼럼을 작성했다. 그녀의 책 『Psychopath』는 월스트리트 저널의 베스트셀러 1위를 기록한 바 있다. 그녀는 전 FBI 프로파일러 그렉 맥크레리Gregg McCrary와 함께 그가 담당했던 사건들을 분석한 책 『The Unknown Darkness: Profiling the Predators between Us』를 공동집필한 이후, 헨리 리Henry C. Lee 박사와 『Real Life of Forensic Scientist』, 제임스 스타즈James E. Starrs 교수와 『A Voice for the Dead』를 발간했다. 이와 더불어 전 FBI 프로파일러 존 더글라스John Douglas를 도와 연구를 수행하기도 했다. 그녀는 법집행기관, 심리학자, 검시관, 판사 및 변호사를 대상으로 워크숍을 개최하고, 〈CSI〉와 〈Bones〉를 비롯한 수많은 TV 드라마에 자문을 제공했다. 현재 『Psychology Today』 공식 웹사이트의 블로그를 통해 고정 칼럼을 기고하고 있으며, 여러 범죄 다큐멘터리에 출연하고 있다. 그녀의 최근 저서로는 『Confession of a Serial Killer: The Untold Story of Dennis Rader, the BTK Killer』 『Forensic Investigation: Methods from Experts』가 있다.

역자 소개

이미정Lee Mi Jung

    동국대학교 경찰행정학과에서 석·박사학위를 취득하고, 한국형사정책연구원 위촉연구원과 중앙경찰학교 외래교수를 거쳐, 한림대학교 의과대학부속 자살과 학생정신건강연구소에서 연구교수로 재직하며 심리부검사업을 담당했다. 미국자살학회AAS의 심리부검 전문가과정(PACT, 2015)과 경찰심리부검 훈련과정(LE-PAT, 2019)을 수료했다. 현재 동국대학교 미래융합대학 융합보안학과 대우교수로 재직 중이며, 법심리학 관련 융합연구와 강의를 진행하고 있다. 그동안 발간한 역서로는 『피해자학』(공역, 그린, 2011), 『범죄수사 심리학』(학지사, 2017), 『자살의 9할은 타살이다』(경북대학교출판부, 2019)가 있다.

사망수사 심리학
심리부검 및 범죄 프로파일링의 행동분석
The Psychology of Death Investigations:
Behavioral Analysis for Psychological Autopsy and Criminal Profiling

2022년   3월 15일 1판 1쇄 인쇄
2022년   3월 25일 1판 1쇄 발행

지은이 • Katherine Ramsland
옮긴이 • 이미정
펴낸이 • 김진환
펴낸곳 • ㈜**학지사**
　　　　　04031 서울특별시 마포구 양화로 15길 20 마인드월드빌딩
대표전화 • 02-330-5114　　팩스 • 02-324-2345
등록번호 • 제313-2006-000265호

홈페이지 • http://www.hakjisa.co.kr
페이스북 • https://www.facebook.com/hakjisabook

ISBN 978-89-997-2666-8 93180

정가 18,000원

출판 · 교육 · 미디어기업 **학지사**
간호보건의학출판 **학지사메디컬** www.hakjisamd.co.kr
심리검사연구소 **인싸이트** www.inpsyt.co.kr
학술논문서비스 **뉴논문** www.newnonmun.com
교육연수원 **카운피아** www.counpia.com